Multicultural History Curriculum in U.S

アメリカにおける多文化的歴史カリキュラム

桐谷 正信

東信堂

はしがき

　本書の主題は，アメリカ合衆国における中等教育段階の合衆国史に関する多文化的歴史カリキュラムの内容構成の原理について，1980-90年代の「新しい社会史 (New Social History)」に基づいた合衆国史カリキュラムの開発と，多文化教育 (Multicultural Education) をめぐる論争と相俟って展開された合衆国史カリキュラム改革の展開過程を追究することによって究明することである。

　歴史教育は，現在の社会がどのように形成されてきたかを学ぶ，現在理解のための教育である。社会の形成過程の「物語り」を学ぶことになる。つまり，その「物語り」が，「誰によって」，「誰のために」，「どのような意図をもって」物語られたものであるか，歴史を創り上げてきた人物や集団として「誰が」物語られるかによって，現在の社会に対する認識は異なってくる。つまり，現在の社会に対する認識のあり方によって，歴史教育の内容構成が決定されるのである。

　では，現代の日本という社会はどのような社会であろうか。当然，さまざまな社会を想定することができよう。グローバル社会と捉える人もいるであろうし，経済格差に注目して格差社会と捉える人もいるであろう。東日本大震災を念頭にリスク社会と考える人もいると考えられる。本書では，日本を多文化社会と捉えている。グローバル化の急激な波が日本に及ぶことによって，多様な文化的背景をもつ人々が大量に日本に流入し，日本の多文化化が一層進展してきた。この10年間で，日本における外国人登録者数は1.3倍に増加している。そして，この日本の多文化化の進展は，都市部に限定した状況ではなく全国各地に広がっている。しかし，この急増加したニューカマーに限らず，日本は従来から先住民であるアイヌ民族や在日韓国・朝鮮人など

を含んだ多民族社会であった。彼らは，常にマイノリティとして位置づけられ，多民族社会であるはずの日本において，「単一民族神話」によって不可視の存在とされてきた。日本は多民族社会であると同時に，女性や老人，青年・子ども，低所得労働者，被差別者など多くの社会的マイノリティを内包して構成された多文化社会であったのである。彼ら／彼女らマイノリティの存在が自明の存在となった時，マジョリティとマイノリティとが共生していく多文化社会（多文化共生社会）として，日本を今後どのように創っていくかが問われ始めた。森茂岳雄は，グローバル時代の到来によってもたらされた新しい国際理解教育の課題を二つ挙げ，その一つとして多文化共生を以下のようにいっている（森茂，2010: 64-65）。

「国内外の民族的・文化的多様性の承認，保護，相互理解と，それら多様な文化間の葛藤や対立を克服し，その平和的共生に向けての受容的価値や態度の育成。」

そして，この多文化共生のための教育が多文化教育であり，多文化社会を創っていくための資質・能力である「多文化的シティズンシップ (Multicultural Citizenship)」を，「異文化に対するステレオタイプや差別意識を軽減し，『多文化共生』にむけて行動できる市民としての資質」（森茂，2010: 64）と定義している。

現在の，そしてこれからの日本社会を多文化社会と措定した時，日本の歴史教育は「多文化的シティズンシップ」の育成できる内容構成となっているであろうか。これまでの日本の歴史教育は，マジョリティである日本人による中央集権的な国家統合を軸とする政治史中心の内容構成であった。マイノリティの歴史的経験は，各時代の歴史像を豊かにするための内容として補足的に挿入されているに過ぎない。その記述内容は，近年，若干増えてきたが，カリキュラムにおいて適切に位置づけられているとはいえない。では，日本において「多文化的シティズンシップ」を育成できる歴史カリキュラムをどのように開発していけばよいのか。これが本研究の起源となる問いであった。しかし，研究に着手してみると，日本の歴史教育研究では，歴史カリキュラムを多文化的に構成するための理論的枠組みに関する探究はほとんど行われ

ていなかった。ゆえに，日本の歴史カリキュラムを多文化化するための理論モデルを，多文化教育の先進国であるアメリカにおける歴史カリキュラムに求めたのである。

　アメリカでは，「合衆国史」という科目は，アメリカ市民として不可欠な市民的資質 (citizenship) の育成を目的に設定され，同化 (assimilation) による国家統合のための手段という側面が顕著にあらわれた科目であった。その教科書の記述は，WASP (White Anglo Saxon Protestant) 的な国家統合という理念を如実に反映した記述がなされていた。しかし，1980年代，アメリカの中等教育の合衆国史カリキュラムにおいて，建国以来，多様な人種的・民族的・社会的 (女性，老人，青少年，障害者等) 諸集団によって織り上げられてきたアメリカの多文化的な歴史に，諸集団の果たした役割を公正に反映する試みがなされ始めた。その背景としてアメリカ歴史学における「新しい社会史 (New Social History)」の隆盛が存在した。社会史というとフランスのアナール学派が有名であるが，アナール学派とアメリカ社会史は，相互の影響はあるにせよ，同時並行的に展開された歴史学改革の流れである。筆者は，この「新しい社会史 (New Social History)」の隆盛に着目した。なぜなら，「新しい社会史」は，1950年代後半から1960年代にかけての公民権運動 (The Civil Right Movement) と結びつき，その主な担い手である諸マイノリティ集団を研究対象として含み込んだからである。その結果，「新しい社会史」は，マイノリティの歴史的経験を研究対象とし，歴史叙述の対象として「普通の人々」を重視する。この「普通の人々」とは，奴隷，工場労働者集団，農民，農場労働者集団などの下層階級集団や，性的集団 (特に女性)，年齢集団といった社会的マイノリティ集団と，「黒人」やアメリカ先住民，移民などの人種・民族的マイノリティの集団を意味する。まさに，多文化的歴史研究である。

　この「新しい社会史」の隆盛は，アメリカの歴史教育に対しても大きな影響を与えた。移民やマイノリティに対するWASP的価値体系への「同化主義」を変革しようとする社会的な要求の高まりを反映して，近代歴史学の成果の伝達を中心的目標においてきた従来の系統的な歴史教育が批判され，歴史カリキュラムに「新しい社会史」的視点を導入する動きが生じ始めたのである。

そこで筆者は，この「新しい社会史」に基づくことによって，多文化的な合衆国史カリキュラムの内容構成が可能になると考えたのである。

　本書は，以下の章から構成されている。
　序章では，問題の所在と本研究の目的・特質について述べている。第1章では，アメリカにおける「新しい社会史」の成立の過程を概観し，「新しい社会史」が「底辺からの歴史」であるため，多文化的歴史を探究する歴史学であること，「普通の人々」の「日常的行為」と「心性」の変化に着目することによって，マイノリティの歴史を探究できることを明らかにしている。第2章では，1982年に開発された Project on Social History Curriculum のカリキュラム構成を検討することを通して，「新しい社会史」に基づく合衆国史カリキュラムの原型を析出している。第3章では，Project on Social History Curriculum の二つのテーマ史（単元）のカリキュラム構成についての分析を通して，「新しい社会史」に基づく多文化的歴史教育の内容構成の二つの特色を明らかにしている。そして，多文化的歴史カリキュラムとして三つの課題を指摘している。第4章では，歴史学における「新しい社会史」と政治史の総合の過程と，1987年に改訂されたニューヨーク州の合衆国史カリキュラムと日系人史学習プログラムの分析を通して，1980年代後半以降に「新しい社会史」に基づく多文化的歴史カリキュラムが広く展開される前提となった転換点を明らかにしている。第5章では，1996年に開発されたニューヨーク州合衆国史スタンダードとその開発（改訂）過程の分析を通して，「新しい社会史」に基づく多文化的歴史カリキュラムにおける「多様性」と「統一性」がどのように変化したかを検討している。第6章では，第5章までの検討をふまえて，「新しい社会史」に基づく多文化的歴史カリキュラムの内容構成原理を明らかにしている。最後に，終章では，本研究のまとめと日本の歴史教育への示唆，今後の研究への端緒としてアメリカの多文化的歴史カリキュラムの多様に関する検討と構築主義に基づく多文化的歴史学習論について考察している。

このように，本書は，三つの枠組みが重層的に相互関連しながら論が展開される。第一の枠組みは，「新しい社会史」に基づくカリキュラム開発であり，第二の枠組みが，多文化主義論争における「多様性」と「統一性」のバランスであり，第三の枠組みがスタンダード運動の影響である。第1〜3章のProject on Social History Curriculumと第4章の1987年版ニューヨーク州合衆国史カリキュラムの分析は，第一の枠組みである「新しい社会史」に基づくカリキュラム開発の中で論じられている。次に第4章の1987年版ニューヨーク州合衆国史カリキュラムと第5章の合衆国史ナショナル・スタンダード・1996年版ニューヨーク州合衆国史スタンダードが，第二の枠組みである多文化主義論争における「多様性」と「統一性」のバランスにおいて論じられている。つまり，第4章の1987年版ニューヨーク州合衆国史カリキュラムに関する検討は，第一の枠組みと第二の枠組みの両者が交差している考察であり，本書の第一の結節点である。そして，第5章の合衆国史ナショナル・スタンダード・1996年版ニューヨーク州合衆国史スタンダード，終章の西部3州（アリゾナ州・ニューメキシコ州・コロラド州）の合衆国史スタンダードに関する検討は，第三の枠組みであるスタンダード運動の影響によって論じられている。ここでは，第5章の合衆国史ナショナル・スタンダード・1996年版ニューヨーク州合衆国史スタンダードに関する検討において，第二と第三の枠組みが交差しており，第二の結節点である。このように，三つの枠組みの輻輳する事象が，1987年から1996年にかけてのニューヨーク州合衆国史カリキュラムの改訂過程であり，本書は，このニューヨーク州合衆国史カリキュラムの改訂過程を基軸に構成されている。これらの教育政策の動向，学問的論争やパラダイムの転換，葛藤などが交錯しながら展開された，歴史カリキュラムの内容構成の多文化的な転換過程のダイナミズムが描き出せていれば，幸いである。

【引用文献】
森茂岳雄（2010）「学習領域『多文化社会』」日本国際理解教育学会編著『グローバル時代の国際理解教育――理論と実践をつなぐ』明石書店

アメリカにおける多文化的歴史カリキュラム／目　次

はしがき …………………………………………………………… i

序　章　本研究の目的と方法………………………………………… 3
　第1節　問題の設定………………………………………………… 3
　第2節　本研究の特質……………………………………………… 10
　　（1）日本における先行研究の検討　10
　　（2）アメリカにおける先行研究の検討　13
　第3節　研究の目的と構成………………………………………… 16
　　〔注〕…20
　　〔引用文献〕…20

第1章　アメリカにおける「新しい社会史」の成立と特質 ……… 25
　第1節　アメリカにおける「新しい社会史」の成立 …………… 25
　第2節　「底辺からの歴史」としての「新しい社会史」………… 27
　　（1）多文化的歴史としての「新しい社会史」　27
　　（2）「心性」と「日常的行為」の変遷過程の重視　30
　　（3）「全体史 (total history)」への志向　33
　第3節　「新しい社会史」における時代区分と「工業化」の過程 …35
　　〔注〕…37
　　〔引用文献〕…37

第2章　多文化的歴史カリキュラムとしての
　　　　POSHの構成 ……………………………………………… 41
　第1節　POSH（歴史カリキュラム）の開発と時代区分 ……… 42
　　（1）POSH（歴史カリキュラム）の概要　42
　　（2）「工業化」の過程に基づく時代区分論　44
　第2節　「新しい社会史」に基づくカリキュラム構成論 ……… 52
　　（1）カリキュラムにおける「新しい社会史」的内容　52
　　（2）「新しい社会史」と伝統的な歴史学習内容との接続　58
　　〔注〕…63
　　〔引用文献〕…63

第3章　POSHにおける多文化的歴史教育 ……………………65

第1節　「日常的行為」の動的変化と静的継続 ……………………65
――単元「歴史の中の家族」の分析

(1) 分析対象とする単元の選定理由　65
(2) 単元「歴史の中の家族」の概要　66
(3) 単元「歴史の中の家族」の全体の目標・内容・方法　67
(4) マイノリティの「日常的行為」と「心性」の学習　71

第2節　複合的マイノリティの歴史的経験における重層的差別 ……………………77
――単元「歴史の中の幼少期と青年期」の分析

(1) 分析対象とする単元の選定理由　77
(2) 単元「歴史の中の幼少期と青年期」の概要　77
(3) 単元「歴史の中の幼少期と青年期」の目標・内容・方法　78
(4) 社会的マイノリティと人種・民族マイノリティの重層的差別の学習　81

第3節　初期「新しい社会史」に基づく多文化的歴史カリキュラムの意義と課題 ……………………88

〔注〕…92
〔引用文献〕…93

第4章　「新しい社会史」と政治史の総合による多文化的歴史カリキュラム ……………………95

第1節　「新しい社会史」と政治史の総合 ……………………96
――「新しい社会史」の新たな展開

(1) 「多様性」と「総合性」をめぐる状況　96
(2) 「新しい社会史」による歴史の断片化への批判　98
(3) 歴史の崩壊の危険性と「政治史」への回帰　101
(4) 「新しい社会史」と政治史との「新たな総合」　106

第2節　「新しい社会史」の「新たな総合」による多文化的歴史カリキュラム ……………………113

(1) アメリカ歴史教育の古くて新しい問い　113
(2) ニューヨーク州社会科カリキュラムの多文化的改訂と「社会史アプローチ」　116
(3) 『合衆国史・ニューヨーク州史』の内容構成における「社会史アプローチ」　118

第3節 「すべてのアメリカ人」のための多文化的
　　　　歴史教育と「社会史アプローチ」……………………122
　(1) 単元2：「ヨーロッパ人の世界探検とアメリカ植民」における
　　　「社会史アプローチ」　122
　(2) 諸民族集団の文化的・政治的な「貢献」によるコミュニティ
　　　形成　126
第4節 日系人史学習における「多様性」と「統一性」…………128
　(1) 多文化的歴史教育における日系人史学習の位置づけ　128
　(2) 『権利章典と第二次世界大戦中の日系人の経験』の分析　130
　(3) 『日系人の経験：アメリカ史における授業案』の分析　134
　(4) 日系人史学習の意義と課題　137
〔注〕…140
〔引用文献〕…142

第5章　多文化的歴史カリキュラムにおける
　　　　「多様性」と「統一性」………………………………145

第1節 ニューヨーク州社会科カリキュラム改訂における
　　　　「多様性」に対する価値の転換……………………………146
　(1) 「マイノリティ」部会勧告における民族中心的な
　　　「多様性」の尊重　146
　(2) 「社会科改訂・開発委員会」勧告における「統一性」
　　　への配慮　148
第2節 合衆国史ナショナル・スタンダードにおける
　　　　多文化的歴史教育と「新しい社会史」……………………152
　(1) 「合衆国史ナショナル・スタンダード」開発の背景　152
　(2) 歴史ナショナル・スタンダードの改訂における
　　　多文化的歴史教育　154
　(3) 「政治史と社会史の混合」による多文化的歴史内容構成　157
第3節 ニューヨーク州合衆国史スタンダードにおける
　　　　「多様性」と「統一性」……………………………………164
　(1) ニューヨーク州社会科フレームワーク・スタンダード
　　　の開発　164
　(2) フレームワーク・スタンダードにおける「多様性」と
　　　「統一性」　169

(3)「スタンダード１：合衆国史・ニューヨーク州史」における
　　　　「達成目標」　172
　　　(4)　合衆国史カリキュラムの内容構成の修正　176
　〔注〕…179
　〔引用文献〕…180

第６章　「新しい社会史」に基づく多文化的歴史カリキュラムの内容構成原理……183

　　　(1)「新しい社会史」に基づく多文化的歴史カリキュラムの
　　　　スコープの原理　183
　　　(2)「すべてのアメリカ人」の歴史的経験を描き出す視点　186
　　　(3)　多文化的歴史カリキュラムにおける「多様性」と「統一性」
　　　　のバランス　189
　〔引用文献〕…193

終　章　本研究のまとめと今後の展開……195

　第１節　本研究のまとめ……195
　第２節　日本への示唆と今後の課題……198
　　　(1)　本研究の日本への示唆　198
　　　(2)　今後の課題　200
　第３節　多文化的歴史教育の今日的展開……204
　　　(1)　多様性の基盤の相違に基づく多文化的歴史教育
　　　　スタンダード開発　204
　　　(2)　アリゾナ州「歴史スタンダード」における
　　　　「アメリカ先住民」　206
　　　(3)　ニューメキシコ州「歴史スタンダード」における
　　　　「アメリカ先住民」　209
　　　(4)　コロラド州「歴史スタンダード」における「アメリカ
　　　　先住民」　212
　第４節　多文化的歴史学習論としての構築主義アプローチ……215
　　　(1)　構築主義の理論　216
　　　(2)　構築主義的思考を育成する歴史学習　220
　　　(3)　反－本質主義としての構築主義的思考　231
　〔注〕…232
　〔引用文献〕…232

参考文献一覧……………………………………………………………237
あとがき………………………………………………………………255
事項索引………………………………………………………………259
人名索引………………………………………………………………266

図表目次

表1	POSHの構成		43
表2	POSHの時代区分の枠組み		43
表3	単元「歴史の中の労働と余暇」における社会史的内容		53
表4	単元「歴史の中の家族」における社会史的内容		54
表5	単元「歴史の中の幼少期と青年時代」における社会史的内容		55
表6	単元「歴史の中の医療と健康」における社会史的内容		56
表7	単元「歴史の中の犯罪と法の執行」における社会史的内容		57
表8	単元「歴史の中の幼少期と青年時代」の伝統的内容との接続		60
表9	単元「歴史の中の医療と健康」の伝統的内容との接続		61
表10	単元「歴史の中の犯罪と法の執行」の伝統的内容との接続		62
表11	単元「歴史の中の家族」の内容		67
表12	スターブリッジにおける家族生活のあり方の変化		75
表13	単元「歴史の中の幼少期と青年時代」の内容		78
表14	ニューヨーク州社会科カリキュラムK-12学年の内容構成		116
表15	第7-8学年「合衆国史・ニューヨーク州史」の内容構成		119
表16	ニューヨーク州社会科シラバスの「知識目標」		120
表17	「社会史アプローチ」による10の支柱		120
表18	「単元2：ヨーロッパ人の世界探検とアメリカ植民」の指導計画		123
表19	『権利章典と第二次世界大戦中の日系人の経験』「授業案1」		131
表20	『権利章典と第二次世界大戦中の日系人の経験』「授業案4」		133
表21	『日系人の経験：アメリカ史における授業案』「授業案1」		135
表22	『日系人の経験：アメリカ史における授業案』「授業案2」		136
表23	"Understanding Diversity"における勧告と非勧告		152
表24	「1994年版スタンダード」の概要		155
表25	「1996年版スタンダード」の概要		156
表26	「1994年版スタンダード」の内容構成		160
表27	「1994年版スタンダード」における「時代2　植民地建設と入植」の内容構成		162
表28	社会科スタンダード		166
表29	1996年版ニューヨーク州社会科の内容構成		167
図1	1996合衆国史・ニューヨーク州史の学習段階		168
表30	スタンダード1の達成目標		169
図2	合衆国史スタンダード達成目標の構造		170
表31	「スタンダード1：合衆国史・ニューヨーク州史」における「達成目標」(1)		173

表 32	「スタンダード1：合衆国史・ニューヨーク州史」における「達成目標」(2)	174
表 33	「スタンダード1：合衆国史・ニューヨーク州史」における「達成目標」(3)	175
表 34	「スタンダード1：合衆国史・ニューヨーク州史」における「達成目標」(4)	176
表 35	「日常的行為」に基づくスコープ	184
図 3	「すべてのアメリカ人」の歴史的経験	187
図 4	「新しい社会史」に基づくスコープの構造	188
図 5	「多様性」と「統一性」の相補的関係	189
表 36	アメリカ多文化的歴史教育のアプローチ	205
表 37	アリゾナ州合衆国史スタンダードの構成	207
表 38	アリゾナ州必修段階（第4-5学年）におけるアメリカ先住民の位置づけ	208
表 39	ニューメキシコ州第5-12学年におけるアメリカ先住民の位置づけ	211
表 40	「コロラド・モデル　内容スタンダード　歴史」	213
表 41	コロラド州K-12学年におけるアメリカ先住民の位置づけ	213
表 42	「創られた『ユダヤ人種』」の単元構成	222
表 43	「大陸横断鉄道と中国人移民」の単元構成	224
写真 1	"Golden Spike"	225
写真 2	"The Last Spike"	225
写真 3	Stereoview ♯539 "Chinese at Laying Last Rail UPRR"	226
表 44	「大西洋世界とアフリカ系奴隷」の単元構成	227
写真 4	Georgia Savings Bank 発行の5ドル紙幣	228
写真 5	ジョージア州の5ドル紙幣の図案 Slave Profits	228
写真 6	Central Bank of Alabama 発行の10ドル紙幣	228
写真 7	アラバマ州の10ドル紙幣の図案 Slave Carring Cotton	229
表 45	「19世紀アメリカ合衆国南部諸州の紙幣に描かれたアフリカ系アメリカ人のイメージ」の展開	230

アメリカにおける多文化的歴史カリキュラム

序　章　本研究の目的と方法

第1節　問題の設定

　アメリカ合衆国(以下，アメリカと略)では，「合衆国史」という科目は，アメリカ市民として不可欠な市民的資質(citizenship)の育成を目的に設定され，同化(assimilation)による国家統合のための手段という側面が顕著にあらわれた科目であった。その教科書の記述は，WASP (White Anglo Saxon Protestant)[1]的な国家統合という理念を如実に反映した記述がなされていた(Banks, 1969: 954; Garcia & Goebel, 1985; Garcia & Tanner, 1985; 大森・森茂，1984: 2-3)。そのため，1960年代のアフリカ系アメリカ人を中心とした公民権運動を契機とする民族復興運動(ethnic revival)が高揚するまで，人種差別に基づく偏見を背景として，「合衆国史」教科書にはアングロ・サクソン以外の民族集団に関する記述はほとんどみられなかった(Banks, 1969: 954)。記述されていたとしても，その量は僅かであり，内容もほとんど正確に記述されることはなかったのである。アメリカには，世界各地から集まってきたさまざまな文化をもつ移民が，アメリカという「人種のるつぼ(melting pod)」(Crèvecœur, 1782)によって，まったく新しい「アメリカ人」になるのだという「メルティングポッド」論が存在していた[2]。しかし，現実には，最初にアメリカに植民したピルグリム・ファーザーズのWASP文化・価値が，支配的な文化・価値となっていったのである。つまり，「メルティングポッド」によって「アメリカ化する(Americanize)」ということは，すなわち「アングロ・サクソン化する」ことを意味していた。そしてこのWASP文化への「同化」としての「アメリカ化」こそが，伝統的に「合衆国史」教育の基本理念とされてきたのである。

　そのようなWASP文化への「同化」に対する抵抗として，1960年代以降ア

メリカにおいて，多文化主義 (Multiculturalism) に基づく教育理論・実践・改革運動として多文化教育 (Multicultural Education) が隆盛してきた[3]。現在のアメリカのあらゆる教育において多文化教育が展開されているといっても過言ではない。多文化主義という概念の解釈は多様であり，現在のところ統一的な定義は存在しない。しかし，多元的な社会におけるジェンダーや民族，人種，文化集団の多様性が，あらゆる社会制度において反映されなくてはならないとする思想・理論・運動・実践をさすということは共通認識となっている (Banks & Banks, 2005: 451; Huber, 1998)。本研究において多文化主義という語を用いる場合，その語義は，上記の共通認識の内容とする。また，多文化教育は多文化主義に基づく概念であるため，多文化主義同様に多様な定義が存在する。多文化教育の定義の中に人種・民族以外の属性や経験を含めるか否かによっても，その定義は異なってくる。しかし，現在の共通する定義としては，人種・民族だけでなく，性的志向，障害，社会的・経済的階層などの人々の属性・経験を含め，合衆国憲法，権利章典，独立宣言などに示された自由 (Liberty)，正義 (Justice)，平等 (Equality)，公正 (equity) といった人権概念を基盤として，多様な文化的背景を持つ生徒が，平等な教育的経験ができるように学校やその他の教育全体を改革する教育思想・理論・運動・実践をさす (Banks 2004: 3;, Banks & Banks,2005: 3; Sleeter & Grant, 1999: vii - viii)。

　多文化教育が，単一民族学習 (single ethnic studies) にその源流を求めることができるため，人種的・民族的多様性が注目されるが，現在の多文化教育では，マイノリティとは民族的マイノリティだけではなく，女性といった性的マイノリティや高齢者や子どもといった年齢集団的マイノリティ，低所得労働者などの社会的マイノリティも含めた概念として考えられている。つまり，マイノリティとは，「何らかの属性的要因（文化的・身体的等の特徴）を理由として否定的に差異化され，社会的・政治的・経済的に弱い地位に置かれ，当人たちもそのことを意識している社会構成員」(宮島・梶田，2002:1) と定義される存在である。

　多文化教育の第一人者であるジェームズ・バンクス (Banks, J. A.) は，多文化教育のアプローチを以下の三つに分類している (Banks 1991: 9)。

(1) カリキュラム改革 (Curriculum Reform)
　(2) 学業達成 (Achievement)
　(3) 集団間教育 (Intergroup education)

　本研究では，(1)「カリキュラム改革」について考究する。なぜならば，多文化教育の推進においてカリキュラムの内容を多文化的に改革することは最も重要であり，多文化的に「カリキュラム改革」することによって，マイノリティの生徒の「学業達成」も高めることができるからである (Sleeter & Grant, 1999: 165-166)。そして，バンクスは，この (1)「カリキュラム改革」のためのアプローチとして，以下の四つのレベルを設定している (Banks, 1991：24-26)。

　　第1レベル：貢献アプローチ (The Contributions Approach)
　　第2レベル：付加アプローチ (The Additive Approach)
　　第3レベル：変換アプローチ (The Transformation Approach)
　　第4レベル：社会活動アプローチ (The Social Action Approach)

　「第1レベル：貢献アプローチ」と「第2レベル：付加アプローチ」は，カリキュラムの基本的構造や目的，特徴は変化させず，多文化的内容を既存のカリキュラムに付け加えるアプローチである。「第3レベル：変換アプローチ」は，カリキュラムの原理や基本的前提を，多文化教育に基づいて根本から「変換」するアプローチであり，多文化教育カリキュラムとはこの「変換アプローチ」によって変換されたカリキュラムをさす。ゆえに，本研究では，「カリキュラム改革」のアプローチとして「第3レベル：変換アプローチ」を採用する。

　そのような多文化教育において，歴史教育の果たす役割は大きい。マジョリティの文化を中心に展開される教育では，マイノリティの文化をマジョリティのそれに比べて一段低いものとみなし，マジョリティ文化への同化を強いる教育となりがちである。その結果，マイノリティの文化を剥奪することになってしまう。マイノリティの文化の剥奪の最も効果的なものは「言語（母語）」の剥奪と「歴史」の剥奪である。マジョリティ中心の歴史教育においては，マイノリティの存在が省略され，周辺に追いやられてしまうことによって，その歴史も剥奪されてしまうのである。歴史教育は，自己の所属する社会のあり様に対する認識を規定し，自己のアイデンティティのあり方を規定する。

多様な文化的背景をもつ生徒にとって，自らの文化的アイデンティティが保障される歴史カリキュラムが構成される必要があると考える。よって，本研究では，上記の「カリキュラム改革」のための「第3レベル：変換アプローチ」によって変換された歴史カリキュラムを「多文化的歴史カリキュラム」と呼び，その「多文化的歴史カリキュラム」に基づいて展開される歴史教育を「多文化的歴史教育」とする。

本研究では，アメリカの「新しい社会史(New Social History)」に注目し，その「新しい社会史」に基づく合衆国史カリキュラムの分析を通して，多文化的歴史カリキュラムの内容構成原理について検討する。その理由は，以下の二点にまとめることができる。

第一は，日本の多文化化の進展の中，多文化的な歴史カリキュラムを構成するための理論モデルとして，アメリカの多文化的歴史カリキュラムが有効であると考えるからである。

日本がもはや多文化社会であることに異論を唱える人は少なくなってきている。グローバル化の急激な波が日本に及ぶことによって，日本の多文化化も一層進展している。法務省入国管理局の統計によると，2010年末における外国人登録者数は2,134,151人である。この数は，10年前に比べると447,707人(26.5%)の増加である。日本の総人口128,060,000人(2010年10月1日現在推計人数)に占める割合も，1.67%となっている[4]。日本の総人口と外国人登録者数を10年間の伸び率で比較してみると，日本の総人口の伸び率よりも外国人登録者数の伸び率ははるかに高い数値を示しており，その急激な増加傾向は顕著である。出身国(国籍)は，191ヶ国(無国籍を除く)を数え，出身国(国籍)別で見ると，最も多いのは，それまでの韓国・朝鮮を抜き中国となっている。次いで韓国・朝鮮，ブラジル，フィリピン，ペルー，アメリカとなっている(法務省人国管理局，2010)。そして，この日本の多文化化の進展は，都市部に限定した状況ではなく，全国各地に広がっている。

こうした急激に増加した在日外国人(ニューカマー)の存在によって，日本が多民族社会であると気づき，これまで日本国内に存在していた異民族の存在に目が向けられるようになった。「世界にあるどの国であれ，純粋な単

一民族国家などではありえない」(石井・山内，1999: i) のであり，日本は従来から先住民であるアイヌ民族[5]や在日韓国・朝鮮人などを含んだ多民族社会であったのである。彼らは，常にマイノリティとして位置づけられ，多民族社会であるはずの日本において，「単一民族神話」(小熊，1995; 1998) によって不可視の存在とされてきた。彼らの存在はニューカマーの増加に伴って可視化され，1980年代以降ようやく日本の「内なる国際化」へと関心が向けられるようになったのである。ニューカマーやアイヌ民族，在日韓国・朝鮮人などのマイノリティの存在が自明の存在となった時，文化的な多様化が進む多文化社会として日本をどのように創っていくかが問われ始めた。マジョリティである日本人とマイノリティとが共生していく「多文化共生社会」として，日本を捉え直す必要が眼前に迫ってきたのである。宮薗衛は，多文化共生を「人権尊重・人間尊重の思想を基本として，多様な文化的民族的背景をもつ異なる他者の存在とその価値を認め，それらの他者との関係を水平的対称的なものとして創造・発展させていく実践的な営み」(宮薗，2002: 41) と定義し，「これからの地球時代の教育の重要なキーワードのひとつ」と位置づけている。グローバル化の進展する中で，このようなマジョリティとマイノリティの多文化共生を志向する教育が求められているといえよう。この多文化共生を志向する教育が，多文化教育である。

　多文化教育を展開するためには，教育のあらゆる側面において文化や価値の「多様性」を尊重することが要求される。そのためには，マイノリティの文化・価値を教育内容に適切に位置づけ，それまでマジョリティの文化・価値・経験を中心に構成されてきた教育内容全体を組み替えることが必要となる。しかし，多文化教育に基づいて教育内容の組み替えを行う際には，社会の維持・発展の基本前提となる所与の社会における「統一性」も重要視しなければならない。なぜなら，社会の維持・発展においては，集団的一体感や公共的アイデンティティによる集団構成員のある一定の結束が必要だからである。多文化教育の実践的展開は，文化的「多様性」と社会の「統一性」の間の適切なバランスの上に考えなければならないのであり，どのような方法によって「多様性」と「統一性」のバランスの適性さを確保するかにかかってい

るのである。

　これまでの日本における歴史教育は，マジョリティである日本人による中央集権的な国家統合を軸とする政治史中心の内容構成であった。マイノリティの歴史的経験は，各時代の歴史像を豊かにするための内容として補足的に挿入されている。その記述内容は，近年，若干増えてきたが，カリキュラムにおいて適切に位置づけられているとはいえない。また，日本の歴史教育では，歴史カリキュラムを多文化的に構成するための理論的枠組みに関する探究はほとんど行われていない。ゆえに，このような日本の歴史カリキュラムを多文化化するための理論モデルを，多文化教育の先進国であるアメリカにおける歴史カリキュラムに求めることが有効である。

　第二は，諸マイノリティ集団の文化的・政治的な「貢献」という視点から，「すべてのアメリカ人の歴史」の学習内容を組織するという多文化的歴史教育の課題に対して，「新しい社会史」が有効であると考えるからである。

　1980年代，アメリカの中等教育の合衆国史カリキュラムにおいて，建国以来，多様な人種的・民族的・社会的(女性，老人，青少年，障害者等)諸集団によって織り上げられてきたアメリカの多文化的な歴史に，諸集団の果たした役割を公正に反映する試みがなされ始めた。その背景には，アメリカ歴史学における「新しい社会史」の隆盛がある。ヨーロッパとアメリカでは，1920年代に入り，19世紀以降の実証主義的な近代歴史学の硬直化が問題とされ，歴史学においてさまざまな試みがなされた。その新しい歴史把握の方法の一つが社会史である。フランスではアナール学派の社会史が，アメリカでは専門史としての社会史が登場した。アナールとアメリカ社会史は，相互の影響はあるにせよ，同時並行的に展開された歴史学改革の流れであった。アメリカ社会史は，1960年代以降，アナール学派の社会史から影響を受けながらも，多様で複雑な文化的背景から独自のアメリカ的な「新しい社会史」を発達させた(Veysey, 1979: 5-6)。この「新しい社会史」は，1950年代後半から1960年代にかけての公民権運動と結びつき，その主な担い手である人種的・民族的マイノリティと社会的マイノリティを研究対象として含み込んだのである。1980年代初頭は，「国民国家」の発展史を対象としてきた近代歴史学に

対するアンチ・テーゼとして成立した「新しい社会史」が最も隆盛した時期である。「新しい社会史」の隆盛が意味することは，単なる歴史研究の方法論的革新だけでなく，諸マイノリティ集団による，それまでアメリカの思想的主流をなしてきたアングロ・サクソン系アメリカ人文化による支配の超克であった。

　この「新しい社会史」の隆盛は，アメリカの歴史教育に対しても大きな影響を与えた。移民やマイノリティに対するWASP的価値体系への「同化主義」を変革しようとする社会的な要求の高まりを反映して，近代歴史学の成果の伝達を中心的目標においてきた従来の系統的な歴史教育が批判され，歴史カリキュラムに「新しい社会史」的視点を導入する動きが生じはじめたのである。アメリカ国民としてのナショナル・アイデンティティのあり方が問われ，アメリカ国民として学ばなければならない「文化的教養 (Cultural Literacy)」(Hirsh, 1988) をめぐって激しい議論が展開された。その議論は，特に合衆国史の内容に焦点化され，合衆国史の内容構成において，文化的「多様性」とWASP文化による「統一性」のどちらにその中核的価値をおくかが重要な問題とされたためである。この問題は，さまざまなエスニック集団を内包するアメリカのナショナル・アイデンティティ形成において，国民統合の核になる共通の価値とは何か，それは各エスニック集団固有の価値とどう関わるかという問題を前提とし，エスニック集団の多様な歴史をいかにしてアメリカ全体(国家)としての歴史(＝合衆国史)にまとめることができるか，またその際，何を軸としてまとめるかという問いである。この問いは，アメリカにとって常に「古くて新しい問い」である。つまり，「アメリカの社会・歴史をどのように捉えるか」，「アメリカ人とは何か」，「多様なアメリカを国家として成り立たせているアメリカン・アイデンティティとは何か」というアメリカが建国以来抱える本質的課題についての問題提起なのである。

　上記の理由から，本研究では，アメリカにおける「新しい社会史」論に基づいて開発された歴史カリキュラムを研究対象とする。具体的には，1980年代以降の中等教育における合衆国史カリキュラムとする。アメリカにおける多文化教育は，公民権運動・女性解放運動を契機とし，1960年代から展

開されている。しかし，多文化教育は当初，WASP 的価値に収斂された教育へのアンチ・テーゼとして考えられ，単一民族学習を中心に展開された。その多文化教育が，差別されてきたマイノリティの権利復興運動から，「すべてのアメリカ人」のための教育へと転換したのが1980年代であった。そのため，一マイノリティ集団に限定されない多文化的歴史教育が構想され始めたのは1980年代からである。

また，多文化的歴史教育の内容構成の原理を解明するために，合衆国史のカリキュラムを分析対象とする。歴史教育は，現在の社会がどのように形成されてきたかを学ぶ，現在理解のための教育である。社会の形成過程の「物語り」を学ぶことになる。つまり，その「物語り」が，「誰によって」，「誰のために」，「どのような意図をもって」物語られたものであるか，歴史を創り上げてきた人物や集団として，「誰が」物語られるかによって，現在の社会に対する認識は異なる。社会の形成過程である歴史に登場しない人々は，現在の社会においても暗黙の認識としてその存在を無視されてしまうのである。すべての人々や集団の歴史的経験を内容とすることは不可能であるが，どのような内容構成とすべきか，その原理は何かの検討においては，個々の実践ではなく，カリキュラムの内容構成を分析する必要がある。

第2節　本研究の特質

(1) 日本における先行研究の検討

日本における先行研究は，主に以下の二つに分類することができる。社会史に基づく歴史教育に関する研究と，アメリカの多文化的歴史教育に関する研究である。

社会史に基づく歴史教育に関する研究は，1980年以降着実に蓄積されてきた。

星村平和は，歴史教育に直接言及せず，歴史教育に影響を与えていると考えられる西洋史学の状況を整理している。星村は，1978年の中学校社会科，1979年の高等学校社会科の学習指導要領の改訂において，民俗学と文化人

類学の成果が歴史学習に導入されたことを「社会史の視点の導入」と捉え，アメリカの「新しい社会史」を紹介している (星村, 1982)。また，日本の歴史教育に影響を与えたヨーロッパの歴史学研究の展開を5期に分け，ヨーロッパのアナール学派の社会史の動向を紹介している (星村, 1988)。

原田智仁は，現行の中等教育段階の歴史授業の改善の方法として，社会史研究に基づく歴史の授業構成を提唱した。高等学校の世界史への「投げ込み教材」として考案されたものであり，授業構成論である。社会史研究家の阿部謹也と近藤和彦の研究方法を分析し，彼らの研究モデルに従って世界史の授業案を考案し，提示している (原田, 1991; 1992)。原田の両研究は，同様の手法によって書かれた論文であり，その示唆するところは，社会史的な内容を教材化するための具体的な方法論を提示していることである。ヨーロッパ社会史研究者の研究モデルから授業構成論を導き出す視点を提示したことは注目に値する。

服部一秀は，西ドイツの社会構造史としての社会史理論に基づく政治的陶冶のための歴史授業論を検討している。フランツ・ベッカー (Becker, F. J. E.) の歴史科・地理科・政治科の並列による総合的な政治的陶冶のための教科構造論を分析している (服部, 1989)。フランスのアナール学派やアメリカの「新しい社会史」とはまた異なるドイツの社会構造史によって，社会認識＝社会構造認識のための歴史認識原理を明らかにしている。

梅津正美の一連の研究は，社会史に基づく歴史理解の方法をモデル化・構造化することによって把握しようとした点，いち早く歴史教育論・学習へのアプローチとして社会史の意義を提起した点において注目に値する。梅津は，アメリカにおける複数の社会史カリキュラムの分析によって，社会史に基づく歴史理解のモデルを構築している (梅津, 1985; 1990; 1995; 1999; 2006)。それは，人間の日常的行為を，それをとりまく物質的生活環境と人間内部の心性の相互関連の中で捉えると共に，それと社会の全体構造との相互依存関係を問うことによって，特定の時空間における歴史構造を捉えるモデルである。

これらの先行研究によって，日本における社会史に基づく歴史教育に関する研究は，背景学問としての紹介の段階から脱し，社会史教授のための歴

理解モデルを析出する段階に至っている。しかしながら、その歴史理解のモデルは、ヨーロッパのアナール学派の社会史を中心に歴史理解をモデル化し、構造的に把握しようとした試みである。これらの研究は、バンクスの「カリキュラム改革」の四つのアプローチでいえば、「第1レベル：貢献アプローチ」と「第2レベル：付加アプローチ」の研究に位置づくものであり、「第3レベル：変換アプローチ」に基づいた研究とはなっていない。また、アメリカにおいて独自の発展を遂げた「新しい社会史」のアメリカ的な特徴は十分に検討されていない。アメリカの社会史教授論を研究している梅津も、フランスのアナール学派の社会史を歴史理解モデルの基礎理論として援用している。

アメリカの多文化的歴史教育に関する研究としては、数は少ないが展開されてきた。森田真樹は、1994年に開発された合衆国史ナショナル・スタンダードが、全米で巻き起こった多文化論争を原因にわずか2年後の1996年に改訂された経緯を明らかにしている。1994年版合衆国史ナショナル・スタンダードの内容が、諸マイノリティの歴史的経験に偏向しており、従来のヨーロッパの伝統に基づく政治史中心の歴史的内容が軽視されているとの批判が大規模に展開された経緯を丹念に追った研究である (森田, 1995; 1997)。しかし、森田の研究では、1994・1996年の両合衆国史ナショナル・スタンダードが「新しい社会史」を重視して開発されたことについては、ほとんど言及されていない。

森茂岳雄は、アーサー・シュレジンガー Jr. (Schlesinger, Jr., A. M.) の多文化教育批判を契機とする全米を巻き込んだ多文化論争を、ニューヨーク州のカリキュラム改革を基軸に検討し、この問題をアメリカのナショナル・アイデンティティ創出の問題、すなわち、「教育学的問い」と「歴史 (教育) 学的問い」として提起した。森茂の研究は、1987年に改訂されたニューヨーク州の合衆国史カリキュラムに対するシュレジンガー Jr. の批判を中心に整理しているため、多文化教育がアメリカを分裂させるか否かという論争的問題が中心である (森茂, 1996)。ニューヨーク州の合衆国史カリキュラムが多文化的歴史カリキュラムであることは明らかにしているが、その原理が「新しい社会史」にあることについては言及していない。森田・森茂の研究から明らかな

のは，日本におけるアメリカ多文化的歴史教育研究は，主に多文化的歴史カリキュラムを契機とした論争を中心に展開されており，カリキュラムの構成原理に関する研究はほとんど行われていないのである。また,「新しい社会史」がカリキュラム構成の原理となることについて言及していない。

これらの研究の成果に対し，本研究の特質は，以下の2点にまとめることができる。

第一の特質は，歴史学理論から歴史理解の構造モデルを析出し，授業レベルの検討や論争の経緯を読み解く言説研究ではなく，「新しい社会史」に基づくカリキュラムの構成原理を研究対象とすることである。その理由は，先述のバンクスの「カリキュラム改革」のための「第三レベル：変換アプローチ」を採るためである。

第二の特質は，「新しい社会史」のアメリカ的特質，すなわち諸マイノリティ集団の歴史的経験を描き出す多文化的歴史教育の視点から，合衆国史カリキュラムの構成原理を明らかにすることである。「新しい社会史」は，アメリカにおいて1960年代以降の公民権運動などのマイノリティの抵抗運動の所産として発展・拡大した経緯をもつ。ゆえに，「新しい社会史」は，民族的・人種的・社会的マイノリティの歴史を研究対象とする歴史であり，多文化的歴史カリキュラムの構成原理となりうるのである。「変換アプローチ」の具体的な方法を「新しい社会史」に求めるということである。

(2) アメリカにおける先行研究の検討

アメリカにおける先行研究は，主に「新しい社会史」に基づく歴史教育に関する研究と，多文化的歴史教育に関する研究の二つに分類することができる。

「新しい社会史」に基づく歴史教育に関する研究は，授業プランや教材の開発に関して数多く紹介されている (Gordon, 1974; Hogeboom, 1975; Cooper, 1983; Levstik 1983; Hatcher, 1990; Sweeney et.al., 1993 など)。全米社会科評議会 (National Council for the Social Studies，以下 NCSS と略) の学会誌である *Social Education* でも，1982年と1986年の二度にわたり社会史に基づく歴史授業について特集を組んでいる。これらの個々の実践的提案の他に，NCSS は，『アメリカ史教育

の新しい潮流 (*Teaching American History: New Directions*)』と題する研究年報 (Bulletin) で，アメリカ史教育の内容に「新しい社会史」を導入する動向を整理している (Downey, 1982)。

　これらの研究は，「新しい社会史」の具体的な内容領域である，女性や家族，労働者，食事や食文化，子どもや青年，アメリカ先住民の歴史などを，どのように合衆国史の授業に取り入れるかについての提案である。教育に関する地方分権が進んでいるアメリカでは，法的拘束力を持つ統一的なカリキュラムが存在しないため，大学，財団などが中心となり，さまざまな実験的なカリキュラム開発が数多く行われている。それら実践的な提案に比して，「新しい社会史」に基づく合衆国史教育のカリキュラム構成に関する理論的研究は十分になされていない。体系的な研究は，「新しい社会史」研究の第一人者であるピーター・スターンズ (Stearns, P. N.) による一連の研究があるのみである。アメリカにおける「新しい社会史」に基づく歴史教育の隆盛は，スターンズが「新しい社会史」教育論を展開しはじめた1980年代初頭からであり，上記のNCSSの研究年報『アメリカ史教育の新しい潮流』でも，「新しい社会史」教育の理論的研究の章はスターンズが担当している。ゆえに，本研究では，スターンズの「新しい社会史」理論及び「新しい社会史」教育論に注目する。

　多文化的歴史教育に関する研究は，アメリカでは数多くなされている。その多くは，諸マイノリティ集団の歴史的経験を学習内容とする授業プラン・教材の提案である[6]。次に多いのは，歴史教科書の記述内容の分析である (Banks, 1969; Garcia, 1985; 1985; The Council on Interracial Books of Children, 1977 など)。歴史教育において，教科書は児童・生徒の歴史認識を発達させる上での資料として中心的役割を果たす教材であり，児童・生徒の人種的・文化的態度に大きな影響を与えるものである。ゆえに，その教科書の記述内容を分析し，評価することは意味のあることである。しかし，歴史教科書の記述分析研究では，教科書記述や掲載されている写真や絵画などが，それらが活用される授業とは切り離されて分析されているため，その研究でなされた評価には一定の留保は必要である。これらの研究は，多文化的歴史教育の実践を豊かにすることに大きく寄与してきたが，その反面，諸マイノリティ集団の歴史的

経験を,個別の授業の中に限定してしまう限界をもっている。もちろん,これらの研究の蓄積の上に歴史教育内容全体の多文化化が進められるのであり,その重要性は大きい。

　続いて,ニューヨーク州教育局が開発した公的な合衆国史カリキュラムの内容構成の多文化化を批判したアーサー・シュレジンガー Jr.（Schlesinger, Jr., 1991）の研究がある。彼の研究を契機として,ニューヨーク州の合衆国史カリキュラムの内容をめぐって全米で多文化教育論争が展開されたのである。アメリカでは,州や市の教育局の開発するカリキュラムが実質的な公的カリキュラムとなる[7]。

　次いで,1994・1996年に開発されたアメリカ初の合衆国史に関するナショナル・スタンダードの内容構成をめぐって,全米で論争が展開された。主な論者は,多文化的歴史教育を推進するナショナル・スタンダードの開発責任者であるゲイリー・ナッシュ（Nash, 1997）と,WASP中心の歴史内容を求めるラヴィッチとシュレジンガー Jr.（Ravich and Schlesinger, Jr., 1996）の研究などである。これらの多文化的歴史教育の内容に関わる研究の焦点は,諸マイノリティ集団の歴史的経験の強調による「多様性」の尊重と,WASP的価値を軸とした歴史内容を構成する「統一性」の重視の間の論争であった。

　上記のアメリカにおける「新しい社会史」教育研究と多文化的歴史教育の双方の研究は,アメリカ教育研究の新実践や教材の開発に重きをおく傾向を反映して,「新しい社会史」が多文化的歴史教育の内容を豊かにすることを,授業プラン及び教材開発において示している。

　ゆえに,これらのアメリカにおける先行研究に対する本研究の特質は,以下の二点である。

　第一の特質は,「新しい社会史」研究者であると同時に,「新しい社会史」教育研究者であるスターンズの歴史理論とそれに基づいて開発された合衆国史カリキュラムの分析から,「新しい社会史」教育カリキュラムの原型を明らかにすることである。スターンズが1982年に開発した Project on Social History Curriculum（以下,POSHと略）は,アメリカで最初の「新しい社会史」に基づいて体系的に構成された合衆国史カリキュラムである。「新しい社会

史」の隆盛の初期に開発されたものであるため,「新しい社会史」カリキュラムの原型と位置づけることができる。

　第二の特質は,多文化的歴史カリキュラムの内容として「新しい社会史」が有効であるとの視点から,全米で多文化的歴史教育に関する論争を巻き起こしたニューヨーク州の合衆国史カリキュラムを分析することである。ニューヨーク州の合衆国史カリキュラムに関しては,多文化教育推進派 対 保守派歴史学者との論争の構図で研究されている。もちろん,その構図が基本的問題として存在していることに異論はない。しかし,ニューヨーク州の多文化的歴史カリキュラムの多文化性が,「新しい社会史」によって支えられていることをふまえることによって,論争の争点であった「多様性」と「統一性」のバランスという多文化的歴史教育の課題を明らかにできると考える。

第3節　研究の目的と構成

　以上検討したように,日本とアメリカの両国における社会史に基づく歴史教育とアメリカの多文化的歴史教育に関する先行研究では,教材や単元・授業レベルで多文化的歴史教育と「新しい社会史」を関連づけてその意義を論じてはいるが,カリキュラムレベルで多文化的教育と「新しい社会史」を架橋させる研究はほとんど行われていない。「新しい社会史」に基づいて歴史カリキュラムを構成することが,バンクスのいう「カリキュラム改革」の「変換アプローチ」となることを明らかにした研究も見られない。また,多文化的歴史教育における「多様性」と「統一性」のバランスに関しても,どちらがイニシアティヴを握るかについての論争に関する研究に留まっている。そのため,どのように多文化的歴史カリキュラムの内容を構成すればよいか,その際,どのように「多様性」と「統一性」の適切なバランスをはかればよいかについては,明確にされてこなかった。

　本研究は,1980年代以降のアメリカにおける中等教育段階の合衆国史カリキュラムの分析を通して,「新しい社会史」に基づいて「多様性」・「統一性」の両者を尊重した多文化的歴史カリキュラムの内容構成の原理を明らかにす

ることを目的とする。

　上記の目的を追求するために，本研究を以下のように構成する。

　第1章では，アメリカにおける「新しい社会史」の成立の過程を概観し，「新しい社会史」の四つの特質，(1)「底辺からの歴史」によるマイノリティの歴史，(2)「心性」と「日常的行為」の変遷過程の重視，(3)「全体史 (total history)」への志向，(4)「工業化」の過程に基づく比較的長期の時代区分を，スターンズの「新しい社会史」論の分析を通して抽出する。具体的には，「新しい社会史」が「底辺からの歴史」であるため，多文化的歴史を探究する歴史学であることを指摘する。次に，「普通の人々」の「日常的行為」と「心性」の変化に着目することによって，マイノリティの歴史を探究できることを明らかにする。その上で，「新しい社会史」は，政治史に偏向した従来の歴史学に対して，人間の行為全体の歴史研究という「全体史」へのアプローチであることを指摘する。そして，上記の三つの特質を支える比較的長期の「工業化」の過程に基づく時代区分論を整理する。

　第2章では，スターンズによって1982年に開発された Project on Social History Curriculum のカリキュラム構成を検討する。このカリキュラムは，「新しい社会史」が歴史教育に導入され始めた初期の体系的なカリキュラムであると同時に，「新しい社会史」研究の第一人者によって開発されたカリキュラムであるため，「新しい社会史」に基づく多文化的歴史カリキュラムの原型に位置づく。具体的には，POSH が，「新しい社会史」に基づく五つのテーマ史(単元)をスコープとし，「新しい社会史」特有の比較的長期の四つの時代区分をシークエンスとするカリキュラム構造をもっていることを明らかにする。その際，本カリキュラムは，その五つのテーマ史が独立して並立する特異なカリキュラム構造をもっていることにも言及する。次に，カリキュラムの五つのテーマが，①「日常的行為」の歴史と②マイノリティ集団の歴史に分けられ，五つのテーマ史が，それぞれの中心テーマとその他の「新しい社会史」的内容とを関連させながら，カリキュラムの内容構成をはかっていることを明らかにする。

第3章では，POSHの五つのテーマ史の中から二つのテーマ史（単元）を取り出し，カリキュラム構成について分析する。具体的には，単元「歴史の中の家族」を取り上げ，マイノリティの「日常生活」の動的変化と静的継続の理解という「新しい社会史」に基づく多文化的歴史教育の内容構成を明らかにする。次に，単元「歴史の中の幼少期と青年期」を取り上げ，人種・民族的マイノリティと社会的マイノリティの重層的マイノリティの歴史的経験の理解という「底辺からの歴史」＝多文化的歴史教育の内容構成を明らかにする。そして，POSHが1970年代後半の初期「新しい社会史」論に基づいており，そのため，多文化的歴史カリキュラムとして三つの課題をもっていることを指摘する。第一は，テーマ史に基づくカリキュラム構造をもっているため，統一的なアメリカ史認識の育成が難しいという問題，第二は，POSHの「人種的・民族的マイノリティ」にアメリカ先住民が含まれていないという問題，第三は，政治史的内容の欠落という問題があることを指摘する。

　第4章では，1987年のニューヨーク州合衆国史カリキュラムと日系人史学習プログラムを，POSHの抱えた課題を克服したより洗練されたカリキュラムと位置づけ，歴史学における「新しい社会史」と政治史の総合の過程と，1987年に改訂されたニューヨーク州の合衆国史カリキュラムと日系人史学習プログラムを分析対象として，1980年代後半以降に「新しい社会史」に基づく多文化的歴史カリキュラムが広く展開される前提となった転換点を明らかにする。具体的には，1980年代半ばにアメリカ歴史学界で展開された「新しい社会史」をめぐる論争を取り上げ，その論争を通して，「新しい社会史」が研究対象として政治的要因を取り入れるようになったことを明らかにする。歴史カリキュラムの内容構成について検討するには，基盤となる歴史理論の変化は重要な問題であり，この時期の「新しい社会史」理論の変化を検討することで，1980年代後半以降の「新しい社会史」に基づく多文化的歴史カリキュラムの展開を位置づけることができると考える。次に，多文化教育に基づくカリキュラム改革を標榜したニューヨーク州の1987年の合衆国史カリキュラムを分析し，初期「新しい社会史」の先の三つの課題に対応した「新しい社会史」に基づく多文化的歴史カリキュラムの構成を明らかにする。具

体的には，マイノリティ集団を含んだ諸民族集団の文化的・政治的な「貢献」によるコミュニティ形成という視点からアメリカ史を捉える歴史把握の方法は，アメリカ歴史教育の課題である「すべてのアメリカ人」のための歴史の追究，「多様性の中の統一」における歴史認識に対する一つの解答であることを明らかにする。

　第5章では，1996年に開発されたニューヨーク州合衆国史スタンダードとその開発（改訂）過程の分析を通して，「新しい社会史」に基づく多文化的歴史カリキュラムにおける「多様性」と「統一性」がどのように変化したかを検討する。具体的には，1987年版合衆国史カリキュラムの再改訂過程において，保守派歴史学者からの激しい批判を受け，「多様性」の尊重から「多様性」と「統一性」の両者の尊重へと転換したことを明らかにする。次に，1996年に開発されたニューヨーク州合衆国史スタンダードの開発に影響を与えた合衆国史ナショナル・スタンダードが，「新しい社会史」に基づいて内容構成がなされている多文化的歴史スタンダードであることを指摘する。ニューヨーク州は，アメリカの民族的「多様性」理解を前提として，合衆国憲法，独立宣言，権利章典に基づく民主主義思想を中核としたアメリカン・アイデンティティの創出による「統一性」の尊重という一つの解答を提示したことを明らかにする。

　第6章では，第5章までの検討をふまえて，「新しい社会史」に基づく多文化的歴史カリキュラムの内容構成原理を明らかにする。第一は，POSHと1987年版・1996年版ニューヨーク州合衆国史カリキュラム，1994年版・1996年版合衆国史ナショナル・スタンダード，日系人史学習プログラムの分析を総括し，「新しい社会史」に基づく多文化的歴史カリキュラムに通底するスコープが，「日常的行為」によって構成されることを明らかにする。第二に，「多様性」が「すべてのアメリカ人」の歴史的「貢献」によって統一的なアメリカ社会・国家を形成し，「多様性」の中で形成された「統一性」がアメリカ民主主義や人権思想に基づいて「多様性」を保護するという相補的関係としてアメリカ史を捉えることによって，「多様性」と「統一性」の適切なバランスがはかられることを明らかにする。最後に，上記の二点を総合し

て，「新しい社会史」に基づく「多様性」・「統一性」の両者を尊重した多文化的歴史カリキュラムの内容構成の原理を明らかにする。

【註】
1 WASPとは，アメリカへの初期移民団の中核を構成していたアングロ・サクソン系白人のプロテスタント信者をさす。White Anglo-Saxon Protestantの略である。アメリカの主流文化はこのWASP文化であり，多文化教育が批判するのはこのWASP文化の優越によるマイノリティ集団への差別である。
2 ゴードンによれば，アメリカの同化の理論を，「アングロ・コンフォーミティ」「メルティングポット」「文化的多元主義」の三つに分類している (Gordon, M. M., 1964: 85-86. 倉田・山本訳書，82)。
3 当時は，「多文化主義 (Multiculturalism)」ではなく，「文化多元主義 (Cultural Pluralism)」が使用されていた。
4 2011年3月11日に起こった東日本大震災と福島第一原子力発電所の事故以降，日本に滞在する外国人は大幅に減少している。2011年9月末の外国人登録者数2,088,872人である (法務省入局管理局，2011b)。
5 1999年に北海道環境生活部の行なった「北海道ウタリ生活実態調査」によれば，北海道のアイヌ人口は23,767人であり，現在日本国内に数万いると推計されている。
6 例えば，*The Social Studies*の1987年第78巻第5号はすべて，「移民」の歴史学習の特集を組んでいる。「移民」がテーマにされているが，「移民」のアメリカンにおける経験を，(低所得) 労働者の視点や重層的なマイノリティとしての「移民」の女性なども取り上げられており，人種・民族集団に限定されない多文化的歴史教育の実践が掲載されている。
7 日本の学習指導要領とは異なり，アメリカでは，連邦政府や州や，市，区などが開発するカリキュラムは法的拘束力を持ってはいない。

【引用文献】
石井米雄・山内昌之編 (1999)『日本人と多文化主義』山川出版社
梅津正美 (1985)「社会史に基づく歴史内容構成──Project on Social History Curriculumの場合」『社会科研究』，No.33
梅津正美 (1990)「社会史に基づく『世界史』の内容構成──『中世ヨーロッパにおける社会構造と民衆意識』の授業構成」『社会科研究』，No.38

梅津正美 (1995)「中等歴史教育における地域社会史教授の方法——ミネソタ社会史プロジェクトの場合」『社会科教育研究』No.72

梅津正美 (1999)「社会史に基づく歴史学習論の転回——アメリカ中等教育の場合」『社会科研究』No.50

梅津正美 (2006)『歴史教育内容改革研究——社会史教授の論理と展開』風間書店

大森正・森茂岳雄 (1984)「アメリカの社会科カリキュラムにおける文化多元主義の展開」『社会科教育研究』No.51

小熊英二 (1995)『単一民族神話の起源——〈日本人〉の自画像の系譜』新曜社

小熊英二 (1998)『〈日本人〉の境界——沖縄・アイヌ・台湾・朝鮮　植民地支配から復帰運動まで』新曜社

服部一秀 (1989)「『社会史』に基づく歴史教育理論——フランツ・J・E・ベッカーの場合」『社会科研究』No.37

原田智仁 (1991)「社会史研究に基づく歴史授業構成（Ⅰ）——阿部謹也氏の伝説研究の方法を手がかりに」『学校教育学研究』(兵庫教育大学学校教育研究センター), 第3巻, vol.3

原田智仁 (1992)「社会史研究に基づく歴史授業構成（Ⅱ）——近藤和彦の popular politics の研究を手がかりに」『兵庫教育大学研究紀要』, 第12巻, 第2分冊

法務省入国管理局 (2011a)「報道発表資料　平成22年末現在における外国人登録者統計について」法務省入国管理局　http://www.moj.go.jp/nyuukokukanri/kouhou/nyuu kantourokusyatoukei110603.html

法務省入国管理局 (2011b)「報道発表資料　平成23年9月現在における外国人登録者統計について」法務省入国管理局　http://www.moj.go.jp/nyuukokukanri/kouhou/nyuu kokukanri04_00012.html

星村平和 (1982)「歴史教育における内容の革新」『社会科研究』, No.30

星村平和 (1988)「戦後における歴史研究の変遷と歴史教育—西洋史学の場合を中心に」『社会科教育論叢』, No.35

宮島喬・梶田孝道 (2002)「マイノリティをめぐる包摂と排除の現在」宮島喬・梶田孝道編『国際社会④　マイノリティと社会構造』東京大学出版会

宮園衛 (2002)「地球時代の共生と歴史教育の課題」『社会科教育研究　別冊 2001（平成13）年度　研究年報』

森田真樹 (1995)「米国におけるナショナル・スタンダードをめぐる論争——『合衆国史ナショナル・スタンダード』を中心として」『教育学研究紀要』第42巻, 第一部

森田真樹 (1997)「多文化社会米国における歴史カリキュラム開発——合衆国史ナショナル・スタンダードをめぐる論争を手がかりに」『カリキュラム研究』第6号

森茂岳雄 (1996)「ニューヨーク州の社会科カリキュラム改訂をめぐる多文化主義論争——A. シュレジンガー, Jr. の批判意見の検討を中心に」『社会科教育研究』, No.76

Banks, J. A. (1969) Content Analysis of the Black Americans in Textbook. *The Social Education*, Vol.33, no.8.

Banks, J. A. (2004) Multicultural Education: Historical Development, Dimensions, and Practice.in Banks, J. A. eds. *Handbook of Research on Multicultural Education. 2nd edition.* Jossey-Bass.

Banks, J. A. and Banks, C. A. M. (2005) *Multicultural Education: Issues and Perspectives. 5th edition.* Jhon Wiley & Sons. Inc.

Children in the Making History. (1986) *Social Education*, Vol.50, No.4.

Cooper, V. L. (1983) Oral History, Popular Music, and American Railroads, 1920-1980. *The Social Studies*, Vol.74, No.6.

Crèvecœur, J. H. St John de. (1782) *Letters from an American Farmer*. Oxford University Press. (斎藤眞他編・秋山健他訳 (1982)『アメリカ農夫の手紙』研究社)

Downey, M. T. ed. (1982) *Teaching American History: New Directions*. NCSS Bulletin No.67.

Garcia, J. and Goebel, J. (1985) A Comparative Study of the Portrayal of Black Americans in Selected U. S. History Textbooks. *The Negro Education Review*, Vol.3-4.

Garcia, J and Tanner, D. E. (1985) The Portrayal of Black Americans in U. S. History Textbooks. *The Social Studies*, Vol.76, No.5.

Gordon, B. M. (1974) Food and History: Teaching Social History Through the Study of Cuisine Patterns *The Social Studies*, Vol.65, No.5.

Gordon, M. M. (1964) *Assimilation in American Life: The Role of Race, Religion, and National Origins*. Oxford University Press. pp. 85-86.（倉田和四生・山本剛郎訳 (2000)『アメリカンライフにおける同化理論の諸相——人種・宗教および出身国の役割』晃洋書房）

Hirsh Jr., E. D. (1988) *Cultural Literacy: What Every American Needs to Know*, 1st Vintage Books.

Hogeboom, W. (1975) Labor Studies in the American History Curriculum *The Social Studies*, Vol.66, No.3.

Huber, Y. (1998) Multiculturalism. Grant, C. A. and Ladoson-Billings, G. eds. *Dictionary of*

Multicultural Education. Oxford Press.（中島智子・太田春雄・倉石一郎監訳 (2002)『多文化教育事典』明石書店）

Nash, B. G. Crabtree, C. and Dunn, R. E. (1997) *History on Trial: Cultural Wars and the Teaching of the Past*. Random House, Inc.

Schlesinger, Jr. A. M. (1991) *The Disuniting of America: Reflection on a Multicultural Society*. Norton edition.（都留重人監訳 (1992)『アメリカの分裂——多文化社会についての所見』岩波書店）

Sleeter, C. E. and Grant, C. A. (1999) *Making Choices for Multicultural Education: Five Approaches to Rac, Class, and Gender*. 3rd edition. Merrill. p.vii-viii.

Teaching About American Labor History (1982) *Social Education*, Vol.46, No.2.

The Council on Interracial Books for Children (1977) *Stereotypes, Distortions and Omissions in U.S. History Textbooks*.New York. The Council on Interracial Books of Children.

Ravich, D. and Schlesinger, Jr. A. M., (1996) The New Improve History Standard's *Wall Street Journal*, April, 3.

Veysey, L. (1979) Intellectual History and The New Social History in Higham, J. and Conkin, P. K. eds. *New Directions in American Intellectual History*. The Johns Hopkins University Press pp.5-6.

第1章　アメリカにおける「新しい社会史」の成立と特質

　「新しい社会史」は，アメリカで成立・発展した歴史学である。日本において社会史といえば，フランスのアナール学派の社会史が有名である。また，ドイツでも，社会構造を中心とした社会史が成立している。これら一群の社会史と呼ばれる研究は，ほぼ同時期に発生し，相互に影響を与えながら，発生した国家・地域の特色やそれまでの歴史研究の蓄積の上に独自に発展したものである。

　本章では，アメリカにおける「新しい社会史」の成立の過程を概観し(第1節)，「新しい社会史」の四つの特質を，ピーター・スターンズ (Stearns, P. N.) の「新しい社会史」論の分析を通して明らかにする。具体的には，「新しい社会史」がマイノリティの歴史を対象とする「底辺からの歴史」であるため，多文化的歴史を探究する歴史学であることを明らかにし(第2節)，「普通の人々」の「日常的行為」と「心性」の変化に着目することによって，マイノリティの歴史を探究することを明らかにする。その上で，「新しい社会史」は，政治史に偏向した従来の歴史学に対して，人間の行為全体の歴史研究という「全体史」へのアプローチであることを指摘する(第3節)。そして，上記の三つの特質を支える比較的長期の「新しい社会史」の時代区分を整理する。

第1節　アメリカにおける「新しい社会史」の成立

　アメリカにおいて社会史が誕生したのは，1890〜1910年代である。それまでの伝統的な実証史学による政治史・制度史への偏向を超克する挑戦として展開された一連の研究が，その起源である (Stearns, 1994: 684)。ほぼ同時期

に，フランスでも同様に19世紀以降の実証主義的な近代歴史学の硬直化が問題とされ，アナール学派の社会史が誕生した。アナールとアメリカ社会史は，相互の影響はあるにせよ，同時並行的に展開された歴史学改革の流れであった。アメリカ社会史はアナールの影響を受けながらも，実用主義 (pragmatism) に依拠したアメリカ的な社会史を志向したのである。その代表的なものが，フレデリック・ジャクソン・ターナー (Turner, F. J.) やジェームズ・ハーベイ・ロビンソン (Robinson, J. H.)，チャールズ・ビアード (Beard, C.) らの一連の研究である (森分, 1968 ; 江口, 1979, 1981)[1]。彼らは「進歩主義歴史家 (progressive historian)」と呼ばれ，あらゆる人間活動に関心を寄せ，人類学，経済学，社会学の知見や方法論を取り入れ，歴史が取り扱う問題の範囲を拡大しようとした (Frisch, 1979; Iggers, 1993= 中村訳，1996: 259)。彼ら「進歩主義歴史家」達による歴史学の改革が，アメリカにおける社会史研究を基礎づけたことは間違いないが，その後の1950年代までのアメリカ社会史は，二度の世界大戦の時期に，アメリカの「同質性」を重視する「コンセンサス史学 (Consensus History)」の台頭によって，十分な展開をみせなかった。その間の社会史家は，「古物研究者 (antiquarian)」の形式を用いており，その研究は，断片的なデータが，それらをまとめる統合的なテーマなしに無秩序に並べられ提示される傾向にあった (Stearns, 1994: 684)。そのような1960年代までのアメリカ社会史は，それ以降の「新しい社会史」と区別して，「古い」社会史と呼ばれ，時には「鍋釜の歴史 ("pots and pans" history)」(Stearns, 1994: 683) と嘲笑されてきた。

アメリカにおいて「新しい社会史」が隆盛したのは，1960年代以降である。多様で複雑な文化的背景から独自のアメリカ的な「新しい社会史」を発達させたのである (Veysey, 1979: 5-6)。スターンズは，この「新しい社会史」の急激な隆盛に影響を与えたものを三つ挙げている (Stearns, 1994: 685-687)。第一の影響は，1920年代から隆盛したアナール学派の社会史である。第二の影響は，1960年代から1970年代にかけて昂揚した公民権運動 (The Civil Right Movement) である。第三の影響は，社会史家と社会学者と他の社会科学者との間の学際的な結びつきである。第一のアナール学派の影響は，「新しい社会史」の研究関心と枠組み，すなわち「普通の人々」の「日常的行為」と「心性」への関

心と「全体史」への志向を導きだした。第二の公民権運動の影響は,「新しい社会史」の基本的性格,すなわちマイノリティの視点による「底辺からの歴史」を導きだした。この「底辺からの歴史」という基本的性格付けによって,「新しい社会史」は多文化的歴史となるのである。第三の社会科学との学際的結びつきは,「新しい社会史」の研究方法,すなわち定量的方法の導入を導きだした。

第2節 「底辺からの歴史」としての「新しい社会史」

(1) 多文化的歴史としての「新しい社会史」

　スターンズは,ジョージ・メーソン大学 (George Mason University) の歴史学講座教授である。スターンズは,1967年に自らアメリカにおける「新しい社会史」のための研究雑誌である *Journal of Social History* を創刊し編集長を続けている,アメリカの「新しい社会史」研究の第一人者である。また,NCSSの研究年報『アメリカ史教育の新しい潮流』でも,「新しい社会史」教育の理論的研究の章はスターンズが担当している (Stearns, 1982: 51-63)。ゆえに,ここでは,スターンズの「新しい社会史」論及び彼が開発した「新しい社会史」カリキュラムである Project on Social History Curriculum に注目する。本節及び第3節では,スターンズの「新しい社会史」論に依拠して,「新しい社会史」の特質を整理する。

　「新しい社会史」では,歴史叙述の対象として「普通の人々 (ordinary people)」が重視される (Stearns, 1983: 5)。スターンズは,アメリカにおける「新しい社会史」の研究対象としてのマイノリティ集団の重要性を,「1960年代に展開された社会史研究への熱狂は,社会史を最も明確に"発言権のない"集団の研究として強調する」と述べている (Stearns, 1988: 141)。この「発言権のない」人々の歴史 (the history of the inarticulate) は,伝統的な歴史が中心的内容としてきた支配者・男性・エリート層の歴史に対峙する「底辺からの歴史 (history from bottom up)」(Stearns, 1980: 213; 1994: 685) の提唱である。「底辺からの歴史」アプローチは,過去の社会における集団形成への関心を導いてきた。例えば,

奴隷，工場労働者集団，農民，農場労働者集団などの下層階級集団や，性的集団（特に女性）[2]，年齢集団[3]といった社会的マイノリティ集団と，1950・60年代の公民権運動を基盤とした「黒人」[4]やアメリカ先住民，移民などの人種・民族的マイノリティの集団である。このアプローチの提唱によって，従来の社会史の対象であった奴隷制度や労働運動の歴史において，中心的内容とされてきたプランテーションの生活構造や労働組合の政治的運動だけにとどまらず，社会的マイノリティ及び人種的・民族的マイノリティの社会的・経済的向上の過程と現状へと探究の対象が拡大したのである (Stearns, 1980: 213; 1994: 684)。森田尚人は，この時期の「新しい社会史」の台頭を以下のように述べている (森田，1898: 337)。

> 「この時期のアメリカ歴史学界は，伝統的な思想史への関心を急速に失い，代わって『新しい』社会史が人々の関心を広く集めるにいたったのである。『新しい』社会史の特徴としてふつう指摘されるのは，社会科学にならった行動科学的，数量的アプローチを歴史学に持ち込んだことであり，またエリートではなく無名の大衆の日常生活を描きだそうとしたことである。」

「底辺からの歴史」は，過去の非日常的な行為者の歴史にではなく，日常的な経験と認知を通して社会の構成員であることに焦点づけられる。つまり，エリートの一個人としての業績の集積によって歴史が構成されるのではなく，社会の構成員としての諸集団の集合的な行為の集積という視点から歴史が構成されるのである。それゆえに，伝統的な歴史学において無視され，「発言権のない」集団とみなされてきた社会的マイノリティ集団と人種・民族的マイノリティ集団へと探究の対象が拡大されたのである。同時に，「日常的行為」を研究対象として重視した。スターンズの言葉を借りれば，「社会史は，歴史事象の範囲の拡大と歴史研究の優先性の再評価を提起した」(Stearns, 1982: 53) のである。「新しい社会史」は，単に歴史研究の対象を拡大しただけにとどまらず，歴史研究における新しい全体史へのアプローチを主張している。この点から，「新しい社会史」の歴史学への貢献は，歴史の全体的な把握のために歴史研究対象を拡大したといえる。「歴史研究の優先性の再評価」とは，

歴史における従来の政治・外交・思想的発展への独占的な焦点化に対する批判であり，従来の歴史認識の枠組みを再構築する必要性を主張しているのである。

　このような「新しい社会史」と多文化主義との関連性を，スターンズは以下のように述べる (Stearns, 1994: 517-518)。

　　　「多文化主義は，社会史と強い関連性をもつ。それは，社会史が支配集団ではない他の諸集団への注目，政治的エリートによる行為の標準的・連続的記述を越えた情報に関する因果関係と原因への注目を主張するからである。多文化主義のプレッシャーは，より多くの社会史的内容を，小学校段階から大学の研究コースの教科書とカリキュラムに導入することを促進させたのである。」

　上記は，スターンズが1994年に編纂した *Encyclopedia of Social History* における 'Multiculturalism' という項目に関する記述である。事典の編纂者であるスターンズ自身が執筆を担当していることからも，スターンズが多文化主義を重要視していたことがわかる。スターンズにとって，「新しい社会史」の思想基盤に多文化主義が存在している。スターンズは，アメリカという社会を，多くの人種的・民族的マイノリティと社会的マイノリティとが重層的構造をなす社会と捉えている。それゆえ当然，その社会の歴史は，一部のWASPの歴史ではなく，諸マイノリティ集団を含み込んだ多様な歴史として描かれなければならないのである。注目すべきは，スターンズが，この項目の記述で，多文化主義と「新しい社会史」の関連性を教育の次元で捉えていることである。「新しい社会史」を，多文化主義として歴史教科書とカリキュラムに導入すべきであるというのである。スターンズにとって，多文化主義を思想的基盤にもつ「新しい社会史」の提唱は，「アメリカ人」を創出するために問われるべき歴史認識に対する問題提起であると同時に，「すべてのアメリカ人」のもつアメリカ人としてのアイデンティティを問う問題提起と捉えることができる。

(2)「心性」と「日常的行為」の変遷過程の重視

　「新しい社会史」研究の目的をスターンズは,「現代社会をその社会の形成過程と対峙させること」(Stearns, 1982: 56) と述べている。現代社会とその社会の歴史的形成過程とを比較することが求められるのである。そして, その対峙は,「議論されるべき日常生活の局面において, 我々自身の諸価値の評価が不可欠とされる」(Stearns, 1982: 56) のである。そのため, 現代と過去の比較研究の基準とされるものは, 現代社会において我々がもっている諸価値である。この現代社会における諸価値は, 我々の日常生活において, 普段は関心が払われておらず, 当然の前提として保持されている。しかし,「新しい社会史」では, 日常生活において保持されている前提それ自体が研究対象とされ,「現在に関する基本的諸前提を, 過去との関係において検証すること」(Stearns, 1982: 57) が必要とされる。なぜなら, 我々の日常生活における諸価値は, 歴史的形成・発展を経てきたものであり, 社会の歴史的発展過程の中で変化し, または, その姿を保持してきたものであるため, 歴史的事象の変化の具体相を最も強く表しているからである。日常生活において, 現在の社会を評価・判断するためにもっている関心を, 歴史的に投影することが求められている。現代社会における我々自身の日常生活の諸価値を評価し, 歴史的事象の変化の具体相を描き出すことがめざされているのである。

　「日常的行為」(Stearns, 1982: 57) の動的変化と静的継続の具体相は, 日常生活において展開される。そのため, 取り上げられる諸テーマは, 現代社会の日常生活における諸価値を評価するという視点に焦点化されるのであり, 現在理解のための歴史研究を志向していると捉えることができる。スターンズは,「我々は, 自身の日常生活の中で社会を判断することによって, 多くの現代的な問題に関する歴史的展望を提示する。歴史的発展の理解なしには, 現代的問題は議論されえない」(Stearns, 1988: 142-143) として, 現在理解のための歴史把握という「新しい社会史」認識のために,「日常的行為」の歴史的発展の次元の必要性を強調する。つまり, 医療や余暇活動のような「日常的行為」は, 現代におけるそれらのパターンの検証や分類では理解することが事実上不可能であり,「日常的行為」の過去から現代への変遷過程の検証によって理解

が可能になるとされているのである。
　「新しい社会史」では，現代社会の諸価値の評価は，日常生活を中心とする。日常生活において展開される「日常的行為」の変化の過程において，現代と過去とが対峙させられるのである。このように，スターンズは，人々が過去において「日常的行為」を通してどのような生活を営んでいたかだけでなく，その価値を探究する。そして，「日常的行為」は，その行為自体の変遷過程が重視されるとともに，その行為が社会の全体構造に与えた影響という次元において探究される。この文脈において，全体史的把握の志向性を捉えることができる。「新しい社会史」において，社会におけるすべての集団は，広範な社会変化の過程への貢献者として研究する価値があるとされ，人間の全行為は，社会的影響と社会変化に従属するため，歴史的探究の対象となるのである。
　例えば，最も身近な集団である家族の中の女性は，主婦としてだけでなく，消費者や労働者としても行為するのであり，「日常的行為」の次元において注目が必要とされる。この探究する対象としての「日常的行為」の重視を，スターンズは，「社会史家は，重要な集団に対する関心に，伝統的な歴史研究の主流の外側におかれていた重要な行為に対する関心を付け加えた。例えば，性の歴史，健康の歴史，子育ての歴史，その他の領域の歴史である。」(Stearns, 1988: 142-143) と述べている。
　ここでいう「日常的行為」とは，心性史の領域で取り上げられてきたテーマにおいて，「普通の人々」が行うさまざまな行為である (竹岡, 1991: 215)。具体的には，労働や余暇，性行動，社会的流動性，家族の役割と機能，死に対する態度や振る舞い，精神疾患を含む大衆の健康や医療，犯罪と法執行などの諸行為である (Stearns, 1983: 5)。これらには，当時の人々の振る舞いや価値や態度・姿勢といったものが表れる。1960年代以降，心性史家が最もよく取り上げられたテーマは，労働生活，家族，年齢，階級別生活，教育，生，死，食生活，健康，病気，犯罪，祭，恐怖，民間信仰などである。福井憲彦は，これらのテーマを「人間の文化的共同性の前提をなす集合心性」(福井, 1987: 26) と捉え，社会史における歴史の「日常性」の重視を強調する。そして，ロ

ベール・マンドルー (Mandrou, R.) の言葉を借りて，これらのテーマを「民衆文化」と説明している。この「民衆文化」で問われる文化は，絵画や文学などのいわゆる知的所産としての狭義の文化，もしくは「エリート文化」，ハイ・カルチャーではなく，「人びとが生活を持続させるなかで，自らを取り巻いている環境を意味あるものとして捉え，行動を起動させていく体系としての文化」(福井, 1987: 29-30) と規定される。「民衆文化」は，具体的な社会的空間においてこそ意味づけられ，「日常的行為」として具体化されるのである。この日常生活の枠組みとしての「日常的行為」は，過去のある時代，社会の歴史的特徴を肉づけして捉えるために研究される。「文化」としての「日常的行為」は，具体的な社会的空間，すなわち，過去のある時代，社会においてこそ意味が賦与されるのであり，その具体相は，その時代，社会の文脈において規定されるのである。

特定の時代における特定の集団の「日常的行為」は，その時代，社会の「心性 (mentality)」の理解という形で把握される。ここでいう「心性」とは，特定の時代の特定の社会において，集団的に保持され，維持されている慣行や価値観に対する共通の心のあり様，及び態度といったものとして捉えられる。スターンズによれば，この「心性」は，「政治的生活だけでなく，家族への期待，望ましいことや移動の可能性の評価，労働経験など，実際にどの時代においても，社会生活を規定する行為の全領域において適用される」(Stearns, 1988: 143) ものと規定される。

そして，「新しい社会史」は，「心性」あるいは「日常的行為」の動的変化と静的継続の過程の検証において，歴史的事実のキー・ユニットとして，行動パターンやそのプロセスを重視する (Stearns, 1988: 144)。例えば，「新しい社会史」家は，出生率，出産の間隔の特定のパターンが，いつ，そしてなぜそのようなパターンが生じたのかを探究する。また，新しい労働システムの強制に対する反発のパターンなどを，計画的欠勤や転職率によって証拠立てられることによって探究の対象とする。このような歴史的事象の変化のプロセスの検証においては，定量的アプローチ (quantitative approach)[5] が用いられる。定量的アプローチは，「普通の人々」の人口統計学的構造や職業的構造，家族構造

を明らかにする際に用いられる,主に社会科学の数量的な分析方法であり,史料として普通の人々の「日常的行為」の「数字」的記録,例えば,人口動態の記録,国勢調査の結果,物価変動の記録,賃金の変化などを用いる。定量的アプローチは,主に,歴史人口学や経済史の領域で用いられているアプローチである (竹岡, 1991: 172-245)。このアプローチは,先述した「新しい社会史」の隆盛に大きな影響を与えた第三の影響である社会学の方法論を取り入れたことによる。特に,歴史人口学は,定量的方法を通じて人間の無意識の基本的行為(例えば,性行為など)の分析の可能性を提示したのである。歴史人口学は,数量的分析によって客観的な歴史叙述を可能にし,「叙述の正確さを向上させただけではなく,解釈のレベルをも向上させた」(Stearns, 1980: 225)のである。

「新しい社会史」は,文献史料に依拠して「事件史」を構成する従来の伝統的な歴史研究における史料に対して,定量的なデータとともに「日常物質文化」[6]を史料として用いる (中内, 1992: 70)。「日常物質文化」は,日常の何ということもない生活の記録,例えば,言語,衣服,首飾り,腕輪,住居の跡,暦絵,肖像画,イコン,民俗資料,婚約契約書,遺言書,手紙,日誌,写真,絵画,漫画等である。これらの資/史料に基づいて,「心性」あるいは「日常的行為」の動的変化と静的継続の過程を描き出すのである。「新しい社会史」においては,伝統的な歴史事象として重視されてきた「事件」は,革命期における階級構造や大きな戦争によって引き起こされた新たな人口変動などの変化のプロセスに位置づけられることによって意味をもつのである (Stearns, 1988: 144)。

(3)「全体史 (total history)」への志向

「新しい社会史」における研究対象としての人的集団の拡大は,歴史研究のトピックの増大を意味するだけでなく,「全体史」への志向を意味する。ここでいう「全体」とは,単に新しい歴史研究の領域のリストを並列的に提示することではなく,「社会の全体構造が一つの歴史をもつ」(Stearns, 1988: 144)という前提に立ち,それぞれのトピックが社会の全体構造の中で相互に位置づけられ,関連づけられることをさす。スターンズは,「新しい社会史」の

全体史への志向を以下のように述べている (Stearns, 1976: 252)。

「社会史は歴史であり，すなわち，過去の全体への一アプローチである。それは，思想史のような一つのトピックでも，肉と野菜のシチューのようなトピックの集合でもない。それは，次々と繰り広げられる，以前のほとんどの歴史家が投げかけてきたよりも広範な問いの提示であり，以前は利用されていなかった類の資/史料の新しい結合である。」

従来，政治史，外交史，経済史，文化史などの個別領域において研究対象とされてきたトピックは，「新しい社会史」においては，特定の社会的空間の日常生活における因果関係の中で位置づけられる。思想体系，制度的・経済的構造の研究は，それ自体が目的ではなく，それらの内的な動態が全体的な概略を述べることが容易であるため，それらの因果的役割や社会的影響が研究されるのである。スターンズによれば，「新しい社会史」研究の究極の課題は，「社会のあらゆる面において，必要な年代的・空間的限定を設定した，それぞれに適切な重点をおいた全体的な社会像を創造すること」(Stearns, 1976: 252) である。もちろん，この課題はあくまで理想的なものであり，到達すべき理念である。スターンズも，このような「全体史」構築の試みは非常に困難であり，ほとんどの社会史家は，サブ・トピックの研究に満足している点を指摘している。

以上のことから，スターンズの「新しい社会史」理解の構造は，次のようにまとめることができる。「新しい社会史」は，歴史研究の対象を，集団としては社会的・人種的・民族的マイノリティへと，内容としては「日常的行為」へと拡大した。そして，歴史的事象の展開の場として各マイノリティ集団の「日常生活」が設定され，「現在理解」のために，「日常生活」における現代社会に関する基本的な諸前提としての「心性」あるいは「日常的行為」が，過去の社会における諸前提との関係，すなわち，その動的変化と静的継続の過程において検証されるのである。その分析方法として社会科学の分析法である定量的アプローチと，人類学的アプローチを併用することによって，「心性」及び「日常的行為」の動的変化と静的継続の具体相が明らかにされるのである。

また，「全体史」という課題において，スターンズの「新しい社会史」の構造を捉えると，「新しい社会史」による研究対象の拡大によって，各トピックを「日常生活」という人間の経験において位置づけ・関連づけることと，歴史的形成，発展を経てきた現代社会の日常生活における諸価値を評価することによって，歴史的事象の変化の具体相を描き出すことがめざされているということができる。本節では，「新しい社会史」がもたらした歴史研究の対象の拡大に基づいて，「新しい社会史」が構築しようとしている歴史理解の構造を，スターンズの見解に依拠し整理した。「新しい社会史」の歴史研究への貢献における最大のものは，研究対象の拡大である。「新しい社会史」は，その研究対象の拡大に伴って，資/史料の多様性が保証され，歴史への社会科学及び人類学的アプローチの可能性を開いたのである。このような研究対象の拡大に伴う諸要素に基づいて，従来の伝統的な歴史認識の枠組みの再構築を主張しているのである。

第3節　「新しい社会史」における時代区分と「工業化」の過程

　歴史研究において，時代区分論は，歴史的過去の分析・総合と未来展望を打ち出す最も重要な要因である。スターンズも，「新しい社会史」の依拠する立場を最も明確にするものとして，時代区分の重要性を以下のように指摘する (Stearns, 1988: 145)。

> 「社会史は，必然的に独自の年代学を伴う。それは何年の何日に生じたと正確に確定された事件や個人的行為よりは，十年以上にわたって生じる変化を扱う。これは曖昧にみえるかもしれないが，真の年代学である。社会史家は変化を区別し，分類し，解釈することを追究する。しかし，それらの主題の本質は，時間を異なった方法で扱うことを求める。それゆえ，社会史家は伝統的な歴史家に対して，歴史的主題の範囲の拡大において，どのような変化が重要かだけでなく，顧みられなかった主題の変化がどのように描かれているかを主張する。」

　スターンズは，「新しい社会史」の時代区分のパターンを，以下の三つに

整理している (Stearns, 1976: 251)。

> 第一のパターン：史料を年代順に配列する時代区分
> 第二のパターン：政治的事象に基づく時代区分
> 第三のパターン：経済史の時代区分：第一次産業革命，様々な市場革命

　第一のパターンは，例えば，二つの人口調査の結果があるとする。それらを古い順に配列すれば，人口増加の切れ目がどこにあるかが明確になる。このアプローチは，事実を明らかにすることができるアプローチであり，主に，人口動態史において用いられる時代区分である。

　第二のパターンは，従来の歴史学 (すなわち，政治・外交中心史) において一般的に用いられてきた時代区分であり，政治的事象 (事件) の生じた年月日に基づいて区分される。スターンズは，このパターンにおいては，データ (年月日) が，その主題の変化を表すかどうかは考慮に入れられずに区分されると，政治的事象に基づく時代区分を批判する。

　第三のパターンは，産業革命を契機とする経済的発展の過程に基づいて時代区分がなされる。主に，経済史において用いられてきた時代区分である。スターンズは，この第三のパターンを「経済的因果関係と広範な社会的発展との緊密な結合のゆえに，最も有効である。」(Stearns, 1976: 251) として重視している。スターンズによれば，政治的事象と比較して，経済的因果関係は，より包括的に社会的発展過程を描き出し得る枠組みを提示できるという。第三のパターンでは，産業革命を契機とする経済的発展の過程に基づいて時代区分がなされる。このパターンによって，産業革命を契機とする社会の全体構造の変動として歴史を捉えようとしているのであり，以下のようにアメリカ史及び「新しい社会史」における産業革命の重要性を指摘する (Stearns, 1982: 145)。

> 「産業革命は，合衆国と西ヨーロッパの近代史の形成において重要な概念であり，実際に中心的現象である。社会史家にとって産業革命を背景に押し込めてしまうことは問題なのである。社会史家は，産業革命に包摂されている多くの解釈的問題を深く探究する。」

「新しい社会史」は，その社会の変化と継続の諸相を明らかにすることを目的とする。スターンズの場合は，産業革命を契機とする「工業化」の過程が，社会の動的変化と静的継続の具体的諸相を提示する「場」なのである。それゆえ，動的変化と静的継続の起点として設定されている「産業革命」が重視されているのである。

【註】

1　ロビンソンとビアードは，この歴史学の改革の潮流を「新しい歴史 (New History)」と呼んでいた。彼らの提唱する「新しい歴史」は，アメリカにおける社会科と歴史教育の成立に深く関わり，アメリカ歴史教育の基礎を構築した。
2　アメリカにおける女性史に関しては，有賀 (1981: 87-107; 1988) を参照した。最近のアメリカにおける「新しい社会史」研究の動向については，有賀 (1990: 196-202) と本田 (1989: iv-v) を参照した。
3　年齢集団分け (age-grouping) は，アメリカ社会史において，子ども，若者，中年，老人 (年) への関心を喚起し，社会史研究の質を豊かなものとした。
4　現在，「黒人」という呼称は，差別用語にあたると主張する意見もでてきており，正式な呼称として用いるのは不適切である。しかし，「白人」に対応させて「黒人」という用語が歴史的に用いられてきており，また，アメリカ人研究者の中でも，"Black" や "Black American" を使う研究者もおり，統一した見解はまだ出ていない。ゆえに，本論文では，歴史的用語として用いる場合は，「黒人」を用いることにする。
5　例えば，歴史人口学において，過去の時代の 戸籍上の事項 (洗礼，結婚，埋葬) の記録を保存した教区簿を統計的に分析することによって，範囲の限定された枠組みの中で結婚年齢や死亡年齢の分布，平均出生間隔，非摘出児出生率，独身数，再婚数などの重要な変数を測定する。
6　文献資/史料に依拠した「事件史」を構成する従来の歴史研究における資/史料に対して，社会史における史料は，「普通の人びと」の「日常的行為」の数字的記録，例えば，人口動態の記録，物価変動の記録，賃金の変化などと，ル・ゴフ (Jacques Le Guff) が名付けた「日常物質文化」にまで拡大される。

【引用文献】

有賀夏紀(1981)『アメリカ・フェミニズムの社会史』頸草書房, 1988年。有賀夏紀「新しい家族史―史学的検討」『アメリカ研究』第15号

有賀夏紀 (1990)「『新しい社会史』の功罪——アメリカ歴史学のゆくえ」本間長世, 亀井俊介, 新井健三郎編『現代アメリカ史像の再構築——政治と文化の現代史』東京大学出版会

江口勇治 (1979)「アメリカ合衆国における社会科論の展開——C. A. Beard の社会論について」『社会科教育研究』No.42

江口勇治 (1981)「アメリカ合衆国における社会科論の展開 (2)——C. A. Beard の歴史教育論について」『教育学研究集録』第4集

竹岡敬温 (1991)『「アナール」学派と社会史——「新しい歴史」へ向かって』同文館出版

中内敏夫 (1992)『新しい教育史——制度師から社会史への試み』新評論

福井憲彦 (1987)『「新しい歴史学」とは何か』日本エディタースクール出版部本田創造編 (1989)『アメリカ社会史の世界』三省堂

森田尚人 (1898)『デューイ教育思想の形成』新曜社

森分孝治 (1968)「『新しい史学』の形成と社会科歴史——アメリカにおける社会科教育の成立 (Ⅱ)」『広島大学教育学部紀要 第一部』第17号

Frisch, M. (1979) American Urban History as an Example of Recent Historiography. *History and Theory.* Vol.18, No.3.

Iggers, G. G. (1993) Geschichtswissenschaft im 20. Jahrhundert, Vandenhoeck & Ruppercht GmbH & Co. KG. （ゲオルグ・G・イッガース著, 中村幹雄他訳 (1996)『ヨーロパ歴史学の新潮流』晃洋書房）

Stearns, P. N. (1976) Coming of Age. *Journal of Social History.* Vol.10, No.2.

Stearns, P. N. (1980) Toward a Wider Vision:Trends in Social History. in M. Kamen ed. *The Past Before Us, Contemporary Historical Writing in the United States.* Cornell University Press.

Stearns, P. N. (1982) Social History and the Teaching of History. in Downey, M. T. ed. *Teaching American History: New Directions.* NCSS Bulletin No.67.

Stearns,P. N. (1983) The New Social History. in Gardner, J.B. and Adams. G. R. eds. *Ordinary People and Everyday Life: Perspectives in the New Social History.* The American Association for State and Local History. Tennessee.

Stearns,P. N. (1988) Social History in the American History Course:Whats, Whys, and Hows. in B.R. Gifford ed. *History in the Schools What Shall We Teach?* Macmillan Publishing Company.

Stearns, P. N. (1994) Social History. in Sterans. P. N. ed. *Encyclopedia of Social History.* Garland Publishing. INC.

Veysey, L. (1979) Intellectual History and The New Social History. in Higham, J. and Conkin, P. K. eds. *New Directions in American Intellectual History*. The Johns Hopkins University Press.

第2章 多文化的歴史カリキュラムとしてのPOSHの構成

　前章では，スターンズの「新しい社会史」論に基づいて，「新しい社会史」の四つの特質を抽出し，「新しい社会史」が多文化的歴史学であることを明らかにした。「新しい社会史」は，1960年代後半の公民権運動と結びつき，マイノリティの「日常的行為」と「心性」によって歴史を構成する多文化的歴史であった。そして，「新しい社会史」は，1980年代より，歴史教育の内容として取り入れられる動きをみせ始めたことを明らかにした。

　本章では，スターンズによって1980年代始めに開発されたProject on Social History Curriculum（以下，POSHと略）を取り上げ，分析する。このカリキュラムは，「新しい社会史」が歴史教育に導入され始めた初期の体系的なカリキュラムであり，「新しい社会史」研究の第一人者の手によるカリキュラムであるため，「新しい社会史」に基づく多文化的歴史カリキュラムの原型に位置づく。具体的には，POSHが，「新しい社会史」に基づく五つのテーマ史をスコープとし，「新しい社会史」特有の比較的長期の四つの時代区分をシークエンスとするカリキュラムの構造を明らかにする（第1節）。このスコープとなっている五つのテーマ史は，独立して並立する特異なカリキュラム構造をもっている。次に，カリキュラム全体の構成を，①「日常的行為」の歴史と②マイノリティ集団の歴史に分け，五つのテーマ史が「新しい社会史」的内容をどのように内包しているか検討する（第2節）。

第1節　POSH（歴史カリキュラム）の開発と時代区分

(1) POSH（歴史カリキュラム）の概要

　本章で分析対象とする POSH は，1982年に中等教育段階のアメリカ史または社会史コースで使用できるように開発された歴史カリキュラムである(Stearns and Rosenzweig, 1982a: 3)。本カリキュラムには，前章で取り上げたスターンズとリンダ・ローゼンツバイク (Rosenzweig, L. W.)[1] を編集責任者とし，カーヤ・デュダス (Dudas, K.)，アネッタ・ジョベンゴ (Giovengo, A.)，ロイス・ジョベンゴ (Giovengo, L.)，ケネス・コーンズ (Koons, K.)，ケイト・マロイ (Malloy, K.)，シャローン・トラシロ (Trusillo, S.)，バーナード・ウロザス (Ulozas, B.) ら7人の現場教師が開発に携わっている。POSH開発当時，スターンズはペンシルヴァニア州のカーネギー・メロン大学 (Carnegie-Mellon University) の歴史学講座の教授であった。POSH は，前章で検討したスターンズの「新しい社会史」理論を基盤として開発されたカリキュラムである。ローゼンツバイクは，カザム大学 (Chatham College) の教育学講座の助教授であった。ローゼンツバイクは，1982年の全米社会科評議会 (National Council for Social Studies: NCSS) の『社会科の発展の展望』(Rosenzweig, 1982) と題する研究年報 (Bulletin) の編集責任者を務め，歴史教育を主要研究領域としていた。POSH は，上記の研究者及び現場教師の共同研究の成果として，全米人文科学研究助成基金 (The National Endowment for Humanities) の資金援助によって開発されたカリキュラムである。

　本章で POSH を分析対象とする理由は，以下の2点からである。第1点は，POSH が「新しい社会史」に基づく歴史カリキュラムの原型だからである。POSH は，「新しい社会史」に基づいて体系的に構成されたアメリカで最初のアメリカ史カリキュラムである。「新しい社会史」の隆盛の初期に開発されたものであるため，「新しい社会史」カリキュラムの原型と位置づけることができる。第2点は，POSH が，「新しい社会史」に基づく多文化的歴史カリキュラムの原型だからである。前章で明らかにしたように，「新しい社会史」は「底辺からの歴史」として人種・民族的マイノリティと社会的マイノリティをその研究対象とし，多文化的な歴史研究と呼べるものである。その多文化

的な歴史研究としての「新しい社会史」に基づいて開発されたPOSHは,「新しい社会史」に基づく多文化的歴史カリキュラムの原型と位置づけることができる。

POSHは,「新しい社会史」に基づいているため,従来の歴史カリキュラムとは大きくその構造を異にしている。従来の歴史カリキュラムでは,年代順に歴史内容が配列される統一的な構造をもっている。しかし,POSHは,「新しい社会史」研究の中心的テーマを援用して,「労働と余暇」「家族」「幼少期と青年期」「健康と医療」「犯罪と法の執行」の五つのテーマ史によって構成される構造をもっている。その構成は以下の**表1**の通りである。

表1　POSHの構成

第1巻	単元：導入及び教師用指導書 (Vol.1 Introduction and Teachers Guide)
第2巻	単元：歴史の中の労働と余暇 (Vol.2 Work and Leisure in History)
第3巻	単元：歴史の中の家族 (Vol.3 The Family in History)
第4巻	単元：歴史の中の幼少期と青年期 (Vol.4 Childhood and Youth in History)
第5巻	単元：歴史の中の健康と医療 (Vol.5 Health and Medicine in History)
第6巻	単元：歴史の中の犯罪と法の執行 (Vol.6 Crime and Law Enforcement in History)

POSHは,上記の表1のように導入単元と五つのテーマ単元の全6巻から構成されており,三年間でこの五つのテーマ単元を,「新しい社会史」特有の比較的長期の時代区分に従って学習するカリキュラムである[2]。各単元は,20の授業から構成されており,そのそれぞれ20の授業が,下記の**表2**に示す四つの時代区分に従って配列されている。

表2　POSHの時代区分の枠組み

・前工業化社会	(Preindustrial Society)	1600-1780年
・初期工業化社会	(Early Industrial Society)	1780-1870年
・成熟工業化社会	(Mature Industrial Society)	1870-1950年
・高度工業化社会	(Advanced Industrial Society)	1950-

POSHでは,五つのテーマ単元を貫く時系列的な枠組みとして従来の歴史

教育で用いられてきた政治的変化による時代区分ではなく，産業革命を契機とした社会構造の全体的変化の過程として，「工業化」の過程が設定されている (Stearns and Rosenzweig, 1982a: 21-46)。「工業化」の過程に基づく四つの時代区分については，次項で詳述する。

POSH は，教科書として機能すると同時に，資料集としても機能するように構成されており，その総ページ数は1,502ページに達する。その他に付属資料として，肖像画などの絵画資料・漫画・古地図・家屋の間取り図・都市の鳥瞰図など108枚の TP（トランスペアレンシー）が用意されている。

(2)「工業化」の過程に基づく時代区分論
①「新しい社会史」における時代区分と「工業化」の過程

スターンズの「新しい社会史」研究における時代区分については，第1章第3節で述べたが，POSH では，その「工業化」を基準として時代区分がなされている。スターンズは，1600年以降のアメリカと西ヨーロッパの社会を「工業化」の過程に基づいて，表2に示したように，前工業化社会，初期工業化社会，成熟工業化社会，高度工業化社会の四つの社会に区分している。「新しい社会史」においては，詳細な日時はほとんど意味をなさない。なぜならば，「新しい社会史」で取り上げるテーマ，例えば消費生活の変化などは，政治変動のように月単位や一年周期で変化するものではないからである。この区分において，前工業化社会から初期工業化社会への移行の契機として産業革命を位置づけており，四区分の中で，初期工業化社会，成熟工業化社会，高度工業化社会の三つの社会は，工業化社会の発展の系譜として一貫性のある変化と捉えられている。しかしながら，前工業化社会は，産業革命への萌芽を内包しつつも，伝統を保持する力が強く，「工業化」の過程において産業革命を導いた前段階的社会として設定され，他の三つの社会とはその性格上，一線を画している。

POSH の時代区分において，「1780年」という年号は，前工業化社会の終焉と初期工業化社会の幕開けを表す年号として提示される。1780年代は，イギリスとスコットランドで，工場制度(factory system)が普及した時期であっ

た。それゆえ，POSH ではこの産業革命を導いた「1780年」という年号を前工業化社会と初期工業化社会とを区別する基準としたのである。前工業化社会の時期に「原始工業化 (proto-industrialization)」(Stearns and Rosenzweig, 1982a: 23) という形態で産業革命が始まっており，それが社会の諸変化と密接に関連しているとする。「原始工業化」と社会の諸変化との密接な関連，及び産業革命の萌芽を，POSH では以下のように指摘している (Stearns and Rosenzweig, 1982a: 23)。

　「何百万もの農場労働者は，市場で売るために自宅で織物や金属製品を生産し始めた。この大規模な変化は，蒸気機関や工場の登場ほど劇的ではなかったが，『原始工業化』と呼ばれた。その他の諸変化は，原始工業化と密接に関連していた。西洋世界全体で人口は増加し始めた。このことは，死亡率の低下を伴っており，死と健康に対する新しい態度の始まりを示している。また，いたる所での出生率の増加を伴い，子どもと家族が組織される様式に対する新しい態度を表している。言い換えれば，生活の基本的側面において，前工業化社会は，産業革命の初期段階を含んだ新しい段階への道筋を提示した。」

　前工業化社会は，産業構造の変動に留まらず，日常生活の基本的側面にまでおよぶ広範な変動と，中世以来の伝統主義的な社会構造との混合形態であったのである。現代のアメリカ人が前工業化社会について学ぶ必要性に関して，「我々20世紀後半のアメリカ人にとって，前工業化社会について知るということはどういうことであろうか？　そして，知るべきことは何であろうか？」(Stearns and Rosenzweig, 1982a: 24) という問いを提示する。また，前工業化社会の相対的安定性と伝統主義が浮かび上がらせた前工業化社会と現代社会を等しく理解するために，以下の二つの最終的な問いを提示する。「前工業化社会の人々が現代的な態度に移行した変化は，結局のところ，進歩だったのか？　喪失だったのか？」という問いと，「変化はどこから来たのか？」という問いである (Stearns and Rosenzweig, 1982a: 26-27)。この二つの問いは，我々が現代社会における変化の質と方向を評価するためには，それが始まった時点がいつであるかを知っていることが，極めて重要であることを意味している。POSH においては，産業革命を契機とする「工業化」の過程が，社会の

変化と継続の具体的諸相を提示する「場」なのである。それゆえ，変化と継続の起点として設定されている前工業化社会が重要視されているのである。

POSHは，成熟工業化社会の終焉，すなわち高度工業化社会の開始の年代設定の可能性として以下の三つを挙げる (Stearns and Rosenzweig, 1982a: 30-40)。

- a 事件史的区分：第一次世界大戦やロシア革命のような他の事件は，人類の歴史をもう一つの時代に導いた，とする立場である。多くの局面で，1920，30年代の20年間は，特に，ヨーロッパ史において異なった様相を呈していた。ファシズムの台頭や1930年代の世界的不況などに焦点を当てた多くの歴史書は，第一次世界大戦前の歴史と第一次世界大戦後の歴史を区分する。
- b 成熟工業化社会の継続：我々は，まだ，成熟工業化社会の中にいるとする立場である。確かに，19世紀後半に始まった多くの傾向は現在も継続している。組織もいまだ巨大化し続け，ホワイトカラー労働者勢力も拡大を続けている。
- c 大衆消費社会の出現：1950年（便宜的な年号）の周辺の数年間は，工業化社会のもう一つの形態が出現したとする立場である。ポスト工業化社会という専門家もいる。他の用語では，高度工業化社会もしくは大衆消費社会といわれる。

aの事件史的区分は，いわゆる従来の政治・外交・軍事中心史において用いられてきた時代区分の立場である。基本的に「新しい社会史」の立場ではこの区分は用いない。基本的な労働や余暇のシステム，家族パターンなどは，政治的事件と同調して変化してはいないのである。それゆえ，この事件史的区分を排している POSH では，cの大衆消費社会の出現によって高度工業化社会を設定する立場をとっている。つまり，1950年頃の大衆消費社会の出現を境として，成熟工業化社会と高度工業化社会とを区分しているのである。しかし，一方で，教育の発達，巨大組織の成長など，成熟工業化社会において始まった社会的諸傾向も継続しており，その変化もしくは移行はそれほど明確にされていない。前工業化社会から初期工業化社会への移行，及び初期工業化社会から成熟工業化社会への移行においては，社会における諸傾

向・構造の変化を促す契機が存在した。前工業化社会から初期工業化社会への移行においては，工場システムの登場による社会的変動であり，初期工業化社会から成熟工業化社会への移行においては，工業化の成熟による社会的枠組みの転換であった。成熟工業化社会から高度工業化社会への移行においては，上記のように社会の諸傾向の特徴の変化をみることができる。しかしながら，前者の二つの移行のような明確な契機はみられない。それは，高度工業化社会は，同時代的社会であり，その位置づけが非常に困難であるからである (Stearns and Rosenzweig, 1982a: 41)。つまり，POSHにおいても，この高度工業化社会は，明確な位置づけをもって設定されたのではなく，「便宜的」に設定された時代区分である。

POSHでは，それぞれの時代は以下のような社会として提示されている。

② 前工業化社会 (Preindustrial Society)　1600－1780年

前工業化社会は，産業革命が始まる以前の約2世紀間の西ヨーロッパと北アメリカの経験を述べるために用いられる用語である。前工業化社会の基本的特徴は大きく以下の六点にまとめることができる (Stearns and Rosenzweig, 1982a: 21-28)。

第一は，前工業化社会は，モノの生産に依存した農業社会 (agricultural society) であった点である。最も重要な特徴は，「農業への依存」である。ほとんどの人々が田園で働いており，彼らの生活はモノの生産の周辺に組織されていたのである。第二は，植民地期のアメリカにおける多くの自作農は，家族を中核として，小さく緊密なコミュニティを形成した点である。彼らは家庭の周囲に生産を組織し，経済的機能は家族生活を支配した。この家族は，幼児と高齢の老人を除いて，しっかりと決められた経済的機能をもっていたのである。第三は，標準的な余剰生産物によって，都市居住者を扶養していた点である。農業社会は，農業をその中心としながらも都市をもち，小規模ながら手工業による工場生産物も生産していた。これらの発展は，標準的な農業の余剰生産物の結果であった。この余剰生産は，政府の税制，富裕階級のライフスタイル，宗教的支援の基礎を支えていた。この工場は，普段は農

場で働いている人々によって稼働していた。単純な工程の多くは、主に女性によってなされていたのである。第四は、高い罹患率や死亡率から彼らを守ってくれる信仰の体系を必要とする点である。病気になった時は民間療法を用い、司祭や牧師に健康のために祈ることを依頼した。前工業化社会はまた、現代が直面している以上に多くの疾病と頻繁な死に直面していた。特に子どもの疾患と死に関しては、彼らは現代人よりも運命論的であった。第五は、前工業化社会は、相対的安定性と伝統主義に支えられた社会であった点である。17世紀から18世紀初頭には全体的な人口はほとんど増加しなかったのであり、上記の四点から、前工業化社会が相対的安定性と伝統主義に支えられた社会であったことが概観できる。第六は、前工業化社会は、旧勢力と新勢力との混成体であった点である。これは、第五の点とは矛盾するようにみえるが、前工業化時代は、中世と産業革命の間の過渡的な時代として定義されている。産業革命に向けての社会的な変化が始まっており、その変化の進行と伝統の保持とが交錯する中で、社会が形成されていったのである。

③ 初期工業化社会 (Early Industrial Society) 1780 − 1870年

初期工業化社会は、合衆国と西ヨーロッパのおよそ1780 − 1870年の時期の社会をいう。この時期は、産業経済の基礎的機構が設置された数十年間を指している。この期間において、初めての機械工業が成立した。POSHでは、この工場の登場に始まる産業革命が本格的に展開し、急速に成長した時代を初期工業化社会と設定している。初期工業化社会の基本的特徴は、以下の四点にまとめることができる (Stearns and Rosenzweig, 1982a: 29-35)。

第一は、商品経済の一般化である。自作農、地主や小作農は、家族生活の必要最低限の作物の栽培に替わって、市場販売のための換金作物の栽培を増大させた。農業収穫高の増大と共に、市場経済の一般化・普及が進んだ。これは、農業生産物による市場経済だけでなく、工場生産物が市場経済にのる条件が整ったことを意味している。この変化は、後の商業形態の変化 (例えば1830年代におけるデパートの出現)を促した。第二は、新しいマニュファクチュア・テクノロジー＝蒸気機関の発明である。この点は、初期工業化社会の最

も主要な特徴である。なぜなら，初期工業化時代の始まりは，この新しいマニュファクチュア・テクノロジーの発明に由来するからである。この時期，生産の全体において，マニュファクチュアが農業を凌駕し，その原動力として，新しいマニュファクチュア・テクノロジーである蒸気機関が工場に導入されたのである。決定的な発展は，輸送への蒸気機関の導入である。輸送への蒸気機関の導入によって，大量の生産物の迅速な安定供給が可能となったのである。第三は，1780年代が西洋世界全体に影響を与えた幅広い経済的変化の始まりであったという点である。例えば，産業革命によって犯罪様式が変化し，ヨーロッパ諸国及びアメリカの諸都市において，新しい警察力の様式が必要とされた。また，労働や余暇，家族生活の様式に関しても，大きな変化が生じた。家庭からかなり離れた工場や事務所への通勤が可能となり，多くの人々が離れた職場に通うようになった。これに関わって，家族における父親の役割にも変化が生じ，家庭生活にも少なからぬ影響を与えた。人口増加も急速に増大した。第四は，初期工業化社会では，新旧勢力が混在し，競争していた点である。当時の社会のほとんどの階級や集団に属する人々は，新勢力か旧勢力のどちらかに分けられていた。工場所有者は，大きな危険を犯しながらも新しい生産様式を導入する半面，都市生活を「悪しきもの」として批判し，農業共同体を後援した。上記のように，初期工業化時代は，農業社会から工業化社会への過渡期であり，新勢力と旧勢力の戦争の時期であった。

④ **成熟工業化社会 (Mature Industrial Society)　1870－1950年**

　1870-1950年の間の時期は，成熟工業化社会と呼ばれている。その理由は，工業化社会が，1870年以降の一世紀の間に成熟したからである。成熟工業化社会のもたらした衝撃は，初期工業化社会に始まった流れを高め，拡張したのである。成熟工業化社会の基本的特徴は，以下の五点にまとめることができる (Stearns and Rosenzweig, 1982a: 36-40)。

　第一は，社会的抵抗の形態が変化した点である。成熟工業化社会においては，いたるところで激しい闘争を含む労働組合とストライキの増大がみられ

た。工業化社会のほとんどで，金と権力がその闘争を支配した。多くの労働者が，より高い賃金もしくは労働組合のために戦ったのであり，もはや彼らは，前工業化社会の諸価値に戻ることを望まないのである。第二は，出生率の低下に伴って，多くの人々が家族の安定性を志向しだしたという点である。成熟工業化社会では，多産による生活の圧迫に対し，産児制限 (birth control) によって家族規模をコントロールしようとした。そのため，出生率が低下したのである。初期工業化社会までは，多くの家族にとって子どもは，労働し，賃金を稼ぐことができる有用な存在とされてきた。そこでは，子どもは，立派な労働力として経済的機能をもっていたのである。しかし，1870年以降は，義務制の公立小学校制度が整備されたため，子どもに労働力となることを期待できなくなった。学校の出現によって，子どもは経済的優位を失ったのである。第三は，幼児の死亡率の低下による女性の長期間の育児からの解放である。前工業化社会では，子どもの死亡率が非常に高かったため，両親は多くの子どもをもとうとした。しかし，成熟工業化社会においては，死亡率(特に乳幼児の死亡率)が急速に低下したことにより，産児制限が可能となった。家族規模の縮小に伴って，両親の役割も変化してきた。人口の増加も緩やかになり，全人口における高齢者の割合が増大した。この高齢者問題の出現は，我々が克服すべき現代社会における問題として提起されている。第四は，機械の一般家庭への普及である。1870年以降になると，誰にでも使える機械が発達し，一般家庭のいたるところで機械がみられるようになった。主婦は，ミシンや冷蔵庫を持ち始め，自作農はトラクターを所有し始めた。クレーンやガソリンエンジンのトラックが重労働や輸送業のために開発され，普及した。第五は，新しい組織構造をもった大企業の出現である。成熟工業化社会になると，新しい科学技術の進展に伴い，巨大組織が急速に姿を現わした。これら新しい組織は，新しい社会集団であるホワイトカラーもしくはホワイトブラウスを創出した。企業は事務員を必要とし，学校は教師を必要とし，政府は収税吏を必要とした。女性に対する門戸の解放が，ホワイトブラウスを出現させたのである。出生率・死亡率の低下に伴う家族規模の制限によって長期間の育児から解放された女性は，すぐにタイプライターや電話交換手

などの職業を独占した。

⑤ 高度工業化社会 (Advanced Industrial Society)　1950－

　POSH では，1950年以降の社会を高度工業化社会としている。高度工業化社会は，「ポスト工業化社会 (post-industrial society)」とも呼ばれる。しかし，高度工業化社会は同時代的な時代区分であり，その基本的特徴は捉えるのが難しいため，その位置づけは明確になされてはいない。高度工業化社会の基本的特徴は，変化していくことを前提に，以下の四点にまとめることができる (Stearns and Rosenzweig, 1982a: 41-46)。

　第一は，経済と生産の結びつきが弱くなり，サービスとの結びつきが強くなったという点である。1950年以降最も急速に進展した職業は，生産業ではなく，医療介護や休日の行楽地などを含むサービス業であった。これらのサービス業の重視は，現代社会の労働パターンを明確に示している。第二は，専門技術への依存と，それに基づく社会の二階級モデルの成立である。現代におけるサービスの多くは，新しい知識と情報の操作を含んでいる。高度工業化社会は，専門的な技術・知識に依存している。高度な情報操作能力が要求されるようになり，コンピュータが重要な位置を占めている。経済や科学技術，会計の熟練した専門家を必要とし，健康も次第に専門家によって管理されるようになり，高度な教育が重要な要素となった。そのため，現代社会は，特殊な知識を「もっている」管理者や専門家に支配されている。決定者とその他という二階級モデルの成立の方向へと向かっている。第三は，高度工業化社会が消費社会であるという点である。合衆国及び西ヨーロッパ社会では，多くの人々が富を増大させ，裕福になった。マイノリティだけは貧困であったが，これらの社会においては，全般的に生活水準が向上した。その生活水準は，冷蔵庫やテレビの個人所有を含んでいる。それは，個人的成功やよい生活の度合をはかる基準が，物質的なモノに偏向したことを意味している。高度工業化社会は，富の増大，福祉の保護，サービス業の成長，余暇への新しい関心，専門的知識をもった管理者とその他という新しい区分を生んだ。また，教育の発達，巨大組織の成長などの成熟工業化社会の傾向の継

続も含んでいるのである。第四は, 既婚女性の就業による家庭生活の変化である。家庭生活は, いくつかの面では古い傾向を保持していたが, 1950年以降, 高度工業化社会において, 定職につく既婚女性の数が増大した。家庭における母親の役割が変化し, 女性の就労が拡大したのである。このことは, 女性の行動に大きな変化を生じさせ, 同時に, 疑いようもなく, 家族や家族の他のメンバーの生活に大きな影響を与えたのである。

　上記のPOSHにおける四時代区分は, 産業革命を契機とする「工業化」の過程に即した時代区分である。1600年以降現代に至る約400年間を「工業化」による社会全体の構造的変動の過程として捉え, 大きく四つの時代に区分したことは, 従来の政治・外交・軍事史の細かい時代区分とは大きく異なる。このような比較的長期にわたる時代区分は, 社会全体の構造的変動の過程を捉えるには有効な区分であり, 従来の時代区分では歴史の表面に出てこなかったマイノリティの日常生活の具体相を描き出すことが可能となったのである。

第2節　「新しい社会史」に基づくカリキュラム構成論

(1) カリキュラムにおける「新しい社会史」的内容

　「新しい社会史」は, POSHのカリキュラム構成において, どのように表われているのであろうか。本節では, POSHのカリキュラムにおいて「新しい社会史」的内容がどのようにカリキュラムの構成要素とされているのかを分析する。

　POSHでは, 表1で示したように「新しい社会史」に基づく五つのテーマ単元が設定されている。この五つのテーマは, 大きく①「日常的行為」の歴史と②マイノリティ集団の歴史に分けることができる。①「日常的行為」の歴史が「歴史の中の労働と余暇」「歴史の中の家族」「歴史の中の医療と健康」「歴史の中の犯罪と法の執行」であり, ②マイノリティ集団の歴史が「歴史の中の幼少期と青年期」である。各テーマ単元において, 「新しい社会史」的内容がどのようにカリキュラムの構成要素とされているか分析する。以下の**表**

3〜7は，POSHの各テーマ単元の20の授業内容(「章」と表現されている)として，どのような「新しい社会史」的内容がカリキュラムに取り入れられているかを示した表である。

分析の際の指標として，「新しい社会史」研究において中心的内容である六つの「新しい社会史」的内容を設定した(Stearns, 1980: 213; 1994: 685)。「女性」，「子ども」，「人種的・民族的マイノリティ」(表においては，「人種・民族」と表記した。)，「労働」，「健康・生・死」，「家族」である。この六つの内容は，POSHの五つのテーマの分類と同じく大きく①「日常的行為」の歴史と②マイノリティ集団の歴史に分けることができる。重なるテーマもあるが，それぞれのテーマ単元の中では，「日常的行為」やマイノリティの歴史的経験が重層的・複合的に絡み合っているため，より具体的な指標として設定したものである。

表3　単元「歴史の中の労働と余暇」における社会史的内容

歴史の中の労働と余暇 / 社会史的内容	1 女性	2 子ども	3 人種・民族	4 労働	5 健康生死	6 家族
第1章　導入				○		
第2章　前工業化社会における労働	○	○		○		○
第3章　前工業化社会における余暇				○		
第4章　祭——余暇の特別な形態				○		
第5章　前工業化社会のバランスシート				○		
第6章　初期工業化時代の労働				○		
第7章　工場労働				○		
第8章　古い労働集団と新しい労働倫理				○		
第9章　初期工業化社会における余暇				○		
第10章　よく働き，よく遊べ				○		
第11章　現代の労働と余暇の原理				○		
第12章　成熟工業化社会における余暇				○		
第13章　労働に従事する女性	○			○		
第14章　成熟労働時代における余暇			○			
第15章　余暇の目的				○		
第16章　新しい余暇の倫理	○			○		
第17章　余暇の傾向と問題				○		
第18章　労働の傾向と問題	○			○		
第19章　現代の退職——労働・余暇の価値に関する事例研究	○		○	○	○	○
第20章　未来の労働と余暇				○		

Stearns and Rozenzweig eds., 1982a: 47-91; 1982b. より執筆者作成。

「労働」,「健康・生・死」,「家族」が①「日常的行為」の歴史に,「女性」,「子ども」,「人種的・民族的マイノリティ」が②マイノリティ集団の歴史に相当する。分析の手続きとして,以下の二点から,各授業内容としての「新しい社会史」的内容を分析し,表にまとめた[3]。

 a POSHの教師用指導書 (Stearns and Rosenzweig, 1982a: 41-48) において設定されている各授業の「認知目標 (Cognitive Objectives)」の中の「知識 (Knowledge)」項目において提示されている知識。
 b 各教材[4]の記述において中心的内容となっている内容。

表4 単元「歴史の中の家族」における社会史的内容

歴史の中の家族 \ 社会史的内容	1 女性	2 子ども	3 人種・民族	4 労働	5 健康生死	6 家族
第1章 家族	○	○			○	○
第2章 ヨーロッパの農民と熟練工の家族	○	○		○	○	○
第3章 ニューイングランド植民地における家族	○	○				○
第4章 焦点の移動						○
第5章 ベンジャミン・フランクリンと彼の家族	○					
第6章 工場・農場・出生率・女性・畏怖—家族と都市	○	○				○
第7章 中産階級の家族の上昇	○	○				○
第8章 労働者階級の生活	○			○		○
第9章 改革の上昇と下降						○
第10章 奴隷制度における黒人家族			○	○		
第11章 労働者階級の家族——ペンシルバニアの自作農場の場合	○	○		○		○
第12章 労働者階級の家族——ペンシルバニアの自作農場の場合	○	○		○		○
第13章 中産階級へ	○					
第14章 黒人の家族			○			○
第15章 不況				○		○
第16章 第二次世界大戦後の家族						○
第17章 労働者階級				○		○
第18章 誰が弁当を持って行くのか——誰が子どもの世話をするのか	○					
第19章 家族生活の評価と変化の本質	○				○	○
第20章 明日への展望					○	

Stearns and Rozenzweig eds., 1982a: 92-141.1982c. より執筆者作成。

表5 単元「歴史の中の幼少期と青年期」における社会史的内容

歴史の中の幼少期と青年期 / 社会史的内容	1 女性	2 子ども	3 人種・民族	4 労働	5 健康生死	6 家族
第 1 章 幼少期と青年時代の展望		○		○	○	○
第 2 章 赤ちゃん——恩恵と死		○			○	
第 3 章 大人になること		○				
第 4 章 アメリカとヨーロッパにおける子育て	○	○				○
第 5 章 現代と前工業化時代における幼少期の対比		○				
第 6 章 過渡期の子ども		○		○		
第 7 章 中産階級の子どもにとっての新しい機会と期待	○	○		○	○	○
第 8 章 労働者階級における子どもの労働者		○		○		○
第 9 章 学校——よりよい生活ための手段・または有害物		○		○		
第10章 初期工業化時代の青年時代		○		○		
第11章 成熟工業化時代——子どもの世紀		○		○	○	
第12章 幼少期の経験——アメリカでの成長		○	○			
第13章 子どもと国家		○		○		
第14章 成熟工業化時代の青年期		○				
第15章 青年の文化		○				
第16章 高度工業化時代——変化の中の子ども		○			○	
第17章 高度工業化時代の子育て	○	○				○
第18章 権力における青年時代——事例研究		○				
第19章 現代社会における青年時代の関心		○				
第20章 幼少期の展望——過去と未来		○				

Stearns and Rozenzweig eds., 1982a: 142-195. 1982d より執筆者作成。

表6 単元「歴史の中の医療と健康」における社会史的内容

歴史の中の医療と健康	1 女性	2 子ども	3 人種・民族	4 労働	5 健康生死	6 家族
第1章 医療と健康の歴史の導入					○	
第2章 前工業化社会における健康レベル		○			○	
第3章 前工業化社会における病気					○	
第4章 民間療法					○	
第5章 医療専業者の役割				○	○	
第6章 人口爆発——その健康に対する意味		○	○		○	
第7章 健康へのアプローチ	○			○	○	○
第8章 医師の位置					○	
第9章 医師と病気の治療に対する制度					○	
第10章 予防医学——進歩の領域					○	
第11章 成熟工業化時代における健康の変化					○	
第12章 産業社会の病気					○	
第13章 科学的医療					○	○
第14章 大衆の関心事としての健康				○	○	
第15章 健康の追求者	○				○	
第16章 医療と科学技術					○	
第17章 誰が支払うべきなのか					○	
第18章 現代医療はすべてよいのか					○	
第19章 医療と健康の定義づけ					○	
第20章 医療と健康における現代のジレンマ					○	

Stearns and Rozenzweig eds., 1982a: 196-251. 1982e より執筆者作成。

表7　単元「歴史の中の犯罪と法の執行」における社会史的内容

歴史の中の犯罪と法の執行	社会史的内容	1女性	2子ども	3人種・民族	4労働	5健康生死	6家族
第1章	犯罪の学習への導入						
第2章	犯罪による逸脱の事例研究——1660年代の清教徒とクエーカー派						
第3章	前工業化社会の犯罪						
第4章	犯罪への公的対応——法の執行と刑罰						
第5章	犯罪と法の執行——前工業化時代の概観				○		
第6章	初期工業化時代における犯罪と法の執行						
第7章	現代警察の創設						
第8章	初期工業化社会と犯罪		○				
第9章	19世紀の犯罪者に関する信仰——正確さと衝撃		○		○		
第10章	観念の衝撃——初期工業化時代の刑務所とその生活						
第11章	警察の専門職業化						
第12章	専門職のジレンマ——ストをすべきかすべきでないか		○		○		
第13章	成熟工業化時代の犯罪の傾向	○					
第14章	繰り返し発生する少年犯罪		○	○			
第15章	犯罪の公的イメージ——公的理解における継続と変化			○	○		
第16章	犯罪に対する公的理解						
第17章	公的秩序の維持機関——警察						
第18章	十代の犯罪の脅威——その脅威を容認するか		○				
第19章	犯罪と刑罰						
第20章	犯罪と未来		○	○	○		

Stearns and Rozenzweig eds., 1982a: 252-352. 1982f. より執筆者作成。

　これら表3～7を見ると，前述の六つの「新しい社会史」的内容の内包の度合いは，「歴史の中の労働と余暇」「歴史の中の医療と健康」「歴史の中の犯罪と法の執行」に比べ，「歴史の中の家族」「歴史の中の幼少期と青年期」がかなり多い。五つのテーマ単元の各20の授業に，六つの「新しい社会史」的内容のうち三つ以上の内容が含まれている授業の数は，「歴史の中の労働と余暇」では二つの授業（内訳：3/6が0，4/6が1，5/6が1），「歴史の中の医療と健康」では二つの授業（内訳：3/6が0，4/6が2，5/6が0），「歴史の中の犯罪と法の執行」では一つとなっている。一方，「歴史の中の家族」では七つの授業（内訳：3/6が4，4/6が4，5/6が2），「歴史の中の幼少期と青年期」では七つの授業（内

訳:3/6が5,4/6が1,5/6が1)である。20の授業の3分の1以上の授業において，複数の「新しい社会史」的内容を中心に取り扱っていることがわかる。

(2) 「新しい社会史」と伝統的な歴史学習内容との接続

　POSHは，多様な方法で活用することが可能である。その活用法は，大きく二つの活用法に分けられる。

　第一は，POSHの五つのテーマ単元(各20の授業)すべてを体系的に学習する方法である。POSHは，「新しい社会史」に基づいて開発されたアメリカ史もしくは社会史のコースのためのカリキュラムである。「アメリカ史」の学習において用いることもできるし，選択科目「社会史」のコースで用いることもできる。どちらのコースで用いたとしても，POSH全体を学習することになる。導入単元で，「新しい社会史」の概論と独自の時代区分について学習し，それらを前提として，五つのテーマ単元すべてを学習するアメリカ史もしくは社会史コースとしての活用法である。

　第二は，より選択的な活用法である。POSHの五つのテーマ単元は，内容的にも構成上も独立している。また，各授業も比較的完結的な内容で構成されている。そのため，一つの単元をミニコースとして抽出して活用したり，一つあるいは複数の単元から個別の授業を選び出し，従来の政治史中心の内容と接続して活用することが可能である。このようなカリキュラムの多様な活用法は，「ペーパー・アンド・ペースト・アプローチ(Paper and Paste Approach)」と呼ばれ，その可能性について，以下のように述べられている(Stearns and Rosenzweig, 1982a: 4)。

　　「五つの単元を用いる教師は，個々の授業や単元の部分を標準的な歴史の探究の質を高めるために活用する"ペーパー・アンド・ペースト"アプローチから，より包括的なアプローチまでのいくつかの選択的な統合の枠組みを提示する。このより包括的なアプローチは，現代ヨーロッパ史とアメリカ史のコースに，POSHで用いられている四つの主要な社会変化の段階に基づいた時代区分を結びつけ，そして，このフレームワークの中に政治史や思想史の主要な発展を挿入するアプロー

チである。」

　POSHはバインダー方式で作成されており，一枚一枚切り離して使用することができる。従来の伝統的なアメリカ史の学習においては，必要に応じて部分的に切り離し，バラバラに活用することができるのである。

　このような多様なアプローチのための指針として，第1巻の教師用手引において各授業毎に「伝統的内容との接続」が提示されている。以下の**表8〜10**は，単元「歴史の中の幼少期と青年期」，単元「歴史の中の医療と健康」，単元「歴史の中の犯罪と法の執行」における，伝統的内容との接続の指針を表に示したものである。

　POSHのカリキュラムは，「新しい社会史」に基づいて開発されたカリキュラムであるため，テーマ史の集合体とみられる危険性は否めない。しかし，POSHは，選択科目「社会史」のためのカリキュラムとしてだけではなく，「アメリカ史」のためのカリキュラムとしても開発されている[5]。つまり，POSHは「新しい社会史」に基づいて伝統的な歴史コースを変革する可能性をもつカリキュラム開発の試みと考えることができる。スターンズは，「新しい社会史」のもつ「歴史への新しい全体的なアプローチ」(Stearns, 1982: 53)を強調する。「新しい社会史」の歴史に対する意義は，歴史的主題のリストを付け加えるという点だけに矮小化されるものではなく，全体的な歴史把握のためのアプローチをも提示している。その全体的な歴史把握のためのアプローチに基づいて，「新しい社会史」は，必然的に，歴史の教授への挑戦を提示しているのである。スターンズは，「"発言権のない"集団の傾向性やアメリカ社会史の他の主題をカバーするために，標準的なアメリカ史のコースに多くの主題が付け加えられるのであれば，カリキュラムを改造することは必然である。」(Stearns, 1988: 143)と述べており，スターンズにとって，POSHは単に社会史カリキュラムにとどまるものではなく，歴史コースのカリキュラム改造のモデルともいえるのである。

表8 単元「歴史の中の幼少期と青年期」の伝統的内容との接続

各授業のタイトル	伝統的内容との接続
第1章 幼少期と青年時代の展望	アメリカの植民地の生活・近代ヨーロッパの農民の生活
第2章 赤ちゃん——恩恵と死	前工業化時代の政治的態度（ex. 君主への忠誠）
第3章 大人になること	植民地の経済と社会生活
第4章 アメリカとヨーロッパにおける子育て	植民地期アメリカ（特に17世紀のヨーロッパとの対比）
第5章 現代と前工業化時代の幼少期の対比	
第6章 過渡期の子ども	
第7章 中産階級の子どもにとっての新しい機会と期待	産業革命（女性労働パターンの変化と労働倫理の発達）
第8章 労働者階級における子どもの労働者	産業革命・19世紀の幼年労働法の制定・産業都市生活
第9章 学校——よりよい生活のための手段または有害物	
第10章 初期工業化時代の青年時代	
第11章 成熟工業化時代——子どもの世紀	19世紀後半から20世紀初頭のアメリカの社会的傾向
第12章 幼少期の経験——アメリカでの成長	19世紀後半から20世紀初頭の合衆国の移民パターン・黒人史
第13章 子どもと国家	アメリカ史における進歩主義期
第14章 成熟工業化時代の青年期	ヴィクトリア主義・移民・進歩主義
第15章 青年の文化	進歩主義運動
第16章 高度工業化時代——変化の中の子ども	第2次世界大戦・1950, 60, 70年代
第17章 高度工業化時代の子育て	
第18章 権力における青年時代——事例研究	第2次世界大戦後・公民権運動・ヴェトナム戦争・1960年代
第19章 現代社会における青年時代の関心	現代のアメリカ社会
第20章 幼少期の展望——過去と未来	アメリカ社会の未来

Stearns and Rozenzweig eds., 1982a: 142-195. より執筆者作成。

表9 単元「歴史の中の医療と健康」の伝統的内容との接続

各授業のタイトル	伝統的内容との接続
第1章 医療と健康の歴史への導入	
第2章 前工業化社会における健康レベル	ヨーロッパ史（前工業化時代の生活状況と一般的概観）
第3章 前工業化社会における病気	ヨーロッパ史，植民地期のアメリカ
第4章 民間療法	前工業化時代のヨーロッパの農民の生活
第5章 医療専業者の役割	
第6章 人口爆発——その健康に対する意味	18世紀後半の農業・産業革命，アメリカ史南北戦争の奴隷
第7章 健康へのアプローチ	産業革命以降の中産階級の生活と「現代観」の向上
第8章 医師の位置	
第9章 医師と病気の治療に対する態度	
第10章 予防医学——進歩の領域	
第11章 成熟工業化時代における健康の変化	アメリカ史における進歩主義期
第12章 産業社会の病気	
第13章 科学的医療	現代科学の利用
第14章 大衆の関心事としての健康	アメリカ史における進歩主義期
第15章 健康の追求者	19世紀後半と20世紀前半の女性史
第16章 医療と科学技術	現代社会における科学技術の衝撃
第17章 誰が支払うべきなのか	ヨーロッパ史とアメリカ史における経済的・政治的発展
第18章 現代医療はすべて良いのか	現代社会における非人格性と孤立
第19章 医療と健康の定義づけ	
第20章 医療と健康における現代のジレンマ	

Stearns and Rozenzweig eds., 1982a: 196-254. より執筆者作成。

表10　単元「歴史の中の犯罪と法の執行」の伝統的内容との接続

各授業のタイトル	伝統的内容との接続
第1章　犯罪の学習への導入	アメリカ史とヨーロッパ史のマサチューセッツ湾植民地，宗教改革
第2章　犯罪上の逸脱の事例研究──1660年代の清教徒とクエーカー	植民地期のアメリカ
第3章　前工業化社会の犯罪	1960-1780年の西洋社会の概観（経済状況の変化）
第4章　犯罪への公的対応──法の執行と刑罰	ヨーロッパ史とアメリカ史における前工業化社会
第5章　犯罪と法の執行──前工業化時代の概観	
第6章　初期工業化時代における犯罪と法の執行	
第7章　現代警察の創設	産業革命，フランス革命，アメリカ史のジャクソン時代以前
第8章　初期工業化社会と犯罪	
第9章　19世紀の犯罪者に関する信仰──正確さと衝撃	アメリカ史とヨーロッにおける社会ダーウィン主義
第10章　観念の衝撃──初期工業化時代の刑務所とその生活	19世紀初期の合衆国とヨーロッパの改革思想，啓蒙の伝統
第11章　警察の専門職業化	アメリカ史における政治的「ボス主義」と進歩主義期
第12章　専門職のジレンマ──ストをすべきかすべきでないか	第1次世界大戦以降のインフレ，AFLの成長
第13章　成熟工業化時代の犯罪の傾向	合衆国史の「諸都市の隆盛」，移民，「黄金」時代
第14章　繰り返し発生する少年犯罪	進歩主義期（ジェーン・アダムス他），移民の子ども
第15章　犯罪の公的イメージ──公的理解における継続と変化	アメリカ史における移民の単元
第16章　犯罪に対する公的理解	1960年代のアメリカ
第17章　公的秩序の維持機関──警察	
第18章　十代の犯罪の脅威──その脅威を容認するか	第2次世界大戦後のアメリカ史とヨーロッパ史（1960-1970）
第19章　犯罪と刑罰	
第20章　犯罪と未来	アメリカ史におけるマイノリティ，1960年代の公民権運動

Stearns and Rozenzweig eds., 1982a: 255-352. より執筆者作成。

前述の POSH の二つの活用法は，伝統的なアメリカ史を改革する方法を示しており，第一の方法は，従来の政治史中心の伝統的な歴史学習を「新しい社会史」のみで構成されたアメリカ史学習に置き換える，最も大規模な改革方法である。第二の「ペーパー・アンド・ペースト・アプローチ」は，従来の歴史学習を中核にし，その内容に「新しい社会史」を，入れやすいところに挿入していくという漸次的改革方法である。

　またこの接続は，伝統的な歴史コースとの接続だけでなく，他の社会科のコースとの接続の可能性を示唆している (Rosenzweig, 1982: 66)。例えば，単元「歴史の中の犯罪と法の執行」の内容は，法関連教育 (Law-Related Education) と接続しうるのである。

【註】

1　2005年に死去。
2　POSH は，一貫したアメリカ史もしくは社会史のカリキュラムとしての活用法の他に，「ペーパー・アンド・ペースト・アプローチ」という，より多様な活用が可能なように構成されており，歴史教育を初め社会科教育の他の領域においても活用が可能である。(Stearns and Rosenzweig, 1982a: 3-4)
3　分析に際しては，「女性」は，母親としての役割の文脈において取り上げられている場合は，「家族」の要素として分類した。「子ども」についても，家庭における子どもの役割 (機能) の文脈で取り上げられている場合は，「家族」の要素として分類した。
4　POSH は，導入単元と教師用指導書の他に，五つの内容単元が用意されている。各内容単元は，それぞれ独立した教材の形式で，Vol.2～6 にまとめられている。
5　「アメリカ史もしくは社会史のコースのために」と位置づけられており，むしろアメリカ史カリキュラムとして志向していた。

【引用文献】

Rosenzweig, L. W. ed. (1982) *Developmental Perspectives on the Social Studies*, NCSS Bulletin No.66.

Rosenzweig, L. W. (1982) Translating Social History for the Classroom, in M. T. Downey, ed. *Teaching American History: Directions*, NCSS Bulletin No.67.

Stearns, P. N. (1980) Toward a Wider Vision：Trends in Social History, in M. Kamen, ed.,

The Past Before Us, Contemporary Historical Writing in the United States, Cornell University Press.

Stearns, P. N. and Rosenzweig, L. W. eds. (1982a) *Project on Social History Curriculum, Vol.1. Introduction and Teachers Guide.* Carnegie?Mellon University Press.

Stearns, P. N. and Rosenzweig, L. W. eds. (1982b) *Project on Social History Curriculum, Vol.2 Work and Leisure in History.* Carnegie—Mellon University Press.

Stearns, P. N. and Rosenzweig, L. W. eds. (1982c) *Project on Social History Curriculum, Vol.3 The Family in History.* Carnegie—Mellon University Press.

Stearns, P. N. and Rosenzweig, L. W. eds. (1982d) *Project on Social History Curriculum, Vol.4 Childhood and Youth in History.* Carnegie—Mellon University Press.

Stearns, P. N. and Rosenzweig, L. W. eds. (1982e) *Project on Social History Curriculum, Vol.5 Health and Medicine in History.* Carnegie—Mellon University Press.

Stearns, P. N. and Rosenzweig, L. W. eds. (1982f) *Project on Social History Curriculum, Vol.6 Crime and Law Enforcement in History.* Carnegie—Mellon University Press.

Stearns, P. N. (1988) Social History in the American History Course : Whats, Whys, and Hows. in B. R. Gifford ed. *History in the Schools What Shall We Teach?* Macmillan Publishing Company.

Stearns, P. N. (1994) Social History, in P. N. Stearns ed. *Encyclopedia of Social History*, Garland Publishing. INC.

第3章　POSHにおける多文化的歴史教育

　前章では，POSHのカリキュラム構造を整理した。また，五つのテーマ史が，どのように「新しい社会史」的内容を内包しているかを分析した。五つのテーマ単元は，それぞれ中心的な「新しい社会史」的な内容によって構成されているが，中心テーマと他の「新しい社会史」的内容を関連させながらカリキュラムの内容編成を行っていることが明らかになった。

　本章では，五つのテーマ史の中から二つのテーマ史（単元）を取り出し，具体的なカリキュラム構成について分析する。第一に，単元「歴史の中の家族」を取り上げ，マイノリティの「日常生活」の変化と継続の理解という「新しい社会史」に基づく多文化的歴史教育の内容構成を明らかにする（第1節）。第二に，単元「歴史の中の幼少期と青年期」を取り上げ，人種・民族的マイノリティと社会的マイノリティの重層的マイノリティの歴史的経験の理解という「底辺からの歴史」＝多文化的歴史教育の内容構成を明らかにする（第2節）。第三に，1970年代後半の初期「新しい社会史」論に基づくPOSHの，多文化的歴史カリキュラムとしての課題を抽出する（第3節）。

第1節　「日常的行為」の動的変化と静的継続
###　　　　　——単元「歴史の中の家族」の分析

(1) 分析対象とする単元の選定理由

　前章では，POSHのカリキュラムに「新しい社会史」的内容がどのように内包されているかの全体像を明らかにした。本章では，POSHの中の具体的なテーマ単元を取り上げ，「"発言権のない"集団」であるマイノリティ集団の「日常生活」の動的変化と静的継続の具体相が，どのようにカリキュラム内容に

反映しているかを明らかにする。

　本節では，具体的な分析対象として単元「歴史の中の家族」を取り上げる。その理由は，単元「歴史の中の家族」が，五つのテーマ単元の中で「新しい社会史」的内容を最も多く，そして全体にわたって内包している単元だからである（第2章第2節参照）。単元「歴史の中の家族」は，前述の①「日常的行為」の歴史に分類でき，「新しい社会史」の特質である「普通の人々」の「日常的行為」と「心性」を中心的内容としている。その上，「女性」や「子ども」といった社会的マイノリティと重複する内容が多い。この単元は，「日常的行為」であると同時にマイノリティ集団の歴史でもある。マイノリティ集団の「日常生活」という「場」での「日常的行為」の展開過程が内容とされているのである。ゆえに，単元「歴史の中の家族」は，POSH の理論背景である「新しい社会史」を，最も色濃く反映した単元であると考える。

(2) 単元「歴史の中の家族」の概要

　この単元のテーマが「歴史の中の家族」であるため，当然であるが「家族」は，全20の授業のすべてにおいて取り扱われている。この単元では，家族的行為の変化，家族的行為が階級や民族に与える影響，家族パターンの変化を，比較的長期の時間枠に基づいて，家族に関する「心性」の変化の把握によって理解することがめざされる。その家族に関する「心性」の変化の過程は，前述した「工業化」の過程に基づく四つの時代区分に対応して捉えられる。小単元Ⅰ「前工業化時代の家族」は前工業化社会（1600-1780年）に対応し，同様にそれぞれ，小単元Ⅱ「家族と初期工業化」は初期工業化社会（1780-1870年）に，小単元Ⅲ「成熟工業化社会における家族」は成熟工業化社会（1870-1950年）に，小単元Ⅳ「現代の家族」は高度工業化社会（1950年 -）に対応する構成になっている[1]。

　時代区分の基準は前述の「工業化」の過程であり，産業革命を契機とする社会全体の構造的変化の過程の中の経済的変化が重視される。そのため，「労働」という経済的要素は，全20の授業の内，8の授業で中心的内容として取り上げられている。また，四つの小単元すべてにおいて「労働」は取り上げ

られており，単元全体にわたって重視されている。「女性」は全20の授業の内，12の授業で取り上げられており，これも小単元全体にわたって取り上げられている。また，「子ども」も7の授業で取り上げられており，この単元においては，家族における女性観や子ども観の変化を，経済的環境の中に位置づけ，労働や家族的行為，労働といった「日常的行為」の変化の過程の中で捉えようとする。その中で捉えられた「日常的行為」や「心性」の変化は，現代の家族観・家族パターンの変化という現代的次元に焦点づけられ，生徒が，現代社会における生徒自身の家族のあり方を評価できる構成になっているのである。

単元「歴史の中の家族」の中の20の授業題目と，各小単元と四時代区分の対応を，以下の**表11**にまとめた。

表11　単元「歴史の中の家族」の内容

小単元「前工業化時代の家族」		小単元「成熟工業化社会における家族」	
第 1 章	家族	第11章	労働者階級の家族——ペンシルバニアの自作農場の場合
第 2 章	ヨーロッパの農民と熟練工の家族	第12章	労働者階級の家族——ペンシルバニアの自作農場の場合
第 3 章	ニューイングランド植民地における家族	第13章	中産階級へ
第 4 章	焦点の移動	第14章	黒人の家族
第 5 章	ベンジャミン・フランクリンと彼の家族	第15章	不況
小単元「家族と初期工業化」		小単元「現代の家族」	
第 6 章	工場・農場・出生率・女性・畏怖——家族と都市	第16章	第二次世界大戦後の家族
第 7 章	中産階級の家族の上昇	第17章	労働者階級
第 8 章	労働者階級の生活	第18章	誰が弁当を持って行くのか——誰が子どもの世話をするのか
第 9 章	改革の上昇と下降	第19章	家族生活の評価と変化の本質
第10章	奴隷制度における黒人家族	第20章	明日への展望

Stearns and Rozenzweig eds., 1982a: 92-141. 1982b より執筆者作成。

(3) 単元「歴史の中の家族」の全体の目標・内容・方法

単元「歴史の中の家族」の目標と内容は，以下のように示されている (Stearns

and Rosenzweig, 1982a: 91)。

　「社会史テキストは，以下のような過去の平凡な出来事を強調する。……例えば，出生と結婚，家族の構成員の役割，制度としての家族，家族と社会全体との間の関係である。」

本単元では，生活主体である我々にとって，家族とはなにか，どのような機能・役割をもってきたか，また，それらがどのように変化・継続してきたかを学習することを目的としている。つまり，家族という最も身近な社会集団の「過去の平凡な出来事」，すなわち過去の家族のあり方という「日常的行為」の動的変化と静的継続の具体相を学習することによって，現代の家族のあり方を問うことを目的としている。具体的には，本単元では以下の五点が，強調されている (Stearns and Rosenzweig, 1982a: 94)。

　①家族の役割の本質
　②愛情の重要性
　③家族の機能の本質
　④家族生活のよい面と悪い面に関する一般的認識
　⑤家族的行為の変化に対する政府の対応

これらの強調点から分かるように，本単元では，常に「家族とはなにか」が問われている。従来の政治・外交史中心の歴史教育においては，「家族」は無視されてきた要因であり，生活主体である我々の日常性の検討は，社会史の知見によって可能になったのである。この「家族とはなにか」という問いに対して，本単元では単元全体の包括的目標を以下のように提示する (Stearns and Rosenzweig, 1982a: 94)。

包括的目標

　本単元は，以下の四つを主要な目標としている。
1. 家族 (特に以下の三点) に関する知識の習得。
　　a．異なった時代では，さまざまな家族習慣が存在していたこと。
　　b．家族行動に対する階級と民族の影響。
　　c．相対的に安定性を存続させている家族パターンがある一方で，いくつかの家族パターンが変化してきた理由。

2. 生徒の感受性における，時間を越えた家族行動の相違の増大。
   本テキストは，生徒に家族についてを学ぶ中で多様な視野を用いる数多くの機会を提供する。例えば，いくつかの授業は，生徒に家族の視点からの学級討論，寸劇，小論課題によって，特定の時代の家族を再現すること，現在の家族問題を扱うことを要求する。
3. 多様な歴史史料を用い，解釈する技能の発達。
   生徒は，この単元を学習するにつれて，絵画，詩歌，聖書に基づく説教(sermons)，間取り図，国勢調査結果，世論調査，口伝・伝承(oral history)を，多数の表やグラフと同様に検証するようになる。この多様な史料は，彼らが日常生活で出くわすであろう多様なタイプの記述・図像史料であるため，社会史家が研究において用いてきたタイプの史料である。
4. 多様な学習活動の活用。
   本単元におけるそれぞれの授業は，3もしくはそれ以上の部分に分かれている。最初の部分は，導入として提示されている。しかしながら，その他のほとんどの部分は記述でなされている。そのため，講義，学級全体討議，小集団作業の利用が可能である。多様な学習資/史料の活用が生徒の学習を高めると同様に，多様な活動の活用が生徒の学習を高める。

この包括的目標は，「知識目標」「情意目標」「知的技能目標」「学習活動目標」に分けられる。特に，「知識目標」では，過去の異なった時代には，多様な家族のあり方が存在しており，その変化の諸相を理解し，容認することが目標とされている。これは，「知識目標」の「a 異なった時代では，さまざまな家族習慣が存在していた。」に如実に表れている。POSHでは，歴史的事象の動的変化と静的継続の具体相を明らかにすることを目標としている。そのため，その時代において現れてきた「新しい傾向」と，前の時代から存続してきた「古い傾向」との葛藤，もしくは，それらの複雑な混合態として歴史事象を捉えようとする。「知識目標」の「c 相対的に安定性を存続させている家族パターンがある一方で，いくつかの家族パターンが変化してきた理由。」に表れているように，前時代からの相対的に安定性を確保した傾向は，次の時代においては，もはや「古い傾向」となってしまい，変化が生じ始めるのである。「知識目標」の「c」は，緩やかに変化に向かう社会的状況とそ

の変化をもたらした原因を探る中で,「家族とは何か」を生徒に考えさせる。「知識目標」の「b 家族行動に対する階級と民族の影響」は,アメリカ社会を形成する重要な要因である移民と「黒人」の問題を提起している。移民とはいわゆるWASPよりも後にヨーロッパから移民してきた新移民をさす。具体的には,ユダヤ人,イタリア人,オランダ人などを挙げている。これらの移民は,エスニシティとしてWASPとは異なった文化を扱っており,彼らのアメリカ化の過程における主流文化と民族文化の葛藤が,家族のあり方の変化として提示される。つまり,本単元は,単元の「知識目標」において,マイノリティ文化とその文化のもつ価値と影響について学習することを挙げているのである。

「情意目標」においては,POSHの「新しい社会史」学習の第一の課題である「現在理解のための歴史」を提示する。「情意目標」の中で,「例えば,いくつかの授業は,生徒に家族の視点からの学級討論,寸劇,小論課題によって,特定の時代の家族を再現すること,現在の家族問題を扱うことを要求する。」とあるように,特定の時代の家族の様子を再現することと,現代の家族問題を取り扱うことを並置して挙げている。また,現代の家族行動と過去の特定の時代の家族行動との比較において,「家族」という「日常的行為」の動的変化と静的継続を学習させようとしている。ここに,「現在理解のための歴史」学習という課題が見て取れるのである。

「知的技能目標」としては,社会史研究において用いられる史料の活用・解釈の技能の育成が挙げられている。例えば,絵画,詩歌,聖書に基づく説教,間取り図,国勢調査結果,世論調査,口伝・伝承,表,グラフなどが挙げられている。これらの史料は,アナール学派の社会史家も好んで用いる史料である。POSHが基盤とするアメリカの「新しい社会史」もアナール学派の影響を受けて発達した新しい歴史学であり,主にこれらの史料を用いる。社会史で用いられる史料の多様性について,中内敏夫は以下のように述べている (中内, 1992: 70-71)。

「最近の社会史について次に特徴的なことは,その史料論である。その史料群に人々の日常的境界行動の『数字』的記録としての人口動態の

史料類が入っていることはいうまでもないが，それだけではない。そこにはもうひとつ，ル・ゴフが『日常物質文化』と名づけた，日常のなんということもない生活の記録類（衣服，暦絵，肖像画，イコン，工具などの民俗資料，それに結婚契約書，遺言書，手紙，日誌，といった類の資/史料など）が使われているのである。」

　これらの史料の重視は，POSH が社会史カリキュラムである以上当然であるが，これらの史料の活用それ自体が，従来の歴史教育・学習と社会史に基づく歴史教育・学習との最も明らかな相違点であり，POSH の最も社会史的な特色を表しているのである。

(4) マイノリティの「日常的行為」と「心性」の学習

　ここでは，単元「歴史の中の家族」の単元全体の目標・内容・方法と，第1章で明らかにした「新しい社会史」に基づく歴史認識の方法が具体的な授業プランにどのように反映し具体化されているかを分析する。特に第6章「工場・農場・出生率・女性・畏怖――家族と都市」（表11中網掛部分）を取り上げる。その理由は，第6章が単元「家族の中の家族」の20の授業の中で，最も多くの「新しい社会史」的内容を内包した授業だからである（表4参照）。六つの「新しい社会史」的内容のうち，「人種・民族的マイノリティ」を除く五つの内容が含まれており，「底辺からの歴史」を「普通の人々」の「日常的行為」と「心性」から理解する最も典型的な授業である。本授業は，初期工業化社会における家族生活の実態と変化を学習内容としており，社会生活の最小単位である家族生活が，工業化の過程の影響下において，どのように変化していったかを学習させることを目標としている。家族生活の「場」は，「新しい社会史」の主張するさまざまなマイノリティの「日常生活」が展開される「場」である。この家族生活という「場」の日常性を学習することは，初期工業化社会の日常生活の実態を学習することであり，前章で明らかにした「新しい社会史」理解の構造及び「新しい社会史」において対象とされる史料（「日常物質文化」と「数字」的資料）の活用が求められる。第6章は，表11から分かるように，初期工業化社会における家族の変化と実態を取り扱った授業である。また，小単

元「家族と初期工業化」の導入的単元として位置づけられている。

　第6章は，二つの部分からなる。第二小単元への導入と，学習活動 (in-class activity) である。第6章のリード文においては家族に対する「工業化」の影響を一般化する。学習活動においては，生徒に，労働中の家族の絵画，人口統計のデータ，典型的な家族の家計，家族における妻の役割に関する19世紀初期の記述を検証することを要求する。

　この学習の過程で，生徒は，初期工業化社会の家族は，前工業化社会の特徴を多く保持する一方で，前工業化時代の家族とは多くの面で異なっていることに気づく。その中には，生徒に進歩を気づかせる変化もあれば，気づかせない変化もある。この章の目標の一つは，生徒に，これらの変化の質の評価は評価を下した個人の見方に依存していることに気づかせることである。そして，生徒に，家族に関する一見して矛盾しているようにみえる情報を一致させることを要求する。つまり，ほとんどの家族は，工業化の過程で一般的な様式で変化したが，すべての家族が同様の変化をしたのではないということに気づかせるのである。

　上記を前提として，第6章の目標は，教師用指導書で以下のように設定されている (Stearns and Rosenzweig, 1982a: 108-109)。

認知目標

知識
1) 労働としての家族の役割が複数の様式で変化したことと，家庭が次第に，家族生活の範囲毎に分割されてきたことを理解する。
2) 家族の変化と家族計画の出現を関連させた人口動態の変化を理解する。

知的技能
　一次史料から家族生活に関する結論を引き出す。

情意目標
・その人の価値観が，過去の家族行動に対するその人の認知に影響を与えることを認識する。
・グループ内で協同的に活動することと，同意に到達する。

暗示的ストラテジー

1. 以下に挙げる第二小単元への導入のための質問を議論させる。
   …「工業化」は，家族にどのように影響を与えたか？（例えば，家族の役割に何が起きたか？ 家族の結びつきには？ 結婚の動機には？）また，それはなぜか？
   …労働者階級の家族と中産階級の家族は，どんな面で異なっていたか？ また，それはなぜか？
2. 生徒に，第6章の短い導入の文章を読ませ，第6章の残りの重要な部分を捉えさせる。それにはいくつかの選択可能なストラテジーがある。

〈A〉ストラテジー

パートⅠを（OHPを用いて）最初はクラス全体で授業を行う。次に学級を五つのグループに分ける。第6章の五つのパートを各グループに割り当て，第6章の内容を要約した上で以下の質問に答える責任を負わせる。全員が再集合した時点で，各グループにそれぞれの解答を提示させ，学級全体で議論をさせる。以下の質問に答えさせることによって結論を出させる。

・どんな家族行動が「工業化」によって変化したか？
・どんな家族行動が，変化を示したか？
・どんな家族行動が，証拠と矛盾しているか？

〈BA〉ストラテジー

グループではなく学級として全体で議論する。

教師用指導書の使用について

1. 特別な知識目標，知的技能，情意目標は，各授業のための指導書に著わされている。
2. 伝統的な教科書の内容との接続：適用可能な部分で，特定の授業のアメリカ史／もしくは西洋の文明化における既存の教科書の範囲への接続を示唆する。
3. 暗示的ストラテジー：〈BA〉という文字は「平均以下（below average）」，〈A〉は「平均（average）」，〈AA〉は「平均以上（above average）」を表し，授業計画の中で示されている。それらは，生徒集団の能力水準の見積もりを参考としている。〈A〉ストラテジーは，各授業に〈BA〉，〈AA〉集団のために用意されている付加的なストラテジーを導くことを示唆する。一クラスにおいていくつかの能力水準に分けられる場合には，教師は，同時に複数のストラテジーを用いることが可能である。

　第6章の「認知目標」の「知識目標」においては，労働としての家族の役割の変化が多様な様式で生じたことと，家族の変化と家族計画の出現を関連さ

せた人口動態の変化を知ることが，学習で習得すべき知識として設定されている。この家族の役割の変化は，第6章が小単元「家族と初期工業化」の導入的位置づけとされていることからも分かるように，家族生活への産業革命の影響として描かれる。産業革命の影響とそれによる家族行動の変化を，人口動態の変化から引き出すことが知識目標として設定されている。

「知的技能」においては，一次史料から家族生活に関する結論を引き出すことが目標とされている。ここで，ル・ゴフのいう「日常物質文化」と人口動態の変化を描き出す日常的境界行動の「数字」的記録から，産業革命の影響と家族行動の変化を導き出す技能の習得が目標とされている。具体的には，第6章では，図像史料，統計資料，文献史料の抜粋が，いわゆる社会史的史料として用意されており，それらの史料の分析，検討が求められる。しかし，それらの社会史的史料は，初期工業化社会の一般的状況を概観することはできるが，事象のすべてを語っているわけではない。ゆえに，それらの史料から，直接的にそれほど多くの情報を引き出す必要はないとされる。

第6章の学習活動は，六つのパートから構成されている。それぞれのパートは，家族の日常生活を描き出す社会史的史料の解釈を基軸として，学習活動が構成されている。例えば，パートⅠの「織物生産」は，二枚の図像史料の比較検討から，初期工業化社会の労働における家族生活のあり方を考察させる。一枚は18世紀のフランスのある家庭内の織物生産に携わる家族の様子を描いたものであり，もう一枚は1840年代のマサチューセッツの工場における織物生産の様子を描いたものである。

パートⅠでは，この二枚の図像史料を見て，以下の二つの質問に答えることを求める (Stearns and Rosenzweig, 1982a: 57)。

1. 二枚の絵画に描かれた異なる織物生産の様式に，家族がどのように深く関わっているか？
2. 1840年代の家族生活において，そのことが，どのような相違を作り出したのか？

「暗示的ストラテジー」に示されているように，平均的な授業では，この二枚の図像史料はOHPを用いて学級全体に提示され，第6章の学習活動の

表12 スターブリッジにおける家族生活のあり方の変化

両親の結婚年	結婚時の平均年齢 男性	結婚時の平均年齢 女性	最後の子どもの誕生時の妻の年齢	結婚時の妊娠率	平均出産回数
1730-59	25	20	39	14	9
1760-99	26	23	39	29	7
1800-19	26	23	38	23	6
1820-39	28	26	36	3	5

Stearns and Rozenzweig eds., 1982b: 58.

導入的活動として位置づけられている。パートⅡ以降については，学級を五つのグループに分け，それぞれのグループに各パートを割り当て，活動させる。その結果を学級全体での議論において検討する形態が用いられる。

パートⅡでは，**表12**のような統計資料[2]の解釈を通して，ある一つの町の家族のあり方の変化を考察させる (Stearns and Rosenzweig, 1982b: 58)。

パートⅡでは，1730年代に小さな農耕コミュニティとして出発した，西マサチューセッツの町，スターブリッジ(Sturbridge)を事例として挙げている。スターブリッジは，革命戦争以降移民が増大した。1700年代末から1800年代初頭にかけては，貿易か，もしくは1829年に設立された綿紡工場での労働を目的として多くの移民が殺到した。特に，その綿紡工場では，1850年までに女性や子どもを含めて200人以上の労働者を雇用した。パートⅡでは，生徒にこの統計資料を提示し，それを解釈する手がかりとして，スターブリッジの家族生活のあり方の変化を考察させるための以下の三つの問いを提示する (Stearns and Rosenzweig, 1982b: 58)。

> 1. 1700年代初頭から1800年代半ばにかけて，スターブリッジの平均的な家族規模にどのような変化が生じたか？
> 2. この変化をどのように説明できるか？
> 3. 町の進行する商業化(1800年代に始まる)と工場と家庭内での織物生産の重要性の増大は，家族にそのような影響を与えたようにみえるか？（ヒント：工場はいつ設立されたか？ それ以前に大きな変化はなかったか？）

生徒は，統計資料の解釈を通してこの三つの問いについて考察し，パートⅡでの初期工業化社会の家族のあり方の変化の概観を基盤として，より具体

的な家族の変化について学習するのである。

　パートⅢは，ある地域のある家族の一週間の家計を資料として，その生活の実態を掴ませる学習であり (Stearns and Rosenzweig, 1982b: 59-60)，パートⅣは，工業化の進展に伴った女性の家庭外労働への進出について統計資料を用いて考察させる授業である (Stearns and Rosenzweig, 1982b: 61)。パートⅣは，二つの抜粋[3]を資料として，家族に対する人々の一般的な態度[4]の変化を学習させる授業である (Stearns and Rosenzweig, 1982b: 61)。パートⅤは，1700年代初頭から1800年代半ばまでの初期工業化社会の家族のあり方を概観する授業であり (Stearns and Rosenzweig, 1982b: 62)，パートⅥは，第6章の「まとめ」の授業に位置づく (Stearns and Rosenzweig, 1982b: 63-64)。第6章が内容とする家族のあり方の変化に対する工業化の影響は，1960年代以降の新しい家族史研究の成果に基づくものである。1960年代以降，アメリカ史研究において，家族史の研究領域への関心が急激に増大した。1960年代以前は，偉人の伝記や企業の発展史において特定の家族が語られることはあっても，社会集団として家族を研究することは，ごく少数を除いて非常に稀なことであった。1960年代は，家族史研究史上，数的にだけでなく質的にも大きな転換点となった。1960年代以降の家族史研究は，普通の人々の日常生活の長期にわたる変化と継続を，民衆の視点から研究する「新しい社会史」の立場を基本的前提とする。有賀夏紀は，1960年代以降の家族史研究の隆盛と「新しい社会史」との結びつきを以下のように述べている (有賀，1981: 88)。

　　「このような1960年代以降における新しい家族史の興隆の原因はどこにあるのであろうか。第一にはアメリカ史学界における『新しい社会史』の興隆が考えられる。エリートの活動を中心に公的な生活を研究する伝統的な歴史に対して，社会史では民衆の私的な生活こそが中心的研究課題となり得るのであり，そうした社会史研究における風潮の中で，家族が重要な研究課題として認められることになったと言えよう。」

　そのような家族史研究は，従来のエリートの視点からの文献史料に依拠する方法とは異なった研究方法を取る。文献史料に残されない普通の人々の日常性の歴史の研究には，従来の歴史学で無視されてきた史料が用いられる[5]。

本単元において取り上げられた「家族」というテーマは，1960年代以降の家族史研究に依拠しており，その家族史研究は，POSHが理論的基盤としている「新しい社会史」をその基本的立場としている領域である。「新しい社会史」に基づく家族史研究の急激な隆盛からみてとれるように，家族史は，「新しい社会史」という巨大な裾野をもつ研究領域の一つに含まれる形で発展し，最も強く「新しい社会史」の特徴を表した研究領域である。

第2節　複合的マイノリティの歴史的経験における重層的差別
——単元「歴史の中の幼少期と青年期」の分析

(1) 分析対象とする単元の選定理由

前節ではマイノリティの「日常的行為」と「心性」の理解の具体的事例として，単元「歴史の中の家族」を取り上げ分析した。本節では，単元「歴史の中の幼少期と青年期」を分析する。その理由は，この単元が，五つのテーマ単元の中で単元「歴史の中の家族」に次いで「新しい社会史」的内容を多く内包している単元だからである。また，単元「歴史の中の幼少期と青年期」は，前述の②マイノリティ集団の歴史に分類でき，「新しい社会史」の特質である「底辺からの歴史」を中心的内容としている。ゆえに，単元「歴史の中の幼少期と青年期」は，POSHの理論背景である「新しい社会史」の基本的性格の一つを，すなわち「底辺からの歴史」の典型的な単元である。

(2) 単元「歴史の中の幼少期と青年期」の概要

単元「歴史の中の幼年期と青年期」[6]は，「子育て (child-rearing)」をキー概念として，その「子育て」の変化に基づく子ども観の変化と継続，社会における子どもの役割の変化を，比較的長期の時間枠に基づいて子どもに関する「心性」の変化の把握によって理解することがめざされている。その子どもに関する「心性」の変化の過程は，「工業化」の過程に則して捉えられる。単元「歴史の中の幼少期と青年期」の中の20の授業題目を，次頁の**表13**にまとめた。

単元「歴史の中の幼年期と青年期」においても，他のPOSHのテーマ単元と同様に，「工業化」の過程，すなわち四つの時代区分に従って配列されて

表13　単元「歴史の中の幼少期と青年時代」の内容

第1章	幼少期と青年時代の展望	第11章	成熟工業化時代——子どもの世紀
第2章	赤ちゃん——恩恵と死	第12章	幼少期の経験——アメリカでの成長
第3章	大人になること	第13章	子どもと国家
第4章	アメリカとヨーロッパにおける子育て	第14章	成熟工業化時代の青年期
第5章	現代と前工業化時代における幼少期の対比	第15章	青年の文化
第6章	過渡期の子ども	第16章	高度工業化時代——変化の中の子ども
第7章	中産階級の子どもにとっての新しい機会と期待	第17章	高度工業化時代の子育て
第8章	労働者階級における子どもの労働者	第18章	権力における青年時代——事例研究
第9章	学校——よりよい生活ための手段・また有害物	第19章	現代社会における青年時代の関心
第10章	初期工業化時代の青年時代	第20章	幼少期の展望——過去と未来

Stearns and Rozenzweig eds., 1982a: 142-195, 1982c より執筆者作成。

いるが，本単元では20の授業は，四つの時代区分に対応した小単元に明確には区分されていない。「第1章 幼少期と青年時代の展望」から「第5章 現代と前工業化時代における幼少期の対比」までが前工業化社会 (1600-1780年) に対応し，同様にそれぞれ，「第6章 過渡期の子ども」から「第10章 初期工業化時代の青年期」までが初期工業化社会 (1780-1870年) に，「第11章 成熟工業化時代——子どもの世紀」から「第15章 青年の文化」までが成熟工業化社会 (1870-1950年) に，「第16章 高度工業化時代——変化の中の子ども」から「第20章 幼少期の展望——過去と未来」までが高度工業化社会 (1950年‒) に対応する構成になっている。

(3) 単元「歴史の中の幼少期と青年期」の目標・内容・方法

単元「歴史の中の幼少期と青年期」では，単元の目標を以下のように設定している (Stearns and Rosenzweig, 1982a: 142)。

「幼少期の歴史は，子どもと社会における子どもの役割の変化に対す

る過去の態度への洞察を提示する。ちょうど，政治・経済史が未来の意思決定に関する『授業』を意味しうるように，幼少期の歴史は，生徒が子育てへのアプローチと態度に関する諸関連を考察するのを援助する。過去の幼少期の経験の学習は，また，現代の子育ての実際に関する歴史的因果関係と同様に，現代の子育ての実際へのいくつかの興味深い別の姿を表わすことができる。」

　本単元では，上記の単元の目標に表れているように，過去の特定の時代の子育てへのアプローチと態度の動的変化と静的継続の具体相を明らかにする中で，現代の子育てのあり方を生徒に考えさせることを目標としている。「現代の子育ての実際に関する歴史的因果関係」を明らかにするという言葉に表されるように，過去の子育ての変化と継続の過程を学習することで，現代社会の抱える子育ての問題へと生徒の目を向けさせている。常に「子どもの歴史的経験と役割はなにか」を，「子育てへのアプローチと態度の変化」を通して問うことが求められている。従来の政治・外交史中心の歴史教育においては，「子ども」や「子育て」という要因は無視されてきた要因であり，生活主体である我々の成長過程の日常性の検討には，社会史の知見が必要である。「子どもの歴史的経験と役割はなにか」という問いを「子育てへのアプローチと態度の変化」を通して学習することが求められるのである。本単元ではそのような単元全体の包括的目標を次頁のように提示する (Stearns and Rosenzweig, 1982a: 143-144)。

　この単元全体の目標は，「知識」「知的技能」「情意目標」に分けられる。「知識」は，本単元の各章の目標において設定されており，単元全体としては特定されていない。

　「知的技能」は，前節の単元「歴史の中の家族」の単元目標の分析において示したのと同様に，社会史研究で用いられる史料，すなわち，日常的境界の「数字」的史料と「日常物質文化」の活用・解釈の技能の育成[7]が目標として提示されている。この点は，「知的技能」の中の特に「図，グラフ，表，絵画，スケジュールからの情報の収集・解釈」「記述・映像形態で提示された情報に基づく仮説の展開」「叙述における主要点の要約」などの目標において顕著に表

れている。

「情意目標」では，現代・自己の見方と異なる見方への許容を強調している。

A．カリキュラムの目標

1. **知識**
    これらの目標は，それぞれの授業において特定されている。
2. **知的技能**
- 図，グラフ，表，絵画，スケジュールからの情報の収集・解釈。
- 四時代区分における幼少期の経験の比較・対照。
- 一次史料の読解・解釈。
- 文字からのデータの抽出・解釈。
- 一次・二次史料からのデータの組織・分類。
- 記述・映像形態で提示された情報に基づく仮説の展開。
- 議論の分類と評価。
- 叙述における主要点の要約。
- 統計の分析。
- エッセイの執筆。
- 以前に学習した史料のレビュー。
3. **情意目標**
- 個人的・同時代的経験を理解する能力を高める一方法としての歴史学習の適切性の認識。
- 現代社会の文脈においては不適切にみえる過去の実践への許容。
- 過去の社会の文脈における人々の行為の評価。
- 時間的・空間的に遠く離れた他の個人の立場を仮定する能力の発達。
- ロールプレイ。
- 個人的な作業・小集団における他の生徒との協同。
- 理性的な議論における立場の表明と防御の技能の発達。
- 自分とは異なった意見の許容。
- 自分の見方と価値の検証。

B．生徒用史料の使用計画について

　各章は，ある特別なトピックに焦点づけられている。ほとんどの章は，いくつかの部分に分割されており，多様な生徒の活動が許されている。教師の選択と生徒の能力に依存しているため，いくつかの章は一時限では足りないことがありうる。

本単元では，過去の多様な子育てのあり方を学習する中で，現代とは異なった子育てのあり方の存在を認識し，許容することを求めている。この点は，明らかに「情意目標」の「現代社会の文脈においては不適切にみえる過去の実践への許容」「過去の社会の文脈における人々の行為の評価」「自分の見方と価値の検証」などに表れている。単元全体の目標には，明確に表れてはいないが，民族的・人種的・社会的マイノリティという，その時代の文化の中心を形成していた主流集団の文化とは異なった文化や価値体系を有する集団の認識と許容をも含んでいるのである。この点については，具体的な授業プランの分析において明らかにする。

　単元全体の目標において，教師用指導書の使用法についても注意がなされている。その中で，前章において論じた「ペーパー・アンド・ペースト・アプローチ」のために提示された「伝統的内容との接続」[8]が指示されている。「教師用指導書の使用について」の「適用可能な部分で，特定の授業のアメリカ史もしくは西洋の文明化における既存の教科書の範囲への接続を示唆する。」と指示されている。このような指示が具体化されているように，POSHを歴史カリキュラム改造のモデルとするスターンズのPOSH開発の意図をみることができる。

(4) 社会的マイノリティと人種・民族マイノリティの重層的差別の学習

　本項では，社会的マイノリティと人種・民族マイノリティの重層的差別が具体的な授業プランにどのように反映され，具体化されているかを分析する。ここで特に第12章「幼少期の経験――アメリカでの成長」(表13中網掛部分)を取り上げる。その理由は，第12章が，成熟工業化社会における移民と「黒人」の子どもの多様な経験を学習内容としており，社会的マイノリティである「子ども」と民族的・人種的マイノリティである移民及び「黒人」の複合的なマイノリティを対象としているからである。この第12章は，「発言権のない」人々の歴史の色彩を最も強くもつ授業であり，「底辺からの歴史」，すなわちマイノリティの視点からの歴史教育・学習ともいうべきものである。「新しい社会史」が，「発言権のない」集団である社会的・民族的・人種的マイノリ

ティの歴史を研究対象としていることは先で述べた。そこで,「発言権のない」集団である社会的・民族的・人種的マイノリティについての「新しい社会史」に基づく学習を,歴史学習への多文化的アプローチと仮説的に設定し,その視点から第12章を分析する。

　第12章は,成熟工業化社会における子どもの経験を取り扱った授業である。第12章は,本単元の第5・6章において学習した内容,すなわち,アメリカにおける幼少期の経験とヨーロッパにおける伝統的な幼少期の経験が,いくつかの側面で異なっていたことを前提としている。その前提に基づいて,リード文の中で成熟工業化社会のアメリカの特徴が,都市部への東西ヨーロッパからの移民の増大であること,そして1880年代に400もしくは500万人の移民がアメリカ大陸に到達し,そのうちの多くが子どもと10代の若者であったことを指摘している (Stearns and Rosenzweig, 1982c: 125)。第12章では,そのような指摘の後,成熟工業化社会における移民の子どもとアフリカからの「黒人」の子どもの経験を事例として提示する。提示される四つの一次史料からの抜粋は,成熟工業化時代のアメリカにおける民族集団間の幼少期の経験の多様性を描写するものである。

　上記のことを前提として,第12章の目標は,以下のように設定されている (Stearns and Rosenzweig, 1982a: 171-172)。

認知目標

知識
以下のことを理解する。
1) アメリカにおける移民と「黒人」の子どもの幼少期は,より広範な社会への同化に対する欲求・必要と,民族・家族の価値観と伝統を保持しようとする圧力との間の葛藤を含んでいた。
2) これらの子どもの特異な経験は,彼らにとって非常に複雑な時期である幼少期と青年期を形成した。

知的技能
・一次史料を読み,解釈する。
・選択した一次史料の主要なポイントを要約する。

情意目標
・個人・小集団において協同して作業する。
・過去と現代の移民と「黒人」の子どもと青年の経験に共感する。

伝統的範囲との接続
　第12章は，19世紀後半と20世紀初頭の移民パターンとアメリカの移民生活の領域と容易に接続する。移民の波を促進したヨーロッパの状況の学習との接続において用いられ得る。フィラデルフィアの10代の「黒人」に関する記述の抜粋は，アフリカ系アメリカ人 (Afro-American) 史と「黒人」史において適応する。

暗示的ストラテジー

〈A〉ストラテジー

　生徒がリード文を読み終えた後，学級を四つの集団に分け，それぞれの集団に一部分ずつを割り当てる。生徒は一つの集団として，割り当てられた部分を静かに読み，主要なポイントのリストを作成する。学級を再び集合させ，それぞれの集団に割り当てられた部分の内容を要約させる。イタリア人，ユダヤ人，オランダ人，「黒人」の経験の類似と相違について議論させる。今日のアメリカ合衆国への若者の移民，例えば，ベトナム難民，プエルトリコ人，ハイチ人などが，類似の問題を抱えていることを生徒に考えさせる。現代社会は，それらを解決することを助ける組織や集団を提示するのであろうか？　外国に旅行した生徒がいる場合は，10代の若者が，言語や慣習など類似しない場所へ移動したがっていることについて推測させる。

〈BA〉ストラテジー

　協同してすべての作業をすることができない生徒がいるため，注意深く小集団を組織する。一番目と四番目の史料は，おそらく比較的読みやすい史料である。課題カード，ガイドは，割り当てられた部分を要約する上で，生徒の助けとなる。議論は平均的な生徒に提示されたパターンでされるべきである。

〈AA〉ストラテジー

　平均的な生徒のための手続きに従う。選択的に生徒を小集団に分割し，それぞれの集団内で，個々人に異なった部分を割り当てる。すべての生徒がその部分を読み終えた後で，小集団内で彼らが読んだ内容について議論させる。再び集合させ，平均的な生徒に提示された現代の移民の経験の議論によって結論を出させる。

　第12章は，リード文の他に，二つのパートから構成されている。パートⅠのタイトルは，「移民の経験」であり，1880年代に移民してきた四つの民族の子どものアメリカでの経験を内容とする。パートⅡのタイトルは，「『黒人』の経験」であり，奴隷として連れてこられた「黒人」の成熟工業化社会で

の経験を内容としている。

　パートⅠでは，まず，アメリカの主流文化であるWASPの文化への同化を受容する子どもと，彼らの民族文化を保持しようとする両親の間に，ある種の緊張とギャップが生じていることが提示される。「多くの移民の子どもが，新しい文化への同化に苦闘していた一方で，彼らの両親は，彼らの生まれた土地の価値観や慣習を維持するために，新しい文化への同化に抵抗した」(Stearns and Rosenzweig, 1982c: 125) のである。移民の子どもの新しい文化 (＝WASP文化) への同化は，家庭外のあらゆる場で行われ，特に，移民の子どものための学校は，移民の子どもを「アメリカ人」にすることを目標として設立され，そこで「アメリカ人」になることは，WASPの文化を受容し，それに同化することを意味していた。19世紀末から20世紀初頭，すなわち，成熟工業化社会においては，新移民の民族固有の文化を破壊し，アングロ＝サクソン文化への同化を強いることが，教育，特に学校の仕事とされていたのである。このアメリカの同化主義による人口の拡大期において対象とされたのは，主に「新移民」と呼ばれる東・南ヨーロッパからの白人移民であった。この「同化主義思想」(江淵，1985: 11) では，「新移民」に対してWASPの言語と文化に「同化」することを要求する「アングロ文化同調主義」(江淵，1985: 11) の思想であった。その「同化主義思想」の背後には，白人・非白人を峻別する人種差別に加えて，同じ白人でも，プロテスタントである西・北欧系の白人が，カトリックの多い東・南ヨーロッパからの白人よりも優れているという序列意識が存在していたのである (江淵，1985: 12)。そのようなアイルランド系と東・南ヨーロッパ系の子孫は，一般にイギリス系やドイツ系とは区別して「白人エスニック (White Ethnic)」とも呼ばれる。上記の「認知目標」の「知識」において，「1) アメリカにおける移民と『黒人』の子どもの幼少期は，より広範な社会への同化への欲求・必要と，民族・家族の価値観と伝統を保持しようとする圧力との間の葛藤を含んでいた」とされていることから明らかなように，第12章では，そのような社会状況において，移民の子どもは，独自の文化の保持と主流文化への同化との間で葛藤していたのであり，その葛藤の日常生活の具体相を認識することが目標とされているのである。

第12章では、上記の目標に則して、事例として新移民であるイタリア人、ユダヤ人、オランダ人の子どもの日常生活の記録の抜粋を読み、それぞれの民族の子どもの特徴を認識することが、第一の課題として設定されている。そのための視点として以下の五点が挙げられている (Stearns and Rosenzweig, 1982c: 125-126)。

・民族固有の子育ての方法は、移民の子どもにとって、彼らが成人になったとき、どのように成功に寄与したか？
・アメリカの価値や問題が、どのように明確に反映しているか？
・現代のアメリカ社会の価値や問題と同じ価値や問題の現れをみることができるか？
・異なった文化の子どもの大量の流入の結果は、どのような潜在的衝撃をもたらしたか？
・子どもと幼少期の経験は、アメリカとヨーロッパの間で、どのような対照を見いだせるか？

この5点の視点は、生徒に、各民族的マイノリティの子どもが両親と社会との間で、民族固有の文化の保持かアングロ・サクソン文化への同化か、という葛藤のなかでどのように成長したかを学ばせる視点である。同時に、その葛藤がマイノリティの子どもの日常生活において生じていたことをも学ばせる視点となっている。つまり、この民族文化と主流文化の間で葛藤するマイノリティの子どもの日常生活を学ぶ視点が、「新しい社会史」に基づく多文化的アプローチである。

具体的には、パートⅠでは、三つの抜粋が用意されている。イタリア人の子どもの経験に関しては、マリオ・プゾー (Puzo, M.) の、スラム街の子どものハドソン・ギルド・クラブ[9]での経験を回想した回想録「地獄の台所のイタリア人」からの抜粋が史料として提示される (Stearns and Rosenzweig, 1982c: 126-128)。ユダヤ人の子どもの経験としては、アーヴィン・ハウス (House, I.) の、ユダヤ人ゲットーにおける青少年のプライベートな場が、家から路上へと移動したことに伴う路上での集団化と、その集団における生活を回想した「ゲットーでの成長」からの抜粋[10]が史料として提示される (Stearns and Rosenzweig,

1982c: 129-131)。オランダ人の子どもの経験としては，*Ladies' Home Journal* の編集者となったエドワード・ボック (Bok, E.) の，オランダから移民してきたボック自身の「アメリカ化」の過程の苦労を回想した回想録「エドワード・ボックのアメリカ化」の抜粋[11]が史料として提示される (Stearns and Rosenzweig, 1982c: 132-135)。

パートⅡでは，奴隷としてアメリカ大陸に強制的に連れてこられた「黒人」の孫の代にあたる10代の「黒人」の若者の経験を内容とする。事例として1930年代のフィラデルフィアの10代の「黒人」の経験を取り上げている。具体的には，「フィラデルフィアの10代の『黒人』」というタイトルの抜粋[12]が，史料として用意されている (Stearns and Rosenzweig, 1982c: 135-137)。

第12章は，パートⅠと同様に，10代の「黒人」の経験に関する著作の抜粋を史料として提示する。その抜粋を，以下の二つの視点に基づいて読み，「黒人」の青年の経験の特徴を認識することを目標としている。

- 人種間の緊張が，10代の若者の経験にどのような影響を与えたか？
- 「黒人」の10代の生活と，家族の伝統を保護するために家族と共に働くことの期待と，中産階級社会との間の緊張はどのようなものであったか？

この上記の二つの視点は，生徒に，成熟工業化社会，特に1930年代の人種差別の実態を，「黒人」青年の日常生活に与えた影響を通して学習させるための視点である。第12章では，法制度上の差別ではなく，「日常的行為」が行われる「場」としての日常生活における人種差別の実態が取り扱われる。また，そのような差別と重複的な実態として，民族固有の伝統文化の保持と社会からの同化の圧力との緊張状態が存在しており，それらの混合態として「黒人」青年の日常生活が学習されるのである。そのような意味で，この二つの視点は「黒人」という民族的・人種的マイノリティと，青年という社会的マイノリティの「複合的なマイノリティ」(松本，1994) の，差別と伝統文化の保持と同化という複雑な状況下の「黒人」青年の「日常性」を探究するという，「新しい社会史」の多文化的アプローチの視点であるということができる。

「黒人」の日常生活において，人種差別は厳然として彼らの生活を抑圧し

てきた。パートⅡにおいて，19世紀末から20世紀初頭にかけての東・南ヨーロッパからの新移民の経験は，民族文化の保持とアングロ・サクソン文化への同化の間の葛藤であったことは述べた。ここで問題となるのは，東・南ヨーロッパからの新移民は，「アメリカ化」される対象であったことである。つまり，当時の教育は，明確に新移民の「アメリカ化」を目標にしていたが，その「アメリカ化」の対象に「黒人」は含まれていなかったのである。アングロ・サクソンと新移民との間の差別は，いってみれば「早い者勝ち」的な諸権利獲得の競争的な側面が存在した。しかし，生物学的に「黒人」という人種は，白人より劣った存在と考えられており，白人と同等の権利を持ち得る存在とは認められない存在であった。アングロ・サクソン文化による「アメリカ化」は，いわば，アングロ・サクソン系が独占していた諸権利の共有資格を，同化することによって獲得することを意味する。その点を，「黒人」歴史家のフランクリン (Franklin, J. H.) は，以下のように述べている (フランクリン，1993: 83)。

　　「ヨーロッパ人だけがアメリカ人になり得ると示唆することで，クレヴクールが，当時すでにいた七五万人の『黒人』をその子孫の世代まで含めて，アメリカ人化の過程から除外したことは明白である。『黒人』は，その後少なくとも二世紀の間，アメリカ人にはなれないものと見なされることになる。たしかに，アフリカ人を祖先とする人びとの数は非常に増えていくのだが，彼らがアメリカ人たり得ないという考え方のほうは，なかなか変わらなかった。」

「黒人」に対する差別においては，法制度上の問題のみならず，法制度上の差別の背後にある人種差別の思想こそが重大な問題なのである。その思想の形としての現れが法制度上の差別なのであり，人種差別の思想は日常生活における差別において最も深刻な問題として，つまり，アイデンティティの問題として生じてくる。差別の「心性」と被差別の「心性」の形成過程こそが問題なのである。

　また，アメリカという国には，厳然として人種差別が存在したということは揺るぎない事実であり，それを是正するための多くの運動や試み，それら

による「黒人」の日常性の変化を学ぶことは，アメリカ社会の「現在理解」のための歴史を学ぶことでもある。この側面からいえば，アメリカの歴史は，差別の歴史であると同時に，差別の克服の歴史であるともいえるのである。アメリカの現在を理解するためには，差別と差別の克服の歴史を学習する必要があるといえる。ウェッバー（Webber, T. L.）は，「黒人」の差別の歴史を学ぶ必要性とその意義について，以下のように述べている（ウェッバー，1988: 2-3）。

「奴隷制がアメリカ人の自己認識に及ぼした影響を理解することなしには，今日のアメリカを理解することはできないのです。奴隷制とそれが醸し出した『黒人』と白人との関係は，アメリカ人の厳しい試練の経験なのです。アメリカ人，つまり『黒人』と白人とは建国から南北戦争に至るまで基本的に膚の色によって他の人間を売買することを正当化した国家であったという歴史と戦い続けています。　…中略…　同時にアメリカはその〔人種差別の〕歴史を克服しようと努力してきた国家でもあります。　…中略…　もし，アメリカ人が共に生き，お互いの能力から共通の利益を引き出すことを学ぶことができるならば，それはアメリカの民主主義の約束を実現することになり，〔人種的〕多様性を通じて偉大性を獲得することとなるでありましょう。」

ウェッバーの言葉が示すものは，異なる文化，価値体系，歴史をもつ他者を認め合い，協働的な社会を形成していくという多文化主義の理念であり，複合的マイノリティの日常生活を探究する「新しい社会史」的アプローチによる多文化的歴史学習の可能性である。

第3節　初期「新しい社会史」に基づく多文化的歴史カリキュラムの意義と課題

POSHは，初期の「新しい社会史」に基づく歴史カリキュラムであった。POSHが提示した多文化的歴史カリキュラムとしての先進性は，「底辺からの歴史」アプローチに基づいて2点に整理できる。第1は，「底辺からの歴史」アプローチが，政治史中心の偉人史学習から「普通の人々」の歴史学習に転

換しうることである。「底辺」の人々とは,「普通の人々」であり,その「普通の人々」の「日常的行為」と「心性」に焦点を当てることによって,マイノリティの歴史的経験を歴史学習の内容として構成できるのである。この点は特に本章第1節の単元「歴史の中の家族」の分析において,具体的に明らかにした。

　第2は,「底辺からの歴史」アプローチが,マイノリティの歴史を構成している点である。社会的マイノリティと人種・民族的マイノリティの両方を含んだマイノリティを中心的研究対象とする「新しい社会史」を理論的背景にもつことによって,「新しい社会史」が多文化的歴史カリキュラムの内容構成の原理になることを示した。多くの場合,マイノリティは,人種的・民族的マイノリティと社会的マイノリティの重層的なマイノリティとなる。例えば,低所得労働者であると同時に「黒人」である事例や,「黒人」であると同時に女性である事例や,「白人エスニック」であると同時に「子ども」である事例などがある。「新しい社会史」は,それらの重層的マイノリティの歴史的経験をカリキュラムに取り入れる方法を提示しているのである。この点については,本章第2節の単元「歴史の中の幼少期と青年期」の分析で具体的に明らかにした。

　しかしながら,初期「新しい社会史」に基づいて開発されたPOSHには,以下の3点の課題がある。この三点の課題は,大きくは二つにまとめられる。テーマ史に基づくカリキュラム構造の問題(1点目の課題)と内容における欠落の問題(2点目と3点目の課題)である。

　課題の一点目は,テーマ史に基づくカリキュラム構造の問題である。具体的には「新しい社会史」だけでは,アメリカ史もしくは合衆国史教育のカリキュラムを構成することは困難であることである。スターンズは,「新しい社会史」によるアメリカ史カリキュラムが,従来の政治史中心のアメリカ史もしくは合衆国史カリキュラムに取って代わることを構想していた。そのためのモデルカリキュラムがPOSHであったが,五つの「新しい社会史」のテーマによる単元が,並行して存在するカリキュラム構造をもっているため,統一的なアメリカ史認識・合衆国史認識の育成は難しかったのである。ス

ターンズは，1985年にPOSHの発展版のカリキュラム *Themes in Modern Social History* (Stearns and Rosenzweig, 1985)を開発しているが，そのカリキュラム構造は，五つのテーマ単元に分けられ，それぞれが四つの時代区分に従って配列されるPOSHとは異なり，四つの時代の中に四つのテーマ[13]が配列されている。これは，スターンズ自身が，POSHのカリキュラム構造の限界に気づき，一貫した年代順（あくまでも「新しい社会史」に基づく）に，内容を配列する構成に変更したと考えられる。

　課題の二点目は，「人種的・民族的マイノリティ」にアメリカ先住民が含まれていない点である。POSHにおいてはアメリカの歴史は，1600年から始まると設定されている。しかし，1600年以前のアメリカ大陸には，二万年以上前からアメリカ先住民が多様な文化・社会を形成し，暮らしていたのであり，アメリカ史・合衆国史を記述する上で，彼らの歴史を欠くことはできないのである。ある意味では，合衆国の誕生及び拡大の歴史は，彼らアメリカ先住民とヨーロッパからの植民者との軋轢と闘争の歴史であったといえる[14]。しかしながら，POSHでは，時代区分を1600年から始めることによって，1600年以前のアメリカ大陸におけるアメリカ先住民の歴史的経験を合衆国史の学習内容から排除してしまっているのである。

　また，POSHがその理論的背景としている「新しい社会史」は，アメリカで独自の発展を遂げた新しい領域であり，その形成基盤となったのがマイノリティの権利獲得運動である。「新しい社会史」の発展と，マイノリティの市民的権利獲得運動との関わりを，本田創造は以下のように述べている（本田，1989: iv）。

　　「膨大で多岐にわたる合衆国におけるこれらの社会史研究は，じつは公民権闘争とベトナム反戦闘争を主軸として，一九五〇年代半ばから六〇年代を通して激しく展開された抗議と抵抗の民衆運動の所産である。というのも，この民衆運動の主たる担い手たちはアングロ・サクソン系のプロテスタントの白人，いわゆるワスプを中心とした〈日向のアメリカ史〉の桧舞台にはほとんど登場しなかった〈日蔭のアメリカ史〉を構成した人々――『黒人』はじめ原住インディアンその他の有色人マ

イノリティ，移民，下層労働者，女性，反抗する若者や少数急進者などであり，また，この運動の性格も，アメリカ人としての自由と平等と平和を求めるかれらの市民的権利獲得闘争であったと同時に，従来の価値観を根本から問い直し，既成の価値体系を変革して，かれら自身の独自な人間的尊厳とカウンター・カルチャーとしてのかれら固有の文化的伝統に根ざしたアイデンティティを確立する意識革命の色彩を色濃くもっていた。」

つまり，社会史研究の発展の過程は，1950・60年代の〈日蔭のアメリカ史〉の構成者であるアメリカ先住民の「抗議と抵抗の民衆運動の所産」でもあり，アメリカ先住民の「固有の文化的伝統に根ざしたアイデンティティの確立」の過程といえるのである。

アメリカ先住民の歴史的経験・侵略してきたヨーロッパ植民者との関係を記述するためには，「単に歴史学だけでなく，考古学，文化人類学，民俗学，人口動態学，社会学，社会心理学の素養を身につける必要がある」(ウォシュバーン，1977: 8) のである。本来であれば，「新しい社会史」においてこそ，学習内容とすべきであるアメリカ先住民の歴史が削除されてしまっているのである。

課題の三点目は，「新しい社会史」が，従来の政治史中心の伝統的な実証史学のアンチ・テーゼとして成立・発展したため (Stearns, 1994: 684)，POSH が開発された1980年代初頭までの「新しい社会史」は，極端に政治史的内容を排除する傾向にあった。POSH の理論基盤となった「新しい社会史」も，当時の政治史を排除した社会史であり，当然，その内容構成から政治的内容は省かれている。学校教育におけるアメリカ史・合衆国史教育の内容構成においては，当時の「新しい社会史」的内容と政治的内容の双方が必要となる。その意味で，POSH は，単体でアメリカ史・合衆国史カリキュラムとなるには，内容的に不十分であったのである。これは，初期の「新しい社会史」そのものがもつ限界でもあった。

このようなマイノリティの歴史的経験を「普通の人々」の日常性から学習する「新しい社会史」に基づく歴史教育は，1980年以降急激に増えていくこ

とになる。「新しい社会史」に基づく多文化的歴史教育の授業実践・教材開発はさらに展開されていくことになる。その体系を基礎づけたPOSHの果たした役割は，極めて大きい。その後の「新しい社会史」に基づく歴史授業の多くが，POSHの示した歴史理解の方法に基づいている。しかし，初期の「新しい社会史」研究に基づく限界も明らかになった。次章では，上記三つの課題の克服を，1980年代後半に展開された「新しい社会史」と政治史との再結合の過程と，1987年に開発されたニューヨーク州合衆国史カリキュラムの分析から検討する。

【註】

1　各テーマ単元における授業内容は，全単元を通して，「工業化(industrialization)」の過程，すなわち四つの時代区分に従って配列されており，20の授業は，四つの時代区分に対応して各5授業ずつ四つの小単元に区分される。しかし，各テーマ単元における小単元がカリキュラム構成上で明確に設定されているのは，単元「歴史の中の家族」だけであり，他の四つのテーマ単元では，内容上小単元を設定するように構成されている。

2　この統計資料は，Osterud, N. and Fulton, J. (1976) Family Limitation and Age at Marrig, Fertility, Decline in Sturbridge, Massachusetts,1750-1850, *Population Studies*. p.30 から作成されている。

3　Ellis, S.S. (1839). *Women of England: Their Social and Domestic Habits*. からの抜粋と，Brownson, O. (1869). The Woman Question, *Catholic World*, may. からの抜粋である。

4　このある特定の時代の，そして特定の地域の人々が共通に保持していた一般的な態度・心のあり様を，アナール学派の社会史や「新しい社会史」は，「心性(mentality)」として重要視する。

5　ル・ゴフのいう「日常物質文化」と，中内敏夫のいう「日常的境界行動の『数字』的記録」がそうである。「新しい社会史」に基づく1960年代以降の家族史研究においては，国勢調査の原本，教会の教区簿，収税帳，裁判所の結婚登録，結婚契約書などの社会史的史料の計量的分析に，文献史料を加え，社会科学の諸論理を用いて普通の人々の家族のあり方の実態を明らかにする。

6　この単元の原題は，"Childhood and Youth in History" である。この "Childhood" は，「子ども期」と訳されることが多い。アリエスは，著作『〈子供〉の誕生——アンシャン・レジーム期の子供と家庭生活』(杉山光信・杉山恵美子訳，みすず書

房，1980年）の中で，第一章の第一部で子どもの諸時期区分について述べており，その重要性を強調しているが，アリエスの時期区分は，「生徒＝子供」という枠組みを基本として，「子供期」（日本語訳で）と設定されている。POSHでは "Childhood" に，学齢期の子どもだけでなく，幼児もその対象として含み込んでいると考えられるため，本研究では「幼少期」と訳した。

7　この資料活用能力の育成は，日本の社会科教育全般においても重要な課題とされている。学習者の資料活用能力は，1968年ごろから強調されはじめた能力目標の一つとして，自己学習能力としての観察力，思考力とともに重視されるようになったものである。新学力観に基づく新指導要録の観点別評価においても，資料活用能力が項目として挙げられており，今日では，知識理解や態度形成とともに授業設計の中の目標の一つとされている。（大森・佐己・次山・藤岡・谷川，1986: 78-79）

8　「ペーパー・アンド・ペースト・アプローチ」のために提示された「伝統的内容との接続」は，第2章第2節 (2) において論じた。また，単元「歴史の中の幼少期と青年期」，単元「歴史の中の医療と健康」，単元「歴史の中の犯罪と法の執行」の各授業内容と伝統的な歴史コースとの結合に関しては，上記において表にまとめ，提示した。

9　ハドソン・ギルド・クラブは，富裕階級による社会福祉サービスの一環として設立されたもので，スラム街の子どもの社交場兼教育の場でもあった。

10　House, I. (1979). Growing up in the Ghetto. in Frazier, T. R. ed. *The Private side of American History*. New York: Harcourt. Brace. Javanovich. pp.140-161.

11　Bok, E. (1920). *The Americanization of Edward Bok*. pp.424-453.

12　Morgan, K. L. (1980). Children of Strangers. in *The Stories of Black Family*. Philadelphia: Temple University Press.

13　「家族」と「幼少期と青年期」が統合されている。

14　アメリカ先住民の歴史及び，アメリカ先住民とヨーロッパ植民者との接触・抗争については，清水 (1971)，富田 (1986)，ウォシュバーン (1977) を参照した。

【引用文献】

有賀夏紀 (1981)「新しい家族史──史学史的検討」『アメリカ研究』No.30

今津晃・斎藤眞監修，W. E. ウォシュバーン著，富田虎男訳 (1977)『アメリカ・インディアン──その文化と歴史』南雲堂

江淵一公 (1985)「多民族社会の発展と多文化教育──アメリカの場合をモデルとし

て」小林哲也，江淵一公編『多文化教育の比較研究——教育における文化的同化と多様化』九州大学出版会

大森照夫・佐島群巳・次山信男・藤岡信勝・谷川彰英編 (1986)『社会科教育指導用語辞典』教育出版

清水知久 (1971)『アメリカ・インディアン』中公新書

ジョン・ホープ・フランクリン著，本田創造監訳 (1993)『人種と歴史——黒人歴史家のみたアメリカ社会』岩波書店

トーマス・L・ウェッバー著，西川進監訳，竹中興慈訳 (1988)『奴隷文化の誕生——もう一つのアメリカ社会史』新評論

富田虎男 (1986)『アメリカ・インディアンの歴史 [改訂]』雄山閣出版

中内敏夫 (1992)『新版増補 新しい教育史——制度史から社会史への試み』新評論

本田創造編 (1989)『アメリカ社会史の世界』三省堂

松本悠子 (1994)『〈人権問題シリーズ〉多文化主義再考』中央大学学長室事務課

Bok, E. (1920). *The Americanization of Edward Bok*.

House, I. (1979) Growing up in the Ghetto. in Frazier, T. R. ed., *The Private side of American History*. New York: Harcourt. Brace. Javanovich.

Morgan, K. L. (1980) Children of Strangers. in *The Stories of Black Family*. Philadelphia: Temple University Press.

Osterud, N. and Fulton, J. (1976) Family Limitation and Age at Marrig, Fertility, Decline in Sturbridge, Massachusetts, 1750-1850. *Population Studies*.

Stearns, P. N. and Rosenzweig, L. W. eds., (1982a) *Project on Social History Curriculum, Vol.1. Introduction and Teachers Guide*. Carnegie—Mellon University Press.

Stearns, P. N. and Rosenzweig, L. W. eds., (1982b) *Project on Social History Curriculum, Vol.3 The Family in History*. Carnegie—Mellon University Press.

Stearns, P. N. and Rosenzweig, L. W. eds., (1982c) *Project on Social History Curriculum, Vol.4 Childhood and Youth in History*. Carnegie—Mellon University Press.

Stearns, P. N. and Rosenzweig, L. W. eds., (1985). *Themes in Modern Social History*. Carnegie—Mellon University Press.

Stearns, P. N. (1994) Social History. in Sterans, P. N. ed., *Encyclopedia of Social History*. Garland Publishing. INC.

第4章 「新しい社会史」と政治史の総合による多文化的歴史カリキュラム

　前章までで，「新しい社会史」に基づく多文化的歴史カリキュラムの構成原理の原型を明らかにした。1970年代から1980年代初頭にかけて開発されたPOSHは，初期の「新しい社会史」理論に基づいて開発された歴史カリキュラムであり，「底辺からの歴史」によって，マイノリティの「日常的行為」と「心性」を内容とする多文化的歴史カリキュラムの構成原理の原型が導きだされた。しかしながら，初期「新しい社会史」に基づいたためPOSHには限界が存在した。前章第3節で指摘した三つの課題である。①テーマ史によるカリキュラム構造の問題，②アメリカ先住民の歴史的経験の欠如，③政治史的内容の欠如である。

　本章では，1980年代後半以降に「新しい社会史」に基づく多文化的歴史カリキュラムが広く展開される前提となった転換点を明らかにするために，歴史学における「新しい社会史」と政治史の総合の過程と，1987年に改訂されたニューヨーク州の「ニューヨーク州・合衆国史」カリキュラムを分析対象とする。具体的には，1980年代半ばにアメリカ歴史学界で展開された「新しい社会史」をめぐる論争を取り上げ，その論争を通して，「新しい社会史」が研究対象として政治的要因を取り入れるようになったことを明らかにする（第1節）。歴史カリキュラムの内容構成について検討するには，基盤となる歴史理論の変化は重要な問題であり，この時期の「新しい社会史」理論の変化を検討することは，1980年代後半以降の「新しい社会史」に基づく多文化的歴史カリキュラムの展開を明らかにする上で必要である。これは，上記の課題③に対する変化である。次に，多文化教育に基づくカリキュラム改革を標榜したニューヨーク州の1987年の合衆国史カリキュラムを分析し，初期

「新しい社会史」の上記の三つの課題に対応した「新しい社会史」に基づく多文化的歴史カリキュラムの構成を明らかにする（第2・3節）。ニューヨーク州合衆国史カリキュラムは，多文化的歴史カリキュラムの構成原理として「新しい社会史」を位置づけたアメリカで最初の公的カリキュラムである。最後に，1980年代後半に開発された日系人史学習のプログラムを「新しい社会史」の視点で分析することにより，日系人史学習のもつ多文化教育的性格を分析する。日系人史学習が合衆国史認識の育成に目標を置く国民国家史学習から，アメリカを民主主義思想に基づく多様な「アメリカ社会」と捉える多文化的社会史学習へと転換を迫るものであることを明らかにする（第4節）。

第1節 「新しい社会史」と政治史の総合
──「新しい社会史」の新たな展開

(1)「多様性」と「総合性」をめぐる状況

1980年代半ばより，アメリカ歴史学界において「新しい社会史」の功罪をめぐる論争が展開された。この論争の端緒は，「新しい社会史」による歴史学研究の拡大に対する，従来の政治史家からの批判であった。1984年の *Reviews in American History*（以下，*RAH* と略）に掲載されたトーマス・ベンダー (Bender, T.) による「新しい社会史」に対する批判が契機となっている (Bender, 1984: 612-622)。その後，「新しい社会史」家と政治史家が，いくつかの個別の論文の中で「新しい社会史」の功罪について論じているが，アメリカの二大歴史学研究雑誌，The Organization of America Historians（以下，OAH と略）の学会誌である *The Journal of American History*（以下，*JAH* と略）上で行われた1987年の誌上ラウンドテーブル (A Round Table, 1987: 107-130) と，American Historical Association（以下，AHA と略）の学会誌である *The American Historical Review*（以下，*AHR* と略）上で行われた1989年の誌上フォーラム (AHR Forum, 1989: 654-698) がその最大のものである。

これらの論争は，歴史学研究における「多様性」の評価とアメリカ史全体をまとめる枠組みの模索のための論争であった。換言すれば，アメリカ史研究における「新しい社会史」の位置と価値を明確化するための論争である。

この論争を通して,「多様性」を前提としたアメリカ史における「総合」の軸を,あらゆる領域の歴史が追究した論争であったのである。有賀夏紀は,1980年代後半のこの「新しい社会史」論争を,「新しい社会史」対従来の政治史・外交史,という歴史学研究におけるヘゲモニー争いという構図で捉えている(有賀,1990)。しかしながら,筆者はこの論争を,有賀の捉えるような二項対立ではなく,それまで政治的要因を極端に排除してきた「新しい社会史」が,自らの歴史理論に政治的要因を取り込み,再評価する契機となった論争と位置づける。アメリカ史研究における「多様性」をめぐる論争が「新しい社会史」の功罪として議論されたのは,「新しい社会史」が探究する歴史が,広範な人間の諸行為,一般の人々や「日常的行為」への焦点化によって,諸マイノリティ集団の歴史を含めた「すべてのアメリカ人の歴史」だからである(本田,1989: iv)[1]。そのように考えると,AHAの元会長であったカール・デグラー(Degler, C. N. 1987)の,「歴史家はアメリカ人であるということ,合衆国の市民であるということは何を意味するかと問うことによって,アメリカ史を描くべきである」(Degler, 1987: 2)という会長講演は,非常に象徴的である。まさに,「新しい社会史」が描き出そうとする「すべてのアメリカ人の歴史」は,多文化的歴史であり,政治的内容を包摂することによって,その多文化的性格がより豊かになったと考えられるのである。

　本節では,「新しい社会史」の代表的批判として,ベンダーとガートルード・ヒメルファーブ(Himmelfarb, G.)の批判を取り上げる。ベンダーは先述の通り「新しい社会史」論争の端緒となった人物であり,*JAH* の誌上ラウンドテーブルでも論文を寄せている(Bender, 1986: 120-136)。ヒメルファーブは,*AHR* の誌上フォーラムに「新しい社会史」の批判論文を寄せており,それに先立つ1987年に *The New History and Old* という題名の著書を刊行している(Himmelfarb, 1987)。*AHR* の誌上フォーラムのタイトルが,この著書の題名とほぼ同じであり,代表的な「新しい社会史」批判者であった。

　「新しい社会史」の立場からの反論としては,エリック・モンコーネン(Monkkonen, E. H.)とネル・ペインター(Painter, N. I.)の「総合的歴史叙述」(Bender, 1984; 1986)に対する批判を取り上げる。モンコーネンは,ベンダーに

よる「新しい社会史」批判に対して最初に反論した「新しい社会史」家である (Monkkonen, 1986: 1146-1157)。ペインターは，*JAH* の誌上ラウンドテーブルで政治史による総合の危険性を提起する論文を寄せている (Painter, 1987: 109-112)。

　ベンダーは，1984年12月に *RAH*，1986年6月に *JAH* の誌上において「新しい社会史」による歴史の分断化を批判し，「総合的歴史叙述」の必要性を訴える論文を発表した。それに対し，同年11月には *AHR* にモンコーネンによる「総合的歴史叙述」の危険性を主張する論文が掲載された。上記の議論を受けて，1987年には *JAH* において「総合」をめぐって誌上ラウンドテーブルが開催された。その中で，「黒人」や女性の歴史の擁護の立場からベンダーの主張する総合を批判したのがペインターであった。アメリカ歴史学界において「新しい社会史」をめぐる議論としては，この1980年代半ばの議論が最大のものであり，「新しい社会史」の位置づけを考える上で，この議論は重要な位置を占めていると考えられる。このベンダーの「総合的歴史叙述」論の提起が契機となった議論，すなわち「新しい社会史」の台頭を「歴史の破壊」とみなす極端な否定論と，その台頭を歴史の対象の拡大を保障するものとする積極的肯定論について検討することは，歴史学においてだけでなく，歴史教育における「新しい社会史」の課題と可能性を見通す上で必要なことである。

(2)「新しい社会史」による歴史の断片化への批判

　ベンダーは，歴史の断片化を危惧する「新しい社会史」批判者の一人である。しかし，ベンダーの提唱する「総合的歴史叙述」の必要性は，はたして「新しい社会史」そのものに対する批判であろうか。ベンダーは，「新しい社会史」による現在の歴史学研究の断片化を危惧しその思潮を批判している (Bender, 1984; 1986)。ベンダーは，総合的歴史叙述を蝕んでいる原因を，「新しい歴史学」の系譜に連なる歴史学にあると考えている (Bender., 1986: 123)。第1章第1節でも述べたように「新しい社会史」は，1900年代初頭のビアードやロビンソンらに始まる「新しい歴史学」の系譜に連なるものであり[2]，「新しい社会史」

第4章 「新しい社会史」と政治史の総合による多文化的歴史カリキュラム　99

は当然，ベンダーの批判の中心的対象となっている。

　ベンダーは，アメリカ史研究の領域の急激な分割の原因を「新しい社会史」に求めており，そのことも歴史の断片化に繋がっているとしている (Bender, 1986: 127-128)。第二次世界大戦後の高等教育の普及・拡大に伴い，歴史学研究において下位領域が急増し，現代のアメリカ史研究は，女性史，黒人史，労働史，移民史などの個別専門領域において研究がなされ，それぞれの研究が，独自のタームによって独自のネットワークをもち，独自の議論において研究を推進している状態にある。例えば，アメリカ史研究において，アメリカの二大歴史研究団体である OAH と AHA の所属会員数を，下位の専門領域研究団体の所属会員の総数がはるかに凌駕している (Holf-Wilson, 1985: 2)。アメリカ史研究における歴史家の関心が下位の専門領域へと焦点化されていることは明らかである。ベンダーは，上記のような歴史研究の状態を「歴史の分裂」と呼び，その傾向に拍車をかけた「新しい社会史」を批判しているのである。アメリカ史研究の下位の専門領域の「分裂」に対する危惧は，1981年にハーバート・ガットマン (Gutman, 1991: 1; 553-554) が，すでに提起していた。ベンダーは，上記のように今世紀初頭からの「新しい歴史学」の系譜に連なる個別専門化された歴史研究による歴史の分裂を批判し，全体として一つの歴史のイメージが可能な総合的歴史の必要性を強く主張する。ベンダーが「総合」の組織化のための原理として提示しているのは，「国家的総合 (national synthesis)」(Bender, 1986: 126) である。しかしながら，ここでいう「国家」の概念は，新しい方法で理解された「国家」概念であり，19世紀以降の「国民国家 (Nation-State)」の概念ではない。ベンダーは，この新しい「国家」概念を以下のように定義している (Bender, 1986: 126)。

　　「絶えず変化し続けており，『公的文化 (public culture)』の決定権を持つ
　　ために繰り広げられる，社会諸集団間，思想間での継続的抗争の偶然
　　の産物である。」

　ベンダーの考える「国家」とは，構築されるものであり，すでに固定的に構築された安定した構造的基盤を有するものではなく，流動的に常に変化を続ける柔軟性をもった構造体として定義されている。「国家」は，「公的文化」

をめぐっての抗争によって形成されるものであり，それゆえに，ベンダーが提示する「国家的総合」においては，「公的文化」が重要な概念となる。では，「公的文化」とはどのようなものであろうか。「公的文化」概念の導入によって，「政治史」の定義が大幅に拡大するとベンダーは考えている。「公的文化」概念は，社会における諸力の示威行為の範囲を内包する概念である。その力は，国家の制度的力から，社会的意義や重要性を与えるより微妙な力，多様な文化的現象までを含み込む力であり，社会の分析と理解のカテゴリーを構築する作用をも内包するものである。ベンダーによると，社会における「公的文化」は，上記のような力が権威あるものとして作り上げられる一つのフォーラムとして捉えられる。そして，社会諸集団間，思想間での継続的抗争によって作られる「公的社会」は，政治的集合体であり，単なる社会的集合体もしくは，文化的混成体とは区別して考えられる。

　上記のように，ベンダーの提示する「公的文化」による「国家的総合」の出発点は，社会を政治的集合体としての「公的社会」と捉え，政治的・国家的レベルでの「総合」を求めたのであった。ベンダーの提示する「総合的歴史」は，「総合的国家史」をさす。ベンダーは，政治中心的「総合」概念に基づき進歩主義の「新しい歴史学」の意義を，「新しい歴史学は，政治的分析へ社会史と思想史を組み込むことによって，歴史的経験を拡大した。」(Bender, 1986: 123) と評価している。ベンダーによれば，ビアードら進歩主義者の提起した「新しい歴史学」は，ナショナリズムの超越や政治的分析の排除を意味するものではなく，また，社会的・経済的・文化的集合体と「公的社会」における諸力によって王や将軍，歴史的著名人，大事件を歴史から放逐することではなく，それらを取り囲み，内包することであった。つまり，「新しい歴史学」のもたらした広範な視野と対象の拡大は，逆に政治史を豊かにするものであり，ベンダーにとっては，政治史を基軸とした総合的歴史の可能性を示すものであった。

　同時に，現代の「新しい歴史学」と政治思想との結びつきを指摘している。「新しい社会史」家はアメリカ社会生活の多様性を探究した一方で，「アメリカ的精神 (American mind)」もしくは，アメリカ的経験の中核にあると仮定さ

れる「民主主義思想 (democratic thought)」に関する記述を始めているため,「新しい社会史」はかつて一度非難した政治史との緊密な関係の再構築を図らなければならないと主張する (Bender, 1986: 124)。ベンダーにとって,政治,力,公的生活は,「総合的国家史」の構築のためには必要不可欠な骨組みなのである。「総合的国家史」構築の主張は,「新しい社会史」を始めとする現代の「新しい歴史学」における政治の極端な排除の傾向を是正し,総合的な「政治・国家史」として再編成すべきである,という主張なのである。

(3) 歴史の崩壊の危険性と「政治史」への回帰

　ベンダーは,「新しい社会史」を始めとする現代の「新しい歴史学」による歴史の断片化を批判してはいるが,「新しい社会史」それ自身を全く容認していないわけではない。進歩主義の「新しい歴史学」に始まる歴史改革の結果を汲み取りつつ,その改革の行き過ぎへの懸念を表明しているのである (Bender, 1986: 127)。改革の成果の中でも特に歴史学における文化人類学の影響を評価し,過去50年間において最も革新的な成果を,「新しい社会史」家もしくは思想史家によるアメリカ社会における諸集団の「文化」[3]の探究であるとしている。このことから,ベンダーは政治史中心の「総合的歴史」を標榜しながらも,歴史学研究における多様性を容認しているといえる。

　ベンダーは,歴史における「総合」の鍵として以下の二点を強調する。第一点は,社会的経験と個人的経験との連続性を前提とするアメリカ社会における「相違性」である。「相違性」を鍵とする「総合」においては,「公的文化」によって政治的・経済的・社会的・文化的生活の複雑な構成体へとアプローチしていくことが求められ,そこにおいて,政治的生活以外の諸生活が,重要な構成要素として各小集団及び共同体の「相違性」,「多様性」を規定しているのである。第二点は,比較的小規模で社会的に均質な集団の政治・経済・文化の「関係性」の理解である。複雑な構成体の諸生活の相互関係と相互作用が「現実の社会形態」(Bender, 1986: 126) を作り上げ,これらの形態の構造と実際的操作の探究を総合的歴史の主題として規定している。ベンダーは,多様な諸集団の限定された小分野に関する研究は,「公的文化」の形成におけ

る相互作用のより大きな歴史的過程へと意識的に方向づけられる必要があるとして，自身の「総合的歴史」の主張の目的を，「諸部分の関係的理解における概念化への再方向づけを示唆すること」(Bender, 1986: 131) としている。

　ベンダーは，政治史を基軸とした「総合的歴史」構築を主張し，歴史の断片化をもたらした「新しい社会史」を含む「新しい歴史学」を批判してはいるが，「新しい社会史」のもたらした革新の成果を取り入れ，アメリカ社会における「多様性」を容認している。この「総合的歴史」論は，「新しい社会史」の極端な政治史排除の傾向を是正する具体的な提案として，ある程度の有効性を持ちうると考える。遠藤泰生も，この「総合的歴史叙述」が，性別・人種などで断片化したアメリカ国内史研究を再統合する可能性があるとして以下のように評価する (遠藤, 1993: 15-16)。

　　「七〇年代八〇年代と旧来のアメリカ史像を崩壊させるばかりであった社会史研究家が，ベンダーの唱える政治史を文脈に統合に向かう可能性は高い。彼の見解に従えば，合衆国一国に興味を絞りながら，なおかつアメリカ史を世界史の文脈に嵌め込むことが可能になるからである。それに，さきに触れた異文化融合国家という自己像の強いアメリカの歴史を掌握するのに，闘争，すなわち変化を重視するベンダーの歴史観は馴染みがよい。」

　ベンダーよりも過激な「新しい社会史」批判を展開したのは，ヒメルファーブである。ヒメルファーブが「新しい社会史」を批判する最大の理由は，「新しい社会史」が政治を無視しているという点にある。彼女は，現在のアメリカ歴史学界を，「新しい社会史」への傾斜により政治を極端に排除した歴史が優勢となっていると批判する。ヒメルファーブは，「新しい社会史」の流行と，その流行が伝統的な歴史を破壊してしまう危険性を以下のように警告する (Himmelfarb, 1987: 5)。

　　「『新しい歴史』は，歴史の流行において，非常に短期間で受容されたが，それは，他の歴史と両立しないばかりか，単独でも集合的にも，伝統的な歴史への挑戦を表している。」

　ただし，この場合，ヒメルファーブは，ベンダーと同様に「新しい歴史学」

と「新しい社会史」を同義として捉えている(Himmelfarb, 1987: 6)。ヒメルファーブも、「新しい社会史」で研究対象とされている諸マイノリティの日常性の研究自体をまったく否定しているわけではない。諸マイノリティの日常性の研究が、すべて政治史との関連で研究されることの意義は認めているのである。彼女は、JAHにおいてだけでなくAHRにおいても、それらの歴史自体が、歴史研究の中心的主題となっていることを批判しているのである。そして、そのようなアメリカ歴史学界における「新しい社会史」の隆盛を、伝統的ないわゆる「古い歴史」、すなわち政治史に対する「挑戦」と捉え、以下のように問題視する(Himmelfarb, 1987: 5)。

> 「その挑戦は、今日の歴史研究の専門職における新しい歴史の優勢(新しい歴史家は『ヘゲモニー』と呼んでいる)のゆえに、深刻な問題である。」

本間長世は、1980年代以降のポストモダニズムのアメリカ的文脈としての多様性と統一性の間の緊張関係を指摘し、ポストモダニズムにおけるアメリカの全体像の再構築という課題にそった形で、「新しい歴史学」に対する批判を以下のようにまとめている(本間、1990: 15)。

> 「アメリカの全体像を再構築すること、すなわちアメリカ人の歴史意識を"再建"するという試みは、"ニューヒストリー"からは出てこないと考えるべきだろうか。…〈中略〉… しかし、イギリス史の専門家であるガートルード・ヒメルファーブによれば、"ニューヒストリー"は変化が激しく、今や"ニュー・ニューヒストリー"と呼びたくなるほどで、最先端をゆくのは、"ニューヒストリー"をも解体する"デコンストラクショニズム"であり、その立場は、事実の"事実性"にとらわれず、過去の同時代人が考えたことさえも"解読"をほどこすべきだというものであるという。」

ヒメルファーブは、「新しい社会史」を、歴史のみならず「新しい社会史」の属する「新しい歴史学」をも解体すると批判する。そして、文献の解釈に基づく過去の出来事に関する事実を歪め、その時代に生きた人々の認識とは異なった歴史像が、現代の社会史家によって作り上げられてしまうことを危惧している。つまり、「新しい社会史」の歴史研究における優勢がもたらす

ものは，伝統的な歴史の崩壊だけではなく，「新しい社会史」をも崩壊に導く自己崩壊である，と主張するのである。ヒメルファーブは，上記のように「新しい社会史」による歴史の崩壊の危険性を指摘し，その問題の克服として，「政治史」重視への回帰を提起する。その点を，有賀は以下のように捉えている（有賀, 1999: 208）。

> 「つまり，彼女が考える歴史は，政治的文化的エリートに焦点を当てた伝統的な政治史，思想史であり，『新しい社会史』がこれらに代わって支配的地位についたことを歴史の危機と見るのである。彼女は『新しい社会史』の功績を全く認めない，最も過激な批判者である。」

ヒメルファーブは，ヴィクトリア朝時代の政治思想史を主な研究領域としており，歴史研究の本質を，伝統的な政治史にあるとしている。ヒメルファーブは，「政治」については以下のように述べている (Himmelfarb, 1987: 19-21)。

> 「伝統的な政治史が取り扱ってきた政治，すなわち政府，憲法，法律などの政治制度であり，これらは人間の理性の結晶である。社会史は政治史を軽視することによって歴史そのものを軽視するのであり，つまり，人間の理性を軽視しているのである。」

つまり，彼女にとって，政府，憲法，法律などの政治制度は，人間の理性の産物であり，結晶である。人間を最も理性的存在とならしめているのが政治であり，その政治の歴史的探究こそが人間が理性的存在であることの証なのである。その政治を軽視し，排除する「新しい社会史」は，人間の存在そのものを軽視・否定する歴史であり，彼女にとっては許しがたいものなのである。

このような政治・思想史家の基本的前提に対して「新しい社会史」家は，「新しい社会史」はそのような人間の歴史を狭隘な歴史に限定せず，人間の存在の全痕跡を歴史研究の対象としていることを強調する。そして，彼らは，「新しい社会史」を始めとする「新しい歴史学」によって，従来の伝統的な政治史を凌駕したと主張した。スターンズは，「新しい社会史」による政治史の凌駕について以下のように述べている (Stearns, 1983: 5)。

> 「普通の人々の強調は，しばしばアメリカ社会における政治的変化と

密接に結びついてきた。黒人，女性，若者への関心は，現代の発展から重要な示唆を導き出した。一方で，その関心は，純粋な政治史の勢いを凌駕したのである。生活の日常的側面への関心は，明らかに政治的なものではないが，犯罪の問題，家族の安定に関する関心の増大から生じている。それが，今日我々の社会において，我々の生活を評価する方法と，歴史を結びつけている。」

上記のスターンズの言葉に代表される「新しい社会史」家による政治史への軽視に対して，ヒメルファーブは「新しい社会史」が，歴史を破壊してしまうと批判するのである。そして，ヒメルファーブは，政治史への反感を基盤とした現在の歴史学研究における「新しい社会史」の優勢に触れながら，以下のように隠然とした政治史の浸透を指摘している (Himmelfarb, 1987: 121)。

「国家史への反感は，部分的には，伝統的に国家によって決められてきた歴史である政治史への反感である。政治は，歴史から排除されてきたため，歴史から国家を排除しようと試みられてきたのである。地域史は，国家全体の共通性よりもその地域性の区別の強調により，その影響が強い歴史である。世界史も独自の国への区別よりも世界（もしくは『文明化』）の共通性の強調により，同様である。社会史も，階級，人種，民族性，家族，女性，子どもといった国家よりも他の分類への焦点づけにより，同様の歴史である。しかしながら，いくつかの場合，国家は，政治史の拒否がより激しくとも，依然として研究の暗黙の枠組みである。」

ヒメルファーブは，「新しい社会史」が主流となっている歴史学研究の現状を批判しているだけでなく，「新しい社会史」の問題点を指摘している。それは，「新しい社会史」のみで，アメリカの全体的な歴史を構成することは，現在のところ不可能であるという指摘である。いみじくも本間が提示した「アメリカの全体像を再構築すること，すなわちアメリカ人の歴史意識を"再建"するという試みは，"ニューヒストリー"からは出てこないと考えるべきだろうか」という問いは，「政治史」を総合の軸とする伝統的な政治・外交・軍事重視の歴史への回帰を想起させる。しかしながら，一度解放された

諸マイノリティの日常性の歴史の波は，今後とも拡大を続けることが予想される。それは，アメリカの民主主義に基づく歴史の具現であり，社会史家が究極の目標とする「全体史」への歩みだからである。ただし，「新しい社会史」が極端に政治的要素を排除したことは事実であり，これまで社会史を社会史たらしめていたその特徴が，逆に現在では社会史の可能性を狭めている事実は否定できない。ベンダーが志向した「新しい社会史」の極端な政治史排除の傾向是正の具体的な提案として，新しい「政治」と「国家」の概念の措定のように，政治的要素を諸マイノリティの日常性から導く新しい「新しい社会史」の模索が必要となってきたのである。

(4) 「新しい社会史」と政治史との「新たな総合」

本項では，ベンダーの「新しい社会史」批判に基づく「総合的歴史叙述」に対する批判，すなわち，政治史家からの「新しい社会史」批判に対する反論について検討する。

ベンダーによる「新しい社会史」批判に基づく「総合的歴史叙述」の必要性の提起に対して批判を行った最初の「新しい社会史」家がモンコーネンであった。モンコーネンは，「新しい歴史学」による歴史の断片化は変化の必然であり，進歩を示すものであるとして，「総合的歴史叙述」の主張を批判する。公共のメディアによる総合の主張に対して懸念を示している。多くの雑誌や新聞，テレビを始めとするマス・メディアにおいて提示される安直な総合的歴史が，歴史学研究の努力と成果を台無しにしてしまうと，以下のような危惧を表明する (Monkkonen, 1986: 1146)。

> 「真剣な歴史の学問的研究がもつような高品質の研究領域のないメディアにおける総合の主張に悩まされる。公共のメディアの編集者は，多くの学問的研究を無視するときにはじめて，この問題を扱うことができるのである。」

一般の読者や視聴者は「分断化」された歴史よりも，総合的もしくは包括的な歴史を求めており，「新しい社会史」を始めとする「新しい歴史学」は，歴史の分断化によって，歴史から一般の人々を遠ざけたと批判される。モン

コーネンは，そのような批判を促す土壌を公共のメディアが作りだしていると述べるのである。モンコーネンは，基本的には「総合的歴史叙述」論者の主張する「総合」は不必要であるとして，以下のように述べている (Monkkonen, 1986: 1147)。

　「これらの感覚に共感を覚えるが，それは理性的なものではない。研究者は，一人の人間が習得しうること以上のことを書き続けるであろう。注意深く批判的な学問研究に関する我々の伝統は，新たな方法を導くであろうし，これらの革新は，複雑なものを創出し，我々が確立してきた時代遅れの実践を溶かして精製するであろう。公に認められた権威は，世論が，細かく複雑かつ専門的な議論に合致する場合にだけ生じるであろう。総合は，燦爛としたものであるが，これらの不可視の恐れを和らげることも，これらの望みを満足させることもできない。研究者は，敬意を導く必要はないであろう。なぜなら，研究は拡大し続けるであろうし，技術は変化し続け，総合を試みる者は，そのすべてを習得しなければならないであろう。」

　モンコーネンは，歴史研究の方法は変化し続け，複雑化していくことを前提として，「総合的歴史叙述」の可能性を否定する。モンコーネンは，「総合」は文字通り，すべての要因を総合しなければならず，そのためには，「すべてを習得しなければならない」のであり，そのことの不可能性を主張する。歴史研究の方法の変化は，歴史研究の発展・進歩において必然的であり，その変化が歴史研究の進歩・発展を示すものだからである。モンコーネンは，「新しい社会史」に対する批判に基づく「総合的歴史叙述」の必要性の主張は，「新しい社会史」批判にはなりえても，直接的な必要性の主張にはなりえないと批判する。「新しい社会史」に対する批判は，ほとんど歴史の断片化に対する批判といえる。それは，断片化された領域もしくは「限定された領域」の著作の多くは，歴史の概観を破壊し，壮大な歴史物語の叙述をごちゃまぜにし，過去に関する調査・研究を平板化した，という批判である。また，その歴史の断片化によって，過去20〜30年間の歴史研究は，特定の断片化された結論と，数多くの歴史と数少ない読者を創り出した。精密で方法論的洗

練の努力は新しい知識を創出したが，新しい読者を創出しえなかった，と批判されたのである。つまり，「新しい社会史」の隆盛がもたらした諸問題に対する批判は，「新しい社会史」の直接的な責任に帰するべきものであり，それが「総合的歴史叙述」の必要性の理論的基盤にはなりえないのである。

また，モンコーネンは，断片化，偏狭，技術的，そして一般的読者への低いアピールをもたらしたとみなされている「積み木の歴史」(Monkkonen, 1986: 1149) の，歴史研究への貢献を論ずる中で，「新しい社会史」の隆盛が，歴史研究の必然であり，進歩を示すものであることを提示している。第二次世界大戦以降，戦前の歴史研究家が支持していた全体論に基づく「総合的歴史叙述」を，壊したら元には戻れないハンプティ・ダンプティに喩え，「新しい歴史学」を全体論的歴史研究への反逆であるとしている。そして，モンコーネンによれば，一般的な総合は，いわゆる教科書のようなものであり，概観を提示することはできても研究を促進することはできないのである。

また，「新しい社会史」の反逆をキリスト教の「原罪」に喩えている (Monkkonen, 1986: 1156)。これは，「新しい社会史」を「知恵の果実」に喩え，人間の自我の目覚めと進歩への第一歩と見なされている「原罪」に「新しい社会史」の反逆を喩えることによって，「新しい社会史」の隆盛を，歴史研究の進歩と見なしていることを意味する。つまり，一度目覚めた人間の自我と，一度壊れてしまったハンプティ・ダンプティが元に戻ることができないように，「新しい社会史」によって拡大された歴史研究は，もはや伝統的な「総合的歴史叙述」に戻ることはできないのである。

ペインターは，「新しい社会史」擁護の立場から，ベンダーの「総合的歴史叙述」の必要性の主張を直接的に批判した歴史学者である。ペインターは，ベンダーの主張を契機として1987年に行われた *JAH* の誌上ラウンドテーブルで，歴史における偏見と「総合」について批判した。ベンダーが「公的文化」と公的生活における権力の諸関係に焦点をおいた「総合」を歓迎しているとベンダーの「総合的歴史叙述」論を位置づける。そして，ベンダーの論に以下のように反論している (Painter, 1987: 109)。

「私も，新しい歴史の著作の多くが，知識をもったアマチュア歴史家

に近寄りがたいものであること，我々が一貫した包括的な歴史を求めていること，国民国家を含む諸コミュニティ全体の歴史の必要性を認識している。しかしながら，ベンダーは，まず，歴史的総合なるものが信用に値しないものであることを見落としている。」

ペインターにとって，第一に「歴史的総合」なるものは「信用に値しない」歴史であり，諸偏見を創り出す「歴史的総合」は，批判すべき対象なのであり，「歴史的総合」が反映していた1950年代の歴史研究が，無視してきたものを三点挙げている (Painter, 1987: 110)。

・性差別と女性の無視
・人種差別と黒人や他のマイノリティの無視
・人種差別と性差別を伴った階級に関わる偏見

ペインターは，「新しい社会史」の歴史研究への貢献を，歴史研究の対象を諸マイノリティの歴史に拡大したことであると捉えている。1950年代以前は，黒人やその他の人種的・民族的マイノリティ及び女性や下層労働者などの社会的マイノリティは，歴史研究において，無視される対象であった。それらの諸マイノリティの歴史への関心は，1960年代の公民権運動やベトナム反戦運動などのさまざまな民衆の抵抗運動の高揚に歩調を合わせるように，高まったのである。

「新しい社会史」では，歴史研究の対象として諸マイノリティを強調する。具体的には，1950・60年代の公民権運動を基盤とした黒人やアメリカ先住民，移民などの人種的・民族的マイノリティと，フェミニズム運動を基盤とした女性や子ども，下層労働者などの社会的マイノリティを対象としている。この「発言権のない」人々の歴史は，伝統的な歴史が中心的内容としてきた支配者・エリート層の歴史に対峙する「底辺からの歴史」の提唱なのである。ペインターの重視するこれらの諸マイノリティの歴史は，1950年代以前の政治権力の中枢にいる集団の歴史に対するアンチ・テーゼである。

ペインターは，幸いにも1950年代のような狭量で幻想的な総合への回帰を主張してはいないと，ベンダーの論を部分的には評価している。しかし，ベンダーの主張する「総合」は，根本的に，諸マイノリティの歴史研究の対

象の拡大を阻害するものであると批判する。そして,ベンダーの主張する「公的文化」と権力の諸関係に焦点づけられた「総合」は,諸マイノリティの歴史的経験を犠牲者としての役割に限定・固定してしまうと以下のように批判している (Painter, 1987: 111)。

「女性やマイノリティの公民権が剥奪されていた数世紀間については,『公的文化』への焦点づけは,アメリカの公的生活で最も力の強かった人々——白人男性——への集権化を強化してしまう。残りの者は,排除され,従属させられる周辺に追いやられてしまう。」

諸マイノリティの歴史的経験は,犠牲者としての経験だけでなく,本来,それ自身が豊かな内容をもつ歴史である。例えば,アフリカ系アメリカ人の歴史は,彼らの被抑圧の歴史以上に,彼らの文化,すなわち音楽や民間伝承,伝統の蓄積もまた,歴史の一部であることを示しているのである。ベンダーの「公的文化」と権力関係への「総合」の固定は,アフリカ系アメリカ人の歴史を切り捨て,ほとんどのアフリカ系アメリカ人の歴史的役割を,犠牲者としての役割に矮小化し,限定してしまう。女性史研究も,公的関心と私的関心の絡み合いにおいて展開される研究へと拡大してきた。諸マイノリティの被抑圧に焦点を当てた「総合」においては,女性や黒人の歴史的貢献が,「公的文化」への限定においてのみ語られてしまうのである。

1980年代後半の「新しい社会史」をめぐる議論は,「新しい社会史」の批判に基づいた伝統的な政治史研究家の「総合的歴史」の必要性の主張と,それに対する反論として,「新しい社会史」研究家による歴史研究対象を諸マイノリティの歴史に拡大する意義の主張であった。この議論の背景には,アメリカの「新しい社会史」が極端に政治的要因を歴史研究から排除したことが存在する。政治史家にすれば,「新しい社会史」の隆盛に伴う政治史の衰退は深刻な問題であり,彼らにとっては歴史の危機である。この議論は,政治史が歴史研究における文化的ヘゲモニーを奪回する運動であり,1960年代以降続いてきた歴史研究における革新に対する保守勢力の巻き返しの様相を呈している。その理由として,「新しい社会史」による歴史の断片化に「新しい社会史」家自身も気づき始めており,今後,アメリカ史をどのように構築

第4章 「新しい社会史」と政治史の総合による多文化的歴史カリキュラム 111

していくかについての展望が、「新しい社会史」家自身にも見出し得なくなっていることが挙げられる。この観点から1980年代後半のこの議論をみてみると、政治史家、「新しい社会史」家を含むアメリカ史家全体が、アメリカ史の再構築のための新しい総合の軸を模索するための議論であったと捉えることができる。その議論においてキーワードとなったのが、「多様性」と「総合性」であった。政治史家も「新しい社会史」家も、アメリカの全体像を提示し得る歴史の必要性の認識としては共通の基盤を有しており、両陣営とも、この議論を通してアメリカ史研究における「新しい総合」を模索していたということができるのである。

「新しい社会史」擁護の立場をとるモンコーネンは、「新しい総合」の可能性を「新しい社会史」の中にみてとり、以下のように述べている (Monkkonen, 1986: 1156)。

> 「『断片化された』下位領域においてのみ、より多くの思想の創造としての活動となる研究から総合が導かれるであろう。」

また、女性史と黒人史の立場をとるペインターは、「新しい総合」の必要性の認識に関する政治史との共通性を以下のように述べる (Painter, 1987: 111)。

> 「ベンダーも私も、新しい歴史を超えた新たな総合の必要性を認識している。」

もちろん、ベンダーのいう「新しい歴史を超えた」という言葉が意味するものと、ペインターのいうその言葉の意味するものは異なる。しかし、それまでの「新しい社会史」に「新しい総合」を展望していない点に関しては共通している。ベンダーは、「公的文化」による「新しい総合」を提起している。

1980年代後半の議論全体として提示できる方向は不確定であるが、「新しい総合」の視点としての政治的要因の再評価の流れは明確である。「新しい社会史」においても、これまでのように政治的要因の一方的な切り捨て、無視を続けることが困難な状況になってきているのである。ただし、モンコーネンが「新しい総合」を、「全体的過去を創造するものではない。」(Monkkonen, 1986: 1156) と位置づけているように、「新しい社会史」においても、1950年代に全盛であった政治史中心の「総合」とは異なった、新しい政治的要因との

関わり合いが見直されてきているのである。この社会史における政治的要因の見直しの傾向は，アナール学派の社会史においても現れてきている[4]。

　本節では，1980年代のアメリカ歴史学界における「新しい社会史」論争を，「新しい社会史」対政治史の対立の構図の議論としてではなく，両領域が共通してアメリカ全体の歴史を「総合」する軸を模索した論争であったことを明らかにした。この論争の思想的根本において追究しようとした問題は，すべてのアメリカ人のもつべきナショナル・アイデンティティと，それを確立するための歴史認識であったのである。どのような立場の研究者であれ，今日のアメリカが多文化社会であり，アメリカ合衆国が多文化国家であることは否定できない。「新しい社会史」批判の旗手であるヒメルファーブも，アメリカの建国以来の国是である「多様性の中の統一 (E Pluribus unum)」を否定してはいない。彼らが問うているのは，多様性の中の「統一」の核となる価値なのであり，歴史認識なのである。このように，1970～1980年代初頭の初期の「新しい社会史」のもっていた政治史的内容の欠落という問題に関して，1980年代後半の歴史学研究においては，「新しい社会史」と政治史の「新たな総合」という局面を見せ始めた。政治史を「新しい社会史」の内容として含み込んだことによって，多文化的歴史において重要なテーマであるマイノリティの重層的差別は，1960-70年代の初期の「新しい社会史」ではマイノリティの「日常性」における状態として描かれるが，「新たな総合」を果たした「新しい社会史」ではその重層的差別が権力構造の観点からも分析することが可能となる。例えば，「黒人」の青年の重層的差別の実態だけでなく，そのような差別が権力構造の中で生成されるプロセスも解明する歴史理論となったのである。つまり，この政治史との「新たな総合」は，「新しい社会史」の多文化的歴史学として内実を，より豊なものにしたのである。

　次節以降では，このような新たな「新しい社会史」に基づいた「社会史アプローチ」によって多文化的歴史カリキュラムを開発したニューヨーク州歴史カリキュラムの内容構成について分析する。

第2節 「新しい社会史」の「新たな総合」による多文化的歴史カリキュラム

(1) アメリカ歴史教育の古くて新しい問い

　1960年代以降,教育全般の改革のための理念として提唱されてきた多文化教育は,現在では広く普及し,アメリカのあらゆる教育の領域において市民権を得たといっても過言ではない。しかしながら,その理念の包括性ゆえに,教科(特に社会科・歴史)教育固有の理論は十分に確立しているとは言い難い状況であった[5]。1980年代後半までの歴史教育では,女性史や諸マイノリティ集団の歴史が内容として中心的に取り上げられるようになってきたが,「新しい社会史」に基づいた多文化的歴史教育の理論構築は十分に確立されてこなかった。多文化主義に基づく歴史研究において,「新しい社会史」が有効な視点と手段を与えるということは,広く認識されるようになっている。しかしながら,歴史教育の領域においては,「新しい社会史」に基づく多文化的歴史教育の必要性は認識されつつも,その理論構築に関してはそれほど研究がなされているとは言いがたい。その理由は,第3章第3節及び本章第1節で述べたように,1960-70年代の初期「新しい社会史」が,政治的要因を排除してきたことによって,合衆国史の全体像を提示できなかったためである。そのため,初期「新しい社会史」に基づく限り,個別の歴史授業における教材としての活用が中心にならざるを得なかったのである。

　しかし,「新しい社会史」そのものも変化してきている。前節で明らかにしたように,「新しい社会史」においても,1980年代の論争の結果,1950年代以前に主流であった政治史中心の「総合」とは異なった新しい政治的要因との総合が見直された。「新しい社会史」における政治的要因の見直しは,いわば「新しい総合」の視点を与え得るものである。社会的結合の次元と政治支配の次元との関連を問う視点をもった「新しい社会史」に基づくことによってはじめて,普通の人々の日常生活の諸断面から当時の政治権力及び政治のあり方をも展望できる多文化的な歴史教育が可能となると考える。

　アメリカの多文化主義及び多文化教育に対して,リベラル派歴史学者であ

るアーサー・シュレジンガー Jr. (Schlesinger, Jr., A. M.) の多文化教育批判が与えた衝撃はあまりにも大きい。彼は1987年に改訂されたニューヨーク州の社会科カリキュラム再改訂のための作業部会に参加し[6]，多文化教育に対する批判を展開した。シュレジンガー Jr. は，多文化主義に基づく歴史を「アメリカの歴史理論をひっくり返す」ものであり，アメリカ史を「分裂」させるとして以下のように批判する (Schlesinger, Jr., 1992: 16, 都留訳, 1992: 9-10)。

> 「すべてのアメリカ人を民族的・人種的基準によって分類しようということである。しかし，アメリカ史の民族論的解釈は，経済的歴史解釈と同様，ある程度は有効であり解明に役立つとはいうものの，それを全体像として提起するとなると，致命的に人を誤らせるし，また間違いをおかすこととなる。」

アメリカは建国当初より多様な人種・民族が混在しており，社会科，特に「歴史」と「公民」は，異なる文化的背景，歴史的背景をもった人々を社会化すること，すなわち「アメリカ化」することを期待された教科・科目であった。ゆえに，多様な人種・民族の歴史的経験を，一つのアメリカ史・合衆国史としてまとめることができるのかが常に問われてきた。この問いは，社会科・歴史教育の成立当初からの本質的問いであり，「古い問い」である (三浦, 1977: 77-101; 森茂, 1981: 107-115)。1960年代の公民権運動以降，「古い問い」の中心課題であった人種・民族の多様性だけでなく，女性や労働者，子どもといった社会的マイノリティの存在にも注目が集まり，それら社会的マイノリティの歴史的経験も，アメリカ史・合衆国史にまとめられるかが問われている。これは，多文化教育の下に改めて問われている「新しい問い」でもある。この古くて新しい問いは，アメリカ人とは何か，アメリカとは何か，という自己認識に他ならない。このアメリカの古くて新しい問いに対する解答の一つを，1980年以降の「新しい社会史」が提示すると考える。この「新しい社会史」が探究する歴史は，諸マイノリティ集団の歴史を含めた「すべてのアメリカ人の歴史」だからである。

本節及び第3節では，諸マイノリティ集団の文化的・政治的な「貢献」という視点から，アメリカ史を捉える「新しい社会史」に基づく多文化的歴史

教育の歴史把握の方法が，アメリカ歴史教育の課題である「すべてのアメリカ人の歴史」に対する一つの解答であることを明らかにする。具体的には，1987年に改訂されたニューヨーク州合衆国史カリキュラムを取り上げる。

理由は以下の三点である。

第一点は，このニューヨーク州合衆国史カリキュラムが，州レベルで開発された合衆国史カリキュラムの中で，「新しい社会史」に基づく多文化的合衆国史の最初のカリキュラムであり，1990年代半ばまで唯一のカリキュラムであったからである[7]。1987年に改訂されたニューヨーク州社会科カリキュラム全体が多文化教育に基づいて改訂されているため，合衆国史も当然のことながら多文化的歴史カリキュラムである。多文化教育に基づいていることと，「新しい社会史」に基づいていることを同時に満たした州レベルの歴史カリキュラム開発したのは，1987年のニューヨーク州だけであった。

第二点は，前節で明らかにした「新しい社会史」の「新たな総合」に基づいて開発された最初の多文的歴史カリキュラムだからである。POSHは，1960-70年代の初期の「新しい社会史」理論に基づいていたため，政治的要因がその内容から欠落し，合衆国史の全体像を描き出すことにおいて不十分であった。しかし，1980年代の論争によって「新しい社会史」の裡に政治的要因が包含され，マイノリティとマジョリティの双方の差別や排除も含んだ関係を，合衆国史として一体的に描き出せるようになった。ニューヨーク州合衆国史カリキュラムでは，内容構成原理である「社会史アプローチ」に「政治参加」が含まれており，「新しい社会史」の「新しい総合」に基づいたカリキュラムである。これは，POSHの限界③に対応した最初のカリキュラムであると位置づけることができる。

第三点は，第7-8学年シラバスで用いられている「社会史アプローチ」が「すべてのアメリカ人の歴史」への志向を明確に掲げているからである。POSHでは，アメリカ先住民の経験は内容に含められていなかったが，ニューヨーク州は，1500年以前のアメリカを最初の単元に設定しており，そのカリキュラム全体においてもアメリカ先住民を重視している。これは，POSHの②の課題を克服したものと考えることができる。

以上の三点から，1987年のニューヨーク州合衆国史カリキュラムは，「新しい社会史」に基づく多文化的合衆国史カリキュラムの典型であると位置づけることができる。前述してきたPOSHが原型であるとすれば，ニューヨーク州はその発展型であり，POSHの抱えた課題を克服した洗練型であると考えることができる。

(2) ニューヨーク州社会科カリキュラムの多文化的改訂と「社会史アプローチ」

　歴史学界における歴史研究の「多様性」と「新しい総合」の模索とほぼ同時期に，公教育における歴史教育でも，アメリカの古くて新しい問いに答える試みが始められた。それは，ニューヨーク州教育委員会による多文化教育の視点からのカリキュラム改訂であった。1987年改訂のニューヨーク州社会科カリキュラム[8]の内容構成は以下の通りである。

表14　ニューヨーク州社会科カリキュラムK-12学年の内容構成

幼稚園	自己
第1学年	家族，学校
第2学年	合衆国のコミュニティ
第3学年	世界のコミュニティ：西欧と非西欧
第4学年	地方と合衆国の歴史と政治
第5学年	合衆国，カナダ，ラテン・アメリカの地理，経済，社会，文化
第6学年	二つの主要な文化地域：東西ヨーロッパ，中東
第7-8学年	合衆国・ニューヨーク州史（「新しい社会史」に基づく）
第9-10学年	グローバル学習
	・第9学年—アフリカ，南・東南アジア，東アジア，ラテン・アメリカ
	・第10学年—中東，西欧，ソ連と東欧，今日の世界
第11学年	合衆国の歴史と政治：20世紀における連続と変化
第12学年	政治参加（1学期），経済学と経済的意思決定（1学期）

New York State Education Department, 1987a; 1987b より引用者作成。

　ニューヨーク州は，1987年に多文化主義に基づいて社会科シラバスの改訂を行った。改訂前のシラバスの原型は，1960年代にできたものであった。しかし，1980年代に入り「1960年代以降におこった多くの変化を考慮し，社会科の新しいプライオリティにむけて」(New York State Education Department, 1987a: iii) 新しいシラバスの改訂に着手したのである。改訂の要因となったの

は，ニューヨーク州の人口構成の多民族化の進展である (Newsweek, 1997.2.12: 54-57)。特に，ニューヨーク市の公立学校に通うマイノリティの生徒の増加は顕著であり，1990年のニューヨーク市の公立学校に通う児童・生徒の人種別在籍数の比率は，白人が21.0％，黒人が38.0％，ヒスパニックが34.0％，アジア系が7.0％となっており，80％近い児童・生徒が白人以外のマイノリティ出身である。このような人口構成の多民族化の進展は，ニューヨーク州に限ったことではなく，全米規模で展開されており，米国勢調査局は白人が人口的にマイノリティとなることを予測している (*Survey of Public Education in Urban School Districts*, 1991)。ニューヨーク州は，1954年まで「アメリカの玄関」として移民局を抱え，アメリカの全人口の約50％がこのニューヨークを通してアメリカ全土に広がっていったといわれる。ニューヨークは常にアメリカで最も先鋭的な多文化・多民族地域であり，その人種的・民族的・文化的多様性を考慮した教育が要求されてきた。そのため，州の住民の多様性の価値の承認とそれに基づくコンフリクトを解決する方法の探究が，社会科の課題とされてきた。それゆえ，今回の改訂でも多文化教育に基づく改訂であることがことさら強く打ち出されている。この改訂シラバスは，上記のような民族的な人口動態の変化の影響から，目標，内容構成など様々な部分に多文化主義の理念が反映されている。K-6学年で学ぶ概念として「変化」「市民性」「文化」「共感」「環境」「アイデンティティ」「相互依存」「国民国家」「希少性」「技術」の10項目が挙げられている。7-12学年で学ぶ概念として以上に加えて「選択」「多様性」「人権」「正義」「政治体制」「権力」の16項目が挙げられている。そして，改訂の基本理念として以下のような理念が提示されている (New York State Education Department, 1987a: V)。

> 「我々の多様な社会において，多文化的内容がすべての生徒の自尊心やアイデンティティ形成に使用されることは重要である。すべてのカリキュラム資料はすべての生徒の多様性に対する建設的な態度を形成しなければならない。」

このように，1987年の改訂では，児童・生徒の民族的・文化的多様性に対応した多文化的な内容構成がめざされている。「態度目標」では，「4. 偏

見，偏狭や敵意を除いた，人種的・宗教的・民族的・文化的・地域的・国家的差異の認識と理解」(New York State Education Department, 1987b: 25) が挙げられており，社会科カリキュラム全体を通して総合的に「多文化意識（Multicultural Awareness）」[9]の育成がめざされている。

(3)「合衆国史・ニューヨーク州史」の内容構成における「社会史アプローチ」

　多文化主義に基づいて改訂されたニューヨーク州シラバスの第7-8学年「合衆国史・ニューヨーク州史」では，その内容構成の原理として「社会史アプローチ (social history approach)」が用いられている。1980年代後半まで州レベルの社会科カリキュラムで社会史を歴史教育の中核に位置づけているのは，ニューヨーク州だけであった。そこで，ニューヨーク州社会科シラバス第7-8学年「合衆国史・ニューヨーク州史」を取り上げ，分析することによって，その中で「すべてのアメリカ人の歴史」の学習を「新しい社会史」によってどのように構成しているかを明らかにする。

　第7-8学年「合衆国史・ニューヨーク州史」内容構成は，次頁の**表15**の通りである。

　本シラバスでの「社会史アプローチ」は，「広範な人間の諸行為の検証と庶民 (common people) や日常的事象 (everyday events) に焦点化する」(New York State Education Department, 1987b: 21) ことで，生徒の興味・関心を引き出しうるアプローチと位置づけられている。「社会史アプローチ」の歴史教育における有効性は，上記の「庶民や日常的事象に焦点化する」ことによって，「すべてのアメリカ人の歴史 (the history of All Americans)」(女性，子ども，アフリカ系アメリカ人，アメリカ先住民などの民族的マイノリティを含む) を総合し得る点である。本シラバスでは，このような「社会史アプローチ」の利点を以下のようにいう (New York State Education Department, 1987b: 22)。

　　「社会史アプローチの採用のもう一つの利点は，それがすべてのアメリカ人の歴史の包含を要求していることである。女性，黒人，アメリカ先住民，その他の民族的マイノリティの業績は，アメリカの生活と社会の全体構造の一部分として見るべきである。」

表15　第7-8学年「合衆国史・ニューヨーク州史」の内容構成

単元1：1500年以前のアメリカ人の世界規模の民族的系譜	単元7：工業化社会
Ⅰ 歴史学と社会科学：国民に関する学習 Ⅱ 主要文化の地理的要因 Ⅲ 北アメリカ東海岸のイロクォイ族とアルゴンキン族の文明化 Ⅳ 1500年以前におけるヨーロッパ人概念	Ⅰ 19世紀後半における工業化社会の成熟 Ⅱ 社会構造の変化がアメリカの状況を変えた Ⅲ 進歩主義運動，1900-1920年：新しい社会に改革するための努力
単元2：ヨーロッパ人の世界探検とアメリカ植民	単元8：増大する相互依存世界における独立国家としての合衆国
Ⅰ ヨーロッパ人の世界探検と植民 Ⅱ 植民地への入植：地理的，政治的，経済的要因 Ⅲ 植民地コミュニティにおける生活	Ⅰ 合衆国はその領土を拡大し，海外帝国を建設した Ⅱ 合衆国はグローバルな力関係の中で一つの役割を果たし始めた
単元3：国家の創造	単元9：大戦間の合衆国
Ⅰ アメリカ革命の遠因 Ⅱ 抵抗から分離独立への移行 Ⅲ 新しく独立した州の統治のための初期の試み Ⅳ 革命の軍事的・政治的側面 Ⅴ 独立戦争によってもたらされた経済的・政治的・社会的変化	Ⅰ 戦後期の精神を反映した「狂乱の20年代」 Ⅱ 大恐慌
単元4：政府における経験	単元10：合衆国は，世界的な責任を担っている
Ⅰ 13州連合協定と臨界期 Ⅱ 1777年のニューヨーク州憲法 Ⅲ 合衆国憲法の文面・構造・採択	Ⅰ 第二次世界大戦 Ⅱ 第二次世界大戦以後の世界における合衆国 Ⅲ 混迷の世界における合衆国
単元5：新国家での生活	単元11：第二次世界大戦以降現在までのアメリカ人の本質の変化
Ⅰ 新しい政府 Ⅱ ジャクソン時代 Ⅲ ホームスパン（Homespun）期	Ⅰ 戦後社会の繁栄期 Ⅱ ポスト工業化社会は限界の時代に先導する Ⅲ 21世紀に向けてのアメリカの動き
単元6：分裂と再統合	単元12：現代社会における市民的資質
Ⅰ 南北戦争の根源的原因 Ⅱ 南北戦争の勃発 Ⅲ 南北戦争の帰結	Ⅰ 合衆国における市民的資質 Ⅱ 州・地域政府における市民的資質 Ⅲ 共同的市民的資質

New York State Education Department, 1987b より執筆者作成。

また，シラバスの「知識目標」では，7項目中4項目において**表16**のように多文化的内容を「社会史アプローチ」によって学習することを重視している (New York State Education Department, 1987b: 24, 下線及び強調引用者)。

表16 ニューヨーク州社会科シラバスの「知識目標」

1　カナダやメキシコと結びついた合衆国史とニューヨーク州史の広範な年代学的な探究。
2　今日の国家と州を形成してきた主要な出来事の原因と結果。
3　アメリカ社会を創り上げた多様な人種・民族集団と彼らのアメリカ人の生活への貢献に関する知識。
4　先コロンブス期における地球の半分にある政府に関するいくつかの理解に補完された合衆国とニューヨーク州政府の起源，哲学，構造と機能。
5　ある一定の地点での家族とその地点での変化の構造と機能に関する知識。
6　過去と現在と予想し得る未来における労働と余暇の関係に関する知識。
7　身の周りにある価値や伝統によって規定される意思決定の方法に関する知識。

本シラバスでは，合衆国とニューヨーク州の民族的人口動態の変化に対応して，それらの人口構成の多様性を考慮している。その具体的内容の構成原理としての「社会史アプローチ」による以下のような10の支柱 (Postholes) が設定されており，シラバス全体において「社会史アプローチ」が取り入れられている。本シラバスにおいて用いられている「社会史アプローチ」は，**表17**の通りである (New York State Education Department, 1987b: 21)。

表17 「社会史アプローチ」による10の支柱

・ライフサイクル (Life Cycle) ——誕生，幼少期，青年期，老年，死
・家庭と家族生活 (Home and Family Living)
・学校と教育 (Schools and Education)
・労働と労働パターン (Labor and Work Patterns)
・政治参加 (Political Participation)
・宗教と宗教的行為 (Religion and Religious Activity)
・犯罪と刑罰 (Crime and Punishment)
・余暇と娯楽 (Leisure and Recreation Activity)
・文学，美術，音楽 (Literature, the Arts and Music)
・流行 (Styles and Fashions)

本シラバスにおいて内容構成の支柱とされている上記の10の概念は，1960年代以降発達した「新しい社会史」において主として用いられる概念であり，庶民の日常生活を明らかにすることによって歴史の全体像に迫るアプローチにおいても，その理論的基盤として「新しい社会史」がある。テーマや概念に直接表れてはいないが，女性や障害者といった社会的マイノリティであることと，人種・民族的マイノリティであるという重層的なマイノリティの歴史として歴史を把握する点において，本シラバスの「社会史アプローチ」は「新しい社会史」に基づいたものである[10]。

　ここで注目すべきは，「知識目標」の「3」において，ともすれば政治的・制度的視点に集約しがちな国家としての合衆国の成立を，「アメリカ社会」，「生活」という「場」として捉え，そこへの「多様な人種・民族集団」による「貢献」の視点から構築しようとしている点である。これは，国家のシステムを作り上げた政治エリートの業績に還元される合衆国の成立史を，「すべてのアメリカ人」による「貢献」からアメリカ史を構築する試みである。つまり，ニューヨーク州シラバスにおける「社会史アプローチ」では，政治的要素も「新しい社会史」で強調される日常的要素と同様，「アメリカの生活と社会の全体構造の一部」なのである。そのことは，『社会史アプローチ』による10の支柱において，従来の「新しい社会史」で用いられる中心的概念に，「政治参加 (Political Participation)」が加えられていることからもわかる。前節で明らかにした「新しい社会史」と政治史の「新たな総合」に基づいたアプローチであり，諸マイノリティ集団を含めた「すべてのアメリカ人」の日常的行為の集積を「軸」として，政治的要因をも包摂した「全体史」を志向しているといえる。

　表15の「単元2：ヨーロッパ人の世界探検とアメリカ植民」では，「植民」という政治的要因を諸マイノリティ集団の日常生活とコミュニティ形成という視点から，「単元5：新国家での生活」では，国家の安定と経済成長という政治的要因を労働形態・家族形態の変化という視点から，「単元9：大戦間の合衆国」では，第一次世界大戦後の繁栄と大恐慌を労働・余暇・家族の変化という視点から，「単元11：第二次世界大戦以降現在までのアメリカ人の本質の変化」では，戦後の繁栄に基づく社会全体の変化を人権運動の高揚とい

う視点から構築している。

上記で述べたように,社会的結合の次元と政治支配の次元との関連を問う視点による「新しい総合」は,緩やかな総合である。そこでは,従来の「新しい社会史」では排除されてきた政治的要因が積極的に歴史的要因の一つとして位置づけられる。そして,政治的要因が日常的要因によって分析・構築されると同時に,政治的要因の影響による日常的要因の変化と継続が描き出される。そうすることによって,政治的要因は,一部の政治エリートの業績としてではなく,「すべてのアメリカ人」の「政治参加」,すなわちアメリカ合衆国への「貢献」とされる。政治史中心の国家史においては,記述されることすらなかった諸マイノリティの日常生活が,国家・社会形成の重要な政治的要因としてクローズアップされる。つまり,この政治的要因を日常的要因から捉えることによって,「すべてのアメリカ人」の歴史的経験を描き出すことが可能となるのである。

第3節 「すべてのアメリカ人」のための多文化的歴史教育と「社会史アプローチ」

(1) 単元2:「ヨーロッパ人の世界探検とアメリカ植民」における「社会史アプローチ」

本節では,「合衆国史・ニューヨーク州史」シラバスの中の具体的な単元を抽出し,多文化的内容がどのように「社会史アプローチ」によって構成されているか検討する。事例として「単元2:ヨーロッパ人の世界探検とアメリカ植民」(表15中網掛部分)の「Ⅰ.ヨーロッパ人の世界探検と植民」を取り上げる。本事例を取り上げる理由は,この単元では,ヨーロッパからの最初の移民がアメリカに入植した時期を対象としており,入植者とアメリカ先住民の日常生活の比較によってアメリカの最初の入植期の歴史を学習内容としているからである。

「D.オランダ人とイギリス人によるニューヨーク州への植民」では,ニューヨーク州に入植してきたオランダ人とイギリス人の競争関係と,両民族集団とアメリカ先住民との関わりで,ニューヨーク州と合衆国全体の移民を軸とした歴史学習が構想されている。ニューヨーク州という「場」における入植

表18 「単元2：ヨーロッパ人の世界探検とアメリカ植民」の指導計画

単元2：ヨーロッパ人の世界探検とアメリカ植民
Ⅰ．ヨーロッパ人の世界探検と植民
目標：1．ヨーロッパ人の世界探検とアメリカ植民を導いた要因及び基盤を理解する。
2．アメリカ先住民とヨーロッパ人に対するヨーロッパ人入植者の影響を理解する。

学習内容	主要概念	活動モデル
D．オランダ人とイギリス人によるニューヨーク州地域への植民 1．入植者とアメリカ先住民との関係	入植者とアメリカ先住民との大きな違いが深刻なものとなった。	生徒には，ニューヨーク州における多様なヨーロッパ人入植者グループの業績に関する記述が提示される。生徒は，記述に基づいてこれらのヨーロッパ人グループの入植パターンを地図に示すことを要求される。生徒は，第2の地図にアメリカ先住民の入植パターンを示すことを要求される。
2．入植者とアメリカ先住民との類似性 　a．伝統の役割 　b．家族と家族の紐帯の重要性 　c．コミュニティと家族の階層的性質 　d．自給自足の必要性	幾つかの類似性はかなりはっきりしていたし，それらは，入植の諸パターンを通してみることができた。価値や信念，ライフスタイルと関連した事柄はほとんど明らかではなかった。幾つかの類似性はかなりはっきりしていたし，それらは，入植の諸パターンを通してみることができた。価値や信念，ライフスタイルと関連した事柄はほとんど明らかではなかった。初期の居住者は，我々のニューヨーク州の文化的遺産の特異な性質に大きく貢献した。	
3．相違性 　a．土地所有に関する概念 　b．男性と女性の役割 　c．異なった文化の人々をどのように扱うべきかについての信念	**家庭と家族生活** **労働と労働パターン** 自然環境は，我々の多様なコミュニティの特異性の形成に貢献した要因の一つである。	地域コミュニティに関する資料は，生徒たちがこの州に入植するために来たグループの調査をするのに活用される。比較と対照は，諸グループの生活様式について何らかの発見を可能にする。
4．オランダ人とイギリス人の競争は，イギリスの宗主権に起因していた。	ヨーロッパ人は，ニューヨーク州の豊かな資源の獲得を望んだ。	

New York State Education Department, 1987b: 34-36 より執筆者作成。

者集団とアメリカ先住民との関係という多文化的内容を，日常的生活，ここでは「家庭と家族生活」や「労働と労働パターン」といった「社会史アプローチ」の概念による検証によって把握する。

　ヨーロッパ人の入植によるニューヨークの形成においては，二つの対比構造が設けられている。「ヨーロッパ人入植者　対　イロクォイ族（アメリカ先住民）」とヨーロッパ人入植者間の「イギリス人　対　オランダ人」という構図である。本項目では，第一の構図における対比に重点が置かれている。具体的には，ヨーロッパ人入植者とアメリカ先住民との関係の学習においては，家族や性的役割，コミュニティの形態といったライフスタイルに関わる概念の文化比較によって，その類似点と相違点を検討することが求められる。学習する「主要概念」では，「入植者とアメリカ先住民との大きな違い」によるニューヨークにおける文化的・政治的コンフリクトを前提として，その学習の基本的方向性を規定している。

　「学習内容」としては，入植者とアメリカ先住民の類似性と相違性を，「社会史アプローチ」の10の支柱に基づいて学習することが求められる。類似性の「b. 家族と家族の紐帯の重要性」「c. コミュニティと家族の階層的性質」，相違性の「b. 男性と女性の役割」は，「家庭と家族生活」概念の「学習内容」として設定されている。類似性の「c. コミュニティと家族の階層的性質」「d. 自給自足の必要性」，相違性の「a. 土地所有に関する概念」は，「労働と労働パターン」概念の「学習内容」として設定されている。この第一の構図において，アメリカ先住民とヨーロッパ人入植者といった多様な集団の存在とそれらの相互交流によって現在のニューヨーク州の多様な「文化的遺産（cultural heritage）」が形成されたこと，諸民族集団の入植パターンの分析から自然環境が諸民族集団の生活様式に与えた影響とそれが多様なコミュニティの形成の要因の一つになったことが学習される。

　本単元で注目すべきは，入植期のニューヨークを形成した要因を，ヨーロッパ人による一方的な入植と彼らの間に繰り広げられた政治的な権力闘争にではなく，アメリカ先住民とヨーロッパ人入植者の文化的・社会的な類似性と相違性に求めていることである。現在のニューヨーク州の多様なコミュ

ニティを形成したのは，マイノリティ集団を含んだ各民族集団の歴史的「業績」であるとするニューヨーク州シラバスは，「すべてのアメリカ人」のための歴史を構築する方法論を提示していると考える。このようにニューヨーク州シラバスで「社会史アプローチ」の提示する10の社会史概念は，アメリカの歴史を分裂させるのではなく，多様で豊かな「すべてアメリカ人」のための歴史を描き出しているといえよう。

　もちろん，このような多文化的歴史教育に対する批判も存在する。シュレジンガーJr. は，彼の多文化主義・多文化教育批判の著作である『アメリカの分裂 (The Disuniting of America: Reflection on a Multicultural Society)』において，改訂されたニューヨーク州社会科シラバスの歴史教育を批判している。彼は，ニューヨーク州カリキュラムに対する批判として，第11学年の政治史におけるイロクォイ族の「ホーデノソーニー政治体制」の合衆国憲法への影響を事例に挙げているが (Schlesinger, Jr., 1992: 96-99, 都留訳, 1992: 119-122)，歴史カリキュラムの中心である第7-8学年「ニューヨーク州・合衆国史」については言及していない。シュレジンガーJr. によるニューヨーク州の多文化的歴史カリキュラムへの批判は，マイノリティ集団の民族的自尊心や誇りの回復の手段，つまり「治療」の手段 (Ravich, 1991: 12-13; Ravich and Schlesinger, Jr., 1990: 15) とすることに対する批判になり得ても，多文化的歴史教育そのものへの批判にはなり得ない。シュレジンガーJr. も，諸マイノリティ集団の歴史を教えることを以下のように奨励している (Schlesinger, Jr., 1992: 99, 都留訳，1992: 122)。

　　「先祖崇拝を記念するためではなく，歴史として教えよう。歴史の目的は集団の自尊心を高めることではなく，世界及び過去の理解，感情を抜きにした分析，判断及び展望であり，<u>さまざまに異なる文化と伝統にたいする尊敬であり，そして自由な歴史的探究を可能にする寛容と民主主義と人権の統合的理念をあくまでも護りぬくことでなければならない</u>。」(下線引用者)

「社会史アプローチ」に基づく多文化的歴史カリキュラムの意義は，上記の「庶民や日常的事象に焦点化する」ことによって，女性，子ども，アフリカ系アメリカ人，アメリカ先住民など人種的・民族的・社会的マイノリティ

を含むすべてのアメリカ人の歴史,社会,生活を統合しうる点である。用いられる「社会史アプローチ」は,諸マイノリティ集団の業績を「アメリカの生活と社会の全体構造の一部分」(New York State Education Department, 1987b: 22) とみなすアプローチである。シラバスの「知識目標」では,「3. アメリカ社会を創り上げた多様な人種民族集団と彼らのアメリカの生活への貢献に関する知識」と,多文化的内容を「社会史アプローチ」によって学習することを重視している(New York State Education Department, 1987b: 24)。

この目標は,「新しい社会史」に基づく多文化的歴史教育の指向性を明確に示している。従来の多文化主義に基づくとされてきた歴史教育では,各人種・民族集団の被差別・被迫害の歴史的経験が主要な学習内容とされてきた。そこでは,その人種・民族集団のアメリカ史全体への貢献という視点はなく,アメリカ史を「マイノリティ=差別・迫害の被害者 vs マジョリティ=差別・迫害の加害者」という構図に押し込めてしまう民族中心主義史観に比較的容易に転換してしまう危うさを内包していた。そのような多文化的歴史教育に対し,「新しい社会史」に基づく多文化的歴史教育は,各人種・民族集団の歴史的経験を,アメリカの生活と社会の歴史的形成の一部分とみなし,アメリカ史全体への貢献という視点から再構成することができるのである。

(2) 諸民族集団の文化的・政治的な「貢献」によるコミュニティ形成

以上,アメリカ歴史教育の本質的課題を,多様なアメリカの歴史をまとめることと規定し,「新しい社会史」に基づく多文化的歴史教育がその課題に対する一つの答えであることを,ニューヨーク州社会科シラバス第7-8学年「合衆国史・ニューヨーク州史」の構成原理の検討から明らかにした。歴史学界における「多様性」をめぐる論争も,多文化主義・多文化教育をめぐる論争も,その思想的根本において追究しようとした問題は,すべてのアメリカ人のもつべきナショナル・アイデンティティと,それを確立するための歴史認識であった。どのような立場の研究者であれ,今日のアメリカが多文化社会であり,アメリカ合衆国が多文化国家であることは否定しない。多文化主義の行き過ぎを批判するシュレジンガー Jr. やラヴィッチ (Ravich, D.),「新

第4章 「新しい社会史」と政治史の総合による多文化的歴史カリキュラム　127

しい社会史」批判の旗手であるヒメルファーブも，アメリカの建国以来の国是である「多様性の中の統一 (E Pluribus Unum)」を否定してはいない。彼らが問うているのは，多様性の中の「統一」の核となる価値なのであり，歴史認識である。

　ニューヨーク市教育委員会は，ニューヨーク州カリキュラム改訂を受けて1990年に第7学年用，1994年に第8学年用カリキュラム・ガイド『合衆国史・ニューヨーク州史：多文化的展望　第Ⅰ-Ⅲ巻』(New York City Public Schools, 1990a; 1990b; 1990c; 1994a; 1994b; 1995) を開発している。州カリキュラムに基づいているため，内容構成や「社会史アプローチ」など基本原理は州カリキュラムのものと同一である。ニューヨーク市カリキュラム・ガイドは，州カリキュラムに基づいて開発された，ニューヨーク市で授業を展開するための具体的な授業プランと教材である。ニューヨーク市の公立学校の生徒は，さまざまな民族的・文化的な背景をもっており，それぞれの学校で最大限の柔軟性が要求されるほど，その状態やニーズは多様である。市カリキュラム・ガイドでは，生徒たちは，多様性を理解し尊重すること，自分たちの学級において創造されている文化的・言語的モザイク状況へと積極的に関与することが要求される。この市カリキュラム・ガイドは，生徒たちに，多様な文化的・民族的集団が形成し国家の歴史においてさまざまな運動や事件に影響を及ぼしてきた習慣，信念，理想（理念），文学，美術，音楽を理解させる多くの機会を提供することを目的として作成されたものである。市カリキュラム・ガイドでは，このような多様性を「不利益」とはみなさずに，逆に「財産」とみなしている (New York City Public Schools, 1990a: vii)。「分裂」の要因とみなされる危険性のある文化的多様性を，積極的に「財産」，「多様性の豊穣 (the richness of diversity)」(New York City Public Schools, 1990a: vii) と捉える思想的転換を行っている。市教育委員会の提唱する多文化的歴史教育では，合衆国の主要な民族的・文化的構成に関する歴史と文化を理解することなしに，合衆国とニューヨーク州の歴史を理解することはできないとされている。例えば，アフリカ系アメリカ人の経験やアメリカ先住民の経験，ラテン・アメリカ人やアジア系アメリカ人など，アメリカ人の慣行や感性の形成を助けてきた多様な集団の経験

を,歴史を通して理解することなしに,アメリカ史を理解することもできないし,また,現在の多くの社会的・政治的問題を理解することはできないのである (New York City Public Schools, 1990a: viii)。もちろん,ヨーロッパの国民国家とその哲学的・政治的根源におけるアメリカの移民の起源を理解することは重要である。市カリキュラム・ガイドは,ニューヨーク市が抱えている多様性を肯定的に捉え,その多様性を尊重した包括的な多文化教育プログラムの一環として作成されたものである。市カリキュラム・ガイドによれば,多文化教育は,「多くの異なった文化をもつ人々に関する知識,理解,それらの人々との間の建設的な集団間関係の構築を促進するための過程」(New York City Public Schools, 1990a: vii) として位置づけられる。文化的多様性は,異なった文化そのものの学習のための学習材であると同時に,地域的・国家的・国際的環境における「多様性」を尊重することを助長するものである。

以上,「多様性の中の統一」における歴史認識とは何か,というアメリカ歴史教育の本質課題に対する一つの解答として,「新しい社会史」に基づく多文化的歴史教育を提起した。具体的には,「新しい社会史」の思想基盤に多文化主義があることを指摘し,事例としてのニューヨーク州社会科シラバス第7-8学年「合衆国史・ニューヨーク州史」の分析を通して,「新しい社会史」に基づく多文化的歴史教育が,ヨーロッパの民族集団によるアメリカ史ではなく,マイノリティ集団を含んだ諸民族集団の文化的・政治的な「貢献」によるコミュニティ形成という視点からアメリカ史を捉えていることを明らかにした。この歴史把握の方法は,アメリカ歴史教育の課題である「すべてのアメリカ人」のための歴史の追究に対する一つの解答である。

第4節　日系人史学習における「多様性」と「統一性」

(1) 多文化的歴史教育における日系人史学習の位置づけ

1990年代に入り,多文化主義論争を通して,アメリカ史を「多様な文化的背景を持つ人々の歴史」と捉え,多様性を前提としながらもアメリカ史を一つにまとめる動向を示している。これは同時に,アメリカ史を一つにまとめ

るためにアメリカ史の多様性を追究するという一見逆説的な側面をみせている。その一つとして，日系人の歴史的経験が注目を集めている。例えば，1954年までアメリカの「玄関」として移民局が開かれていたニューヨークのエリス島の移民博物館で，1998年4月から1999年1月の間，第二次世界大戦中の日系人の強制収容に関する展示が行われた。上記の動向は，多様なアメリカ史の一断片として日系人の歴史的経験を掘り起こす作業であるが，これらの作業は歴史教育にも大きな影響を及ぼしている。1980年代後半以降，急激に日系人学習のための授業案・教材の開発が行われている(森茂・中山, 1998: 157-158; 岡本, 2001: 180)。

そこで本節では，多様なアメリカ史学習の一事例として，日系人史学習[11]のプログラムを「新しい社会史」の視点で分析することにより，日系人史学習のもつ多文化教育的性格を明らかにすることを目的とする。分析結果から，日系人史学習が合衆国史認識の育成に目標を置く国民国家史学習から，アメリカを民主主義思想に基づく多様な「アメリカ社会」と捉える多文化的社会史学習へと転換を迫るものであることを指摘する。

手続きとして，「新しい社会史」理論から分析の視点を三点抽出し，その視点によって授業案を分析する。分析に当たっては，日系人史学習教材の中から中等教育段階対応の授業案を対象とする。具体的には，全米日系アメリカ人歴史協会(National Japanese American Historical Society, 以下NJAHSと略)作成の『権利章典と第二次世界大戦中の日系人の経験(4-12学年)』(NJAHS, 1992)と日系アメリカ人市民協会(Japanese American Citizens League, 以下JACLと略)作成の『日系人の経験：アメリカ史における授業案』(JACL, 1994: 39-43)を分析対象とする。なぜなら，アメリカにおいて歴史学習，特に合衆国史学習は第7-8学年及び第11学年に配当されるのが一般的であり，日系人史学習もその段階に対応していると考えることが妥当だからである。

本節では，スターンズの理論に基づいて「新しい社会史」を規定する諸要因から，以下の三点を授業案分析のための視点として抽出した。この三点は，「新しい社会史」が社会史たる根本要因であり，この三視点を用いることにより，日系人史学習の多文化的性格を析出することが可能であると考える。

①「現在理解のための歴史」理解
　②「日常的行為」による内容構成
　③「心性」の変遷の重視

(2)『権利章典と第二次世界大戦中の日系人の経験』の分析

　ここでは、日系人学習教材の中で最も組織的に作られているものの一つであるNJAHS作成の『教師用指導書　権利章典と第二次世界大戦中の日系人の経験(4-12学年)』(以下、教師用指導書と略)を分析する。この教師用指導書は、日系人を中心とする第二次世界大戦中の出来事を「歴史的概観」(NJAHS, 1992: 1-11)と年表(NJAHS, 1992:12-14)によって提示し、日系人史を学習する際の前提としており、授業においても資料として活用される。ここでは、中等教育段階の日系人史学習を研究対象としているため、中学校用授業案の中から「授業案1」と高等学校用から「授業案4」を分析対象とする。

　この授業案の目的は、第二次世界大戦中の日系人の経験を共感的に理解することにある。目的においては、日系人の歴史的経験を自分のこととして「感じる(feel)」ことが重視され、授業のタイトルにおいても、日系人の経験についての「意識(awareness)」を醸成することが掲げられている。このことは、「授業案1」が基本的に、第二次世界大戦中の強制収容所における日系人の「心性」の共感的理解をめざしているといえる。

　「授業案1」では、第二次世界大戦中という特定の時代の、強制収容所という特定の社会における、日系人という特定の集団に共通的に保持され、維持されている慣行や価値観に対する共通な心のありようや態度、すなわち「心性」の理解がめざされている。このことは、具体的な学習「活動2」の質問項目の「F」「G」に如実に表れている。

　学習内容として、ルーズヴェルト大統領による「大統領命令9066号」による立ち退きと強制収容所における経験が取り上げられている。「活動2」の質問項目の「A」及び「E」では、立ち退きさせられるときには手に持てるものしか持っていくことが許されず、まさに最低限の日用品しか持ち出せなかったことから、収容所内での「日常的行為」を内容としている。「新しい社会史」

表19 『権利章典と第二次世界大戦中の日系人の経験』「授業案1」

中学校	授業案1：第二次世界大戦中の日系人の経験について意識を構築する。
目　的	似たような状況を知らず，意に添わずに強制させられた他人の経験をわが身に起こったことのように感じ取ることは，誰にとっても難しい。しかし，生徒にとって知ることと同様に歴史を「感じる」ことは重要なことである。そこで，第二次世界大戦中に日系人が家や街を追われ，孤立したキャンプに閉じ込められた境遇を学習する。
目　標	1. 日系人の第二次世界大戦中のキャンプの経験について意識する。 2. 憲法と権利章典とすべてのアメリカ人の市民的自由の擁護のために共有している責任について常に考え，理解する。
期　間	1〜3週間
活動1	1. ミツエ・ヤマダ *"Camp Notes and Other Poems"* からの抜粋と，ジョン・タテイシ *"And Justice For All"* から何章か読む。もしくはプリントの抑留農婦キク・フナキによる詩を読む。 2. 以下のビデオの中から一つを見る。 ・ジョン・デグラフ *"Visible Target"* ・スティーブン・オカザキ *"Days of Waiting"* （オスカー賞受賞作品） ・スティーブン・オカザキ *"Unfinished Business"* ・ジョン・デグラフ *"A Personal Matter, Gordon Hirabayashi versus United States"*
活動2	1. 指導者は以下に示した質問事項の討論を援助する。 　A. 家を去るにあたって大人は何をしましたか。 　B. 大統領命令9066号とは何ですか。 　C.「軍事上の必要性」とは何を意味しますか。 　D. 収容前と収容後の日系人の職業はなんでしたか。 　E. キャンプの中の状況はどんな様子でしたか。 　F. もしこのエピソードがあなたの身に起こったら，あなたは政府に対してどう思いますか。 　G. もしこの出来事があなたに起こったら，あなたはどうしますか。 　H. 大統領命令9066号の場合，権利章典の中のどの権利が適応されますか。 　I. 再びこの過ちを防ぐために，あなたは何をしますか。もしくはしませんか。 　J. 戦争中，権利章典を擁護する責任はだれにありますか。 　K. 国家の防衛のためには。 　L. 生存者にとっての立ち退きと監禁の影響は。

において「日常的行為」は，その行為自体の変遷過程が重視されるとともに，その行為の社会の全体構造への影響という次元へと拡大される。社会におけるすべての集団は，広範な社会変化の過程への貢献者として研究する価値があるとされ，人間の全行為は，社会的影響と社会変化に従属するため，歴史的探求の対象となる (Stearns, 1982: 53)。

本授業案では，強制収容所内での「日常的行為」の学習を通して，日系人社会の全体の変革までが学習の視野に入っている。この問題を「授業案1」では直接取り扱ってはいないが，1980年代以降の「補償運動」による日系人のエスニック・アイデンティティ形成に繋がっていく問題である。強制収容とその「補償運動」が，「日系アメリカ人をかつてないほど真の意味でアメリカ化する役割を果たしてきたこと」(竹沢, 1994: 21) は事実だからである。

「新しい社会史」では，日常生活において保持されている諸価値を過去との関係において検証する。「現在理解のための歴史」把握という社会史認識のために，「日常的行為」の歴史的発展の次元の必要性が強調される (Stearns, 1988: 142-143)。「目標」の2において掲げられているように，本授業案では，合衆国憲法と権利章典が民主主義社会における不変・普遍の価値とされ，その擁護の必要性を学習することが求められる。例えば，「活動2」の「H」「I」「J」にあるように，現在の権利意識に基づく価値を基準として，強制収容を理解するように学習が組織されている。

「授業案4」は，高等学校段階用の授業案である。本授業案では，「解説」にあるように「戦時非常大権」と「権利章典」に関する論点を日系人の強制収容を事例として学習する形態をとっている。学習方法としては，戦時非常大権支持派と権利章典支持派に別れてのディベートである。戦時という特殊な状況下における「戦時非常大権」と「権利章典」の価値での優先性の討論によって授業が組織される。この授業は，戦時下の危機という状況が，限定的な時代における特殊な価値である「戦時非常大権」による「市民の権利」の保留を容認するか，民主主義社会の不易の根源的価値である「権利章典」に基づく「市民の権利」を擁護するかの価値判断を生徒に求めている。

表20 『権利章典と第二次世界大戦中の日系人の経験』「授業案4」

高 校	授業案4：戦時非常大権　vs　権利章典：調査とディベート
解 説	一事例として日系人の強制収容の経験をもとに、戦時非常大権と権利章典に関する論点を討論するためのディベートを準備する。
期 間	6日間
論 点	危機にさらされた時、憲法で規定された戦時非常大権は、市民のための権利章典を保留にするような権限を連邦政府に許可するか？
1日目	この出来事の歴史を振り返ることはすでに行ってきており、生徒はさらに調査を進め、ディベートの準備を行う。 1. 20〜30人の大きなクラスで進めやすくすることと、各生徒がディベートに参加する機会をもつために、三つのディベートかラウンドを企画する。 2. まず初めに、同人数の2チームにクラスを分ける。 3. どちらのチームが、戦時であることを理由に大統領に特別な決定権を許可するサイド1になるか、戦時においてすべての個人の権利を保護するためのサイド2になるかを決める。 4. どちらのチームも、以下のテーマに関する調査とディベートへの参加者を決める。 　　A. ラウンド1　歴史的情況 (3〜6人) 　　B. ラウンド2　憲法原理 (3〜6人) 　　C. ラウンド3　反駁，反対尋問，最終弁論 (1〜3人) 5. 生徒は学校や地域や大学の図書館を利用して調べる。 (図書館で調べることを計画しているグループのために次の授業まで日数をあける。)
2日目	スティーブン・オザキ "Unfinished Business", "Day of Waiting", もしくはジョン・デグラフ "A Personal Matter : Gordon Hirabayashi vs The United States" のビデオを見る。生徒は必ずメモをとる。
3日目	チームで集まり、調べたことやメモを共有し、意見をまとめる。立場、問題の解決法、要旨声明などを考える。(ラウンド1、2の参加者はラウンド3や指導者のために調査したもののコピーを持参し、全員ビデオのメモを提出する。) 5分後、二つの大きなチームを解体し、立場、問題の解決法、要旨声明を作るための以下のより小さなチームに分かれる。 　ラウンド1　A 歴史的状況：戦時非常大権支持 　　　　　　B 歴史的状況：権利章典支持 　ラウンド2　A 憲法原理　：戦時非常大権支持 　　　　　　B 憲法原理　：権利章典支持 　ラウンド3　A 反駁　　　：戦時非常大権支持 　　　　　　B 反駁　　　：権利章典支持
	これらの小さなディベートチームの中で、反対チームが発言したり質問したりすることを予想し、防御し反論できるようにする。それぞれが立場、解決法、要旨声明を即座に主張できるように計画しておく。繰り返しは避け、時間以内で終える。以下のディベート形式を参照。
4日目	ディベート　ラウンド1
5日目	ディベート　ラウンド2
6日目	ディベート　ラウンド3，報告，評価，投票

上記のように捉えるならば，前述の「授業案1」が日系人の強制収容経験そのものの共感的理解がめざされていたのと異なり，「授業案4」では，同じ日系人の強制収容経験を学習内容としながらも，その時代の合衆国という社会全体の問題という視点に拡大されていることが指摘できる。換言すれば，戦時下の合衆国市民のもつ「心性」の学習であるということができるのである。
　同時に，民主主義社会の不易の価値である「権利章典」を基準として日系人の強制収容についてディベートさせることにより，この問題のもつ現代性を重視している。スターンズのいうように，「新しい社会史」は「現代社会をその社会の形成過程と対峙させることである。その対峙は，当然のものとして規定されるよりは，むしろ議論されるべき生活の局面において，我々自身の諸価値の評価を不可欠のものとする。」(Stearns, 1982: 56)「新しい社会史」のこの規定に従うならば，本授業案は日系人の強制収容経験を事例として，第二次世界大戦中という過去の特定の時代の「心性」的価値である「戦時非常大権」を，不易(すなわち現代的)価値である「権利章典」によって検証する「現代理解のための歴史」理解といえる。

(3) 『日系人の経験：アメリカ史における授業案』の分析
　ここでは，JACL作成の『カリキュラム・リソース・ガイド——日系人の経験：アメリカ史における授業案』(以下，ガイドと略)を分析する。本ガイドも，前述の教師用指導書と同様，日系人を中心とする第二次世界大戦中の出来事を「歴史的概観」(JACL, 1994: 1-16) と年表 (JACL, 1994: 1-8) にまとめ前半部に資料として掲載しており，それらを前提として授業案が開発されている。授業案は，小学校用と中・高等学校用が準備されており，本節では中・高等学校用授業案の「授業案1」と「授業案2」を分析対象とする。
　「授業案1」は「目標」にあるように，日系人の強制収容経験を「自己のものとして」学習することがめざされている。基本的には，前述の教師用指導書の「授業案1」と類似した志向性と内容をもって組織された授業案であるということができる。具体的には，以下の二点において類似している。第一点目は，第二次世界大戦中の強制収容所における日系人の「心性」の共感的

表21 『日系人の経験：アメリカ史における授業案』「授業案1」

中・高校	授業案1：立ち退き命令
授業案ごとに独立してもよいし連続して扱ってもよい。中学にも高校にも適用可能。	
目　標	強制収容経験者が耐えた経験を自己のものとして捉える。
資　料	1. フィルム *"Day of Waiting"* 2. 「立ち退き命令 (Civilian Exclusion Order)」のコピー
手　順	1. クラスを日系人家族に見立てた四人組に分け，両親と二人の子の役を決め，年齢も決める。彼らは，「退去」命令を受けたところで，どこに行くのか，どのような気候のところか，どのくらいの期間になるのかも分からない。 2. 各々のグループに「立ち退き命令 (Civilian Exclusion Order)」のコピーを配る。 3. その命令に基づく指示(特に禁止条項)に注意深く従って，各グループで持って行くもののリストを15分以内に作成する。 4. 各「家族」の一人がクラスにリストを発表する。全員で，家族の年齢，性別と関連した必要性に基づいて選択をしているか評価しあう。 5. *"Day of Waiting"* のフィルムをみて話し合う。

理解をめざしている点である。第二次世界大戦中という特定の時代の，強制収容所という特定の社会における，日系人という特定の集団に共通的に保持され，維持されている「心性」の理解がめざされている。第二点目は，学習内容として「大統領命令9066号」による立ち退きと強制収容所における経験が取り上げられている点である。「方法」において，生徒を4人ずつに分け，日系人家族の立ち退きと強制収容の経験をロールプレイする学習が組織されている。具体的には，立ち退き時に，手に持てるものしか荷物(最低限の日用品)として認められず，生活そのものが制限された悲惨な経験と，そこから推論される収容所内での「日常的行為」を，ロールプレイによって共感的に理解することが求められる。これは，教師用指導書の「授業案1」の「活動2」の「A」「B」をより具体的に深めた活動である。相違点は，日系人社会全体の変革までが直接的な学習内容に含まれていない点である。本授業案は，日系人の強制収容経験そのものを深く共感的に理解することに主眼をおいた授業案であるため，この問題の現代の展開への言及が視野に入らなかったと考

表22 『日系人の経験：アメリカ史における授業案』「授業案2」

中・高校	授業案2：偏見と差別
	第二次世界大戦以前の日本人と日系人に対する偏見が、さまざまな形態の——社会的、経済的、法的——差別を発展させた。
目 標	多くのマイノリティ集団が感じている差別感を、生徒自身が経験することによって理解する。
資 料	本ガイドの第一部「歴史的概要」のコピー ビデオ "Redress the JACL Campaign for Justice" フィルム "Unfinished Business"
方 法	1. 生徒は日系人の強制収容の基本的な知識をもつべきである。上記の資料は、この目的のために提示したが、各セクションで挙げる他の本やテープを使用してもよい。 2. 「偏見」と「差別」の違いを説明する。偏見は、しばしば変えようのない顔立ちや容貌に対して向けられることに注目する。(明るい肌と暗い肌、茶色い髪と金髪を比較する。) 3. 演習：生徒と一緒かもしくは教師自身で、偏見を作り出すような基準を設け、偏見に対応する(差別行為の)パネルを作る。以下に例を示す。 　　　偏　見　　　　　　　差別行為 　　a. 金髪　　　　　　部屋の後ろのほうにしか座れない。 　　b. 背が低い。　　　毎日放課後10分残る。 　　c. 女の子　　　　　クラスで発表してはならない。 　　d. 背が高い。　　　全員が個々の前日一日の行動をレポートにして提出する。 4. クラス一斉に一つの基準で3日間続ける。
事 後	活動の後、事後の話し合いをすることが大切である。 1. 差別された人はどう感じましたか。 2. ほかの人はどう感じましたか。 3. 公正であることの意味を定義しなさい。人々は公正であることを期待すべきですか。 4. もし、容姿が優れている人が軍隊に行かなければならないという法が成立したらどうしますか。あなたは、それについて何かいいますか。 5. 1942年の日系人強制収容のように、あなたが収容所に連れていかれたら、どう感じますか。あなたはどうしますか。
追加資料	第11学年歴史教科書 "American Odyssey: The United States in the Twentieth Century" Glencoe, Macmillan, McGrawn, pp.444-445, pp.448-449.

えられる。

　「授業案2」は，第二次世界大戦の前後の時代を通して存在した日本人と日系人に対する「偏見」と「差別」というアメリカ全体の「心性」と，被差別感としての日系人の「心性」の理解が学習目標としている。「新しい社会史」は，「心性」の動的変化と静的継続の過程の検証において，歴史的事実のキー・ユニットとして，行為の過程とパターンを重視する。この「心性」は，「政治的生活だけでなく，家族への期待，望ましいことや移動の可能性の評価，労働経験——実際にどの時代においても，社会生活を規定する行為の全領域——において適用される」(Stearns, 1988: 143) ものと規定される。しかし，この種のパターンは，個人的事件の集積によって構成されるため，それ自体では，特定の時代の歴史像やその変化の過程を描き出すことはできない。歴史的事象のパターンとそのパターンの変化の過程を検証することによって，「心性」の動的変化と静的継続の具体相が描き出される。

　本授業案では，人種的「偏見」が「差別」を助長するとして，「偏見」とそれに基づく根拠の無い「差別行為」のセットを疑似的に作り出し，生徒がそれを疑似体験する学習が計画されている。「差別」の疑似体験の後の「事後」学習において，この「偏見」と「差別」の関係とその問題を，日系人の強制収容に当てはめて考えることが求められる。これは，「人種差別，経済的利益，憲法に規定された権利の侵害」(JACL, 1994: iv) を第二次世界大戦中の日系人の強制収容の原因と捉える本ガイドの基本方針の具体化といえる。本授業案では，根拠の無い「心性」としての集団的「偏見」が，いかに個人内に「差別行為」として定着するか，そしてそれに基づいて「差別」される被差別者としての日系人の「心性」という二つの「心性」を学習する授業であるいうことができる。

(4) 日系人史学習の意義と課題

　日系人史学習の授業案の分析の結果，以下の三点が明らかになった。
　第一点は，どの授業案も基本的に日系人の強制収容に関わる「心性」の理解を目標に置いている点である。しかしながら，その「心性」も授業案によっ

て異なっており，二つに大別できる。一つは，日系人の強制収容を共感的に理解することによって―マイノリティ集団としての「心性」である。教師用指導書の「授業案1」とガイドの「授業案1」がこれに当てはまる。もう一つは，日系人を強制収容した日系人以外のアメリカ人の「心性」である。戦時下における特殊な心理状態としての「心性」を，第一の「心性」との比較において学習される。これは，教師用指導書の「授業案4」とガイドの「授業案2」がこれに当たる。

　第二点は，上記の「心性」理解の具体的な学習内容として，日系人の強制収容所における「日常的行為」が取り上げられている点である。この点は，どの授業案においても通底した内容であり，強制収容を人権侵害としてディベートする教師用指導書の「授業案4」も，偏見に基づく差別をロールプレイするガイドの「授業案2」も，収容所における日系人の生活（＝「日常的行為」）に関して精通していることが前提とされている。そのために，ビデオやフィルムなどの資料が活用されている。

　第三点は，具体的な学習方法として，ロールプレイが用いられている点である。これらは，歴史学習において頻繁に用いられる学習方法であるが，「心性」の理解においては，非常に有効な方法である。疑似的に日系人のおかれた強制収容という状況に直面し，その際に「感じる」ことが「心性」の共感的理解に資すること大なのである。ディベートによる客観的な認識も有効であるが，ある特定集団の「心性」を象徴的な経験を通して学習する際にはロールプレイによる共感的理解が有効であろう。

　日系人史学習の授業案の「新しい社会史」による分析から，その基本的志向性が，日系人の強制収容経験を内容として第二次世界大戦中の日系人とその他のアメリカ人の「心性」の理解が目的とされていることが明らかになった。上記の分析結果から，日系人史学習の多文化教育的性格を二点析出することができる。

　第一点は，日系人史学習の基本的志向が，政府（国家）の行った不正義への異議申し立てによる，民主主義社会及びその歴史認識の問い直しの提起である点である。この志向性は，教師用指導書の授業案に比較的顕著に表れて

いる。強制収容を，民主主義「国家」アメリカの根本原理である憲法で補償されている人権の侵害として，国家の無謬性を前提とした「正義の国アメリカ」というイメージを作り上げてきたこれまでの歴史教育とそれによって形成される歴史認識への批判である。従来の合衆国史という国家史の枠組みを批判し，民主主義思想の具現として「アメリカ社会」の歴史という枠組みを提起していると捉えることができる。これは，「文化的に多様な国民がすべて平等に参加できる国家形成をめざす新しい統合の原理」(森茂, 1981: 20) である多文化主義の主張と合致している。

第二点は，日系人史学習を，憲法学習と結合させることによって普遍化している点である。つまり，日系人の強制収容体験をすべてのアメリカ人が学ぶべき内容としている。本節では，歴史学習の授業案を直接的な研究対象としたが，日系人史学習を含む日系人学習の教材には，1988年のロナルド・レーガン (Reagan, R.W.) 大統領による強制収容補償法への署名，1989年のジョージ・ブッシュ (Bush, G.H.W.) 大統領による補償に充てた経費請求への署名という一連の戦後補償問題が学習内容とされている。日系人史学習はいわば，歴史的経験としての強制収容に焦点をあてた学習であり，当然憲法に基づく戦後補償をも視野に入れている。特に教師用指導書は，憲法学習としての側面も強調しており，日系人の収容経験の学習後にかならず，人権の問題に立ち返って考える活動を組んでいる。

このことから，日系人史学習が以下の二つを志向していると捉えられる。第一は，歴史的事実としての不正義を明確にし，最終的には戦後補償による最終的な「アメリカ民主主義」の勝利という歴史認識を育成しようとしていることである。つまり日系人という一マイノリティ集団の経験を学習することに留まらず，むしろ，上記のことを学習するのに有効な典型的事例として位置づけているのである。もう一つは，日系人が，強制収容から戦後補償運動を通して，「日系」であるというアイデンティティを保持しながら極めて強く「アメリカ化」した事実を基にして，マイノリティ集団の「アメリカ化」の新たな一形態として位置づけられることである (竹沢, 1994: 240-241)。アングロ・アメリカ化とは異なった「アメリカ化」の形態として，他の多くのマ

イノリティ集団の「アメリカ化」に資すると考えられる。

最後に、日系人史学習の課題について二点言及する。

第一点は、学習内容の強制収容所体験と補償運動への偏重である。森茂・中山の研究で明らかになったように、日系人史学習だけでなく日系人学習全体においても、その学習内容が極度に強制収容所体験と補償運動に偏っている。これは、極めて日系人特有の経験である強制収容と補償運動が、上記の新たな「アメリカ化」を創出したためである。しかしながら、日系人のアメリカにおける歴史的経験はこの二つに限定されるものではなく、1869年の若松コロニーへの入植以降の歴史的経験も学習内容に組織される必要がある。日系人史全体の中で、強制収容と補償運動を位置づけることで、強制収容の問題性をより本質的に追究できると思われる。

第二点は、歴史的因果関係及び時代背景における日系人史の位置づけの不明確さである。これは、上記の課題の第一点にも関係するが、日系人史学習の内容の偏重ゆえに、強制収容という歴史的事実を、第二次世界大戦の推移や国際的な関係から位置づける視点が弱い点である。強制収容の原因を人種差別に限定することにより、歴史的因果関係において強制収容を捉える視点が後退してしまう。日系人の悲惨な経験を語り継ぐことだけが目的であるならば、そのような視点は不要であろうが、すべてのアメリカ人が学習すべきものとして日系人史学習を規定するためには、歴史的因果関係や時代背景と関連づけた位置づけが必要であろう。

【註】

1 「新しい社会史」は、その発展・拡張過程において、アメリカ先住民を含む社会的・人種的・民族的マイノリティの歴史を内包する視点をもっていたと考えられる。アメリカにおける社会史研究は、その対象分野を、黒人史からインディアンその他のマイノリティ史、移民史、労働史、女性史、家族史、都市史へと連鎖反応的に急速に拡大した。そしてそれらのさまざまな歴史が、全体としてアメリカ史の主潮流をなしてきた政治史・経済史・外交史・思想史に取って代わる「新しい社会史」を形成したのである。「新しい社会史」を最も「新しい歴史学」として特徴づけるのは、研究対象、史料、方法の拡大である。しかしながら、それは単

第4章 「新しい社会史」と政治史の総合による多文化的歴史カリキュラム　141

なる並列的な拡大を意味するものではなく，その思想的基盤において，既存の価値体系の変革を志向していたのである。
2　ビアードらによる20世紀初頭の進歩主義的な「新しい歴史学」と，1960年代以降に隆盛をみた「新しい歴史学」はある一定の区別をもって論じられる。1960年以降の「新しい歴史学」は，フランスのアナール学派の強い影響を受けた歴史であり，専門分化された「新しい」諸歴史の緩やかな連合体の総称である。「新しい社会史」も，1960年代以降の「新しい歴史学」の中核的役割を担う歴史学である。
3　ここでいう「文化」とは，「公的世界 (public world)」における文化ではなく，むしろ，「個人的世界」もしくは「共同体的世界 (gemeinschaftilich world)」における文化をさす。
4　二宮宏之は，政治的要因の再評価を，社会史の発展の一段階と見なしている。社会史が政治権力から生活世界へと視点を転換する中で，政治的要因を意識的・無意識的に排除することは，いたしかたないことであり，それも一段階とする。二宮は，一度排除した政治的要因を再び重要な要因として見直すプロセスを，社会史の発展の過程と見なす。そして，それまでの政治的要因重視とは異なる，新しい政治的要因の重視の必要性を主張しているのである（二宮，1994: 52-53）。
5　多文化的歴史教育と銘打った授業実践のためのトピック集や指導案，教科書は現在，相当数目にすることができるが，理論研究，特に多文化的合衆国史教育に関する研究は，非常に少ない（Klopfer, 1987: 274-275）。同様に日本における多文化的合衆国史教育に関する研究も少数である（桐谷，1993: 11-21）。
6　シュレジンガー Jr. はその作業部会の報告書において部会の報告に対し，反対意見を寄せている（Schlesinger, Jr.,1991: 45-47）。
7　1994年以降は，アメリカの多くの州が「新しい社会史」の内容が含まれた多文化的歴史カリキュラムを開発することになる。それは，第5章第2節で取り上げる「合衆国史ナショナル・スタンダード」の影響であるが，ニューヨーク州カリキュラムはそれに先立って開発されたものである。
8　ニューヨーク州の改訂された社会科カリキュラムは，K–6学年までは，「社会科カリキュラム (Social Studies Curriculum)」であり，7–12学年までは「社会科シラバス試案 (Social Studies Tentative Syllabus)」である。そこで，K–12学年全体の場合は社会科カリキュラムと呼ぶこととする。
9　特に，K–6学年段階のプログラムで重視されている。
10　この点に関しては，1995年2月22日に，ニューヨーク州教育局において，カリキュラム改訂の責任者の一人であり，社会史家でもあるジョアン氏(Joanne, L.)

と社会科担当官のギャリー氏 (Garry, W.) へのインタビューにより同意を得た。

11　本論文では，単一民族学習としての日系人学習の中で，日系人の歴史的経験に焦点を充て，歴史学習として開発されたものを日系人史学習と呼ぶ。

【引用文献】

有賀夏紀 (1990)「『新しい社会史』の功罪──アメリカ歴史学の功罪」本間長世・亀井俊介・荒川健三郎編『現代アメリカ史像の再構築　政治と文化の現代史』東京大学出版会

遠藤泰生 (1993)「新たな政治史の胎動──はしがきにかえて」遠藤泰生・金井光太郎・山田史郎・肥後本芳男・鵜月祐典・佐々木孝弘・松岡泰・太田和子著，『常識のアメリカ・歴史のアメリカ──歴史の新たな胎動』木鐸社

岡本智周 (2001)『国民史の変貌──日米歴史教科書とグローバル時代のナショナリズム』日本評論社

桐谷正信 (1993)「『内なる国際化』に対応した歴史教育の可能性──歴史教育における多元的アプローチ」『社会の変化に対応する社会科教育の研究』筑波大学教育学系社会科教育学研究グループ研究論文集（研究代表：篠原昭雄）

竹沢泰子 (1994)『日系アメリカ人のエスニシティ──強制収容と補償運動による変遷』東京大学出版会

二宮宏之 (1994)『歴史学再考──生活世界から権力秩序へ』日本エディタースクール出版部

本田創造編 (1989)『アメリカ社会史の世界』三省堂

本間長世 (1990)「現代アメリカの政治と文化」本間長世・亀井俊介・荒川健三郎編『現代アメリカ史像の再構築　政治と文化の現代史』東京大学出版会

三浦軍三 (1977)「A Study of the Contributions of Arthur William Dunn to American Civic Education Birth」『香川大学教育学部研究報告』第一部，第43号

森茂岳雄 (1981)「アメリカにおける文化多元主義と社会科教育」『教育学研究集録』第5集

森茂岳雄・中山京子 (1998)「多文化社会アメリカにおける国民統合と日系人学習──日系人学習の授業案の分析」『東京学芸大学紀要　第3部門　社会科学』第49集

A Round Table: Synthesis in American History. (1987) *The Journal of American History*. vol.74, No.1.

AHR Forum: The Old History and the New. (1989) *The American Historical Review*. vol.94,

No.3.

Bender, T. (1984) The New History-Then and Now. *Reviews in American History*. vol.12, No.4.

Bender, T. (1986) Wholes and Parts : The Need for Synthesis in American History, *The Journal of American History*. Vol.73, No.1.

Degler, C. N. (1987) In Pursuit of an American History. *The American Historical Review*. vol.92.

Gutman, H. (1991) Whatever Happened to History. *The Nation*. No.21.

Himmelfarb, G. (1987) *The New History and Old*. Harvard University Press

Holf-Wilson, J. (1985) The Plight on Mom and Pop Operation. *OAH Newsletter*. No. 13.

Japanese American Citizens League National Education Committee, (1994) *CURRICULUM AND RESOURCE GUIDE ; The Japanese American Experience : A Lesson in American History*.

Klopfer, G. (1987) A Multicultural Approach to High School History Teaching. *The Social Studies*. vol.78, No.6.

Monkkonen, E. H. (1986) The Dangers of Synthesis. *The American Historical Review*. vol. 91, No. 5.

National Japanese American Historical Society, (1992) *Teacher's Guide; The Bill of Rights and the Japanese American World War II Grades4-12*.

New York City Public Schools. (1990a) *Grade 7 United States and New York State History: A Multicultural Perspective*, Vol. Ⅰ. Board of Education of the City of New York.

New York City Public Schools. (1990b) *Grade 7 United States and New York State History: A Multicultural Perspective*, Vol. Ⅱ. Board of Education of the City of New York.

New York City Public Schools. (1990c) *Grade 7 United States and New York State History: A Multicultural Perspective*, Vol. Ⅲ. Board of Education of the City of New York.

New York City Public Schools, (1994a) *Grade 8 United States and New York State History: A Multicultural Perspective*, Vol. Ⅰ. Board of Education of the City of New York

New York City Public Schools, (1994b) *Grade 8 United States and New York State History: A Multicultural Perspective*, Vol. Ⅱ. Board of Education of the City of New York

New York City Public Schools, (1995) *Grade 7 United States and New York State History: A Multicultural Perspective*, Vol. Ⅲ. Board of Education of the City of New York

New York State Education Department, (1987a) *Social Studies Program 6*.

New York State Education Department. (1987b) *Social Studies Tentative Syllabus, 7&8 ;*

United States History and New York State History.

Painter, N. I. (1987) Bias and Synthesis in History. in Round Table: Synthesis in American History. *The Journal of American History*. vol.74, No.1.

Ravich, D.and Schlesinger, Jr. A. et al. (1990) New York StateStatement of the Committee of Scholars in Defense of History, *Perspectives; American Historical Association Newsletter*. Vol.28, No.7.

Ravich, D. (1991) History and the Perils op Pride. *Perspectives; American Historical Association Newsletter*. vol.29, No.3.

Schlesinger, Jr. A. M. (1991) Report of The Social Studies Syllabus Review Committee: A Dissenting Opinion. in *One Nation, Many People : A Declaration of Cultural Independence. The Report of the New York State*. Social Studies Review and Development Committee. New York State Education Department.

Schlesinger, Jr. A. M. (1992) *The Disuniting of America: Reflection on a Multicultural Society*. Norton edition. (アーサー・シュレンジンガー, Jr. 著, 都留重人監訳 (1992)『アメリカの分裂——多元文化社会についての所見』岩波書店)

Stearns, P. N. (1982) Social History and the Teaching of History. in Matthew T. D. ed., *Teaching American History: New Directions*. DC. NCSS No.67.

Stearns, P. N. (1983) The New Social History : An Overview. in J. B. Gardner and G. R. Adams. eds., *Ordinary People and Everyday Life: Perspectives on the New Social History*. The American Association for State and Local History.

Stearns, P. N. (1988) Social History in the American History Course: Whats, Whys, and Hows. in Bernard R. G. ed. *History in the Schools: What Shall We Teach?*: Macmillan Publishing Company.

Survey of Public Education in Urban School Districts, (1991) National School Boards Association.

第5章　多文化的歴史カリキュラムにおける「多様性」と「統一性」

　前章では，1980年代後半の「新しい社会史」と政治史の「新たな総合」に基づいて開発された1987年版ニューヨーク州合衆国史カリキュラムと日系人史学習プログラムを分析し，「新しい社会史」に基づく多文化的歴史教育が，ヨーロッパの民族集団によるアメリカ史ではなく，マイノリティ集団を含んだ諸民族集団の文化的・政治的な「貢献」によるコミュニティ形成という視点からアメリカ史を捉えていることを明らかにした。それは，「多様性の中の統一」における歴史認識とは何か，というアメリカ歴史教育の本質課題に対する一つの解答であった。

　「新しい社会史」に基づいてマイノリティの文化的・人種的・民族的・社会的多様性を公的な歴史カリキュラムにおいて重視することは，「多様性の中の統一」の「多様性」に比重を移すことであり，それが公的な歴史カリキュラムにおいてなされたことの衝撃は大きかった。それゆえ，1980年代後半以降，アラン・ブルーム (Bloom, A.) やハーシュ，シュレジンガー Jr. らによって多文化主義・教育の隆盛に対する批判が相次いでなされ始め，多文化主義者との間に激しい多文化主義論争が展開された。この論争は多様であるアメリカを統一するための核を何にするかという問いへの答えを模索する論争であった (森茂, 1996: 21)。ニューヨーク州の合衆国史カリキュラムは，その論争の争点の一つとなり，1987年に改訂された合衆国史カリキュラムの再改訂に向けての検討が開始され，1995年に新たな合衆国史スタンダードを開発されたのである。

　本章では，1995年に改訂されたニューヨーク州合衆国史スタンダードとその改訂過程の分析を通して，「新しい社会史」に基づく多文化的歴史カリ

キュラムにおける「多様性」と「統一性」がどのように変化したかを明らかにする。具体的には、合衆国史カリキュラムの再改訂過程における「多様性」に対する価値の転換を明らかにする（第1節）。次に、1995年版合衆国史スタンダードの開発に影響を与えた合衆国史ナショナル・スタンダードが、「新しい社会史」に基づいて内容構成がなされていることを明らかにする（第2節）。次に、1995年に開発されたニューヨーク州合衆国史スタンダードの内容構成を分析する（第3節）。

第1節　ニューヨーク州社会科カリキュラム改訂における「多様性」に対する価値の転換

(1)「マイノリティ」部会勧告における民族中心的な「多様性」の尊重

　1987年版社会科カリキュラムは、多文化教育を基本的前提としているため、アメリカの「多様性」の理解・尊重にその重点が置かれている。「多様性」に積極的な意味を見いだし、従来のWASP的価値への一元化を転換することが1987年版カリキュラムの基本的方向性であったといえる。しかしながら、マイノリティの利益団体からマイノリティの歴史と文化に関する記述の不足が指摘され、より多文化的な改訂の要求が出された。州教育局は教育長トーマス・ソボル (Sobol, T.) を中心に州社会科カリキュラムの再改訂のための作業に着手した[1]。1987年7月、「マイノリティ作業部会——公正と卓越性——（Task Force on Minority: Equity and Excellence）（以下、「マイノリティ」部会と略）」が設置され、1987年版社会科カリキュラムのマイノリティの視点からの検討が始められた。

　州教育評議会から「マイノリティ」部会に、以下のような目的が提示された (The Task Force on Minorities: Equity and Excellence, 1989: 7)。

> 「すべての個々の生徒が、人種、性、文化的遺産、出身国、宗教、政治的・経済的・社会的背景、彼ら固有の価値、信念、態度が異なった人々を、理解し、尊重し、受容できる能力を発達させること。」

　つまり、多文化主義に基づいてアメリカの多様性と差異性を理解し、尊重し、受容できる生徒の育成に資するカリキュラム改訂のための勧告をする

ことが求められたのである。「マイノリティ」部会は，改革の必要性の原因をアメリカの教育全体におけるアングロ・サクソン中心主義にあると位置づけ，その是正によって州教育評議会から提示された目的に応えようとした。その是正は，WASP的価値への一元化によって引き起こされたマイノリティの子どもへの精神的抑圧からの解放と自尊心の回復が目的とされ，これまでの教育を以下のように批判する (The Task Force on Minorities: 1989: 6)。

>「アフリカ系アメリカ人，アジア系アメリカ人，プエルトリコ系／ラテン系アメリカ人，アメリカ先住民はみな，数世紀にわたって合衆国及びヨーロッパ系アメリカ人世界の諸制度——教育制度を含む——を特徴づけてきた文化的抑圧及びステレオタイプの犠牲となってきた。…〈中略〉…これらの特徴づけは，すべての文化のアメリカ人——すなわち，疎外され価値を下げられてきたマイノリティ文化のメンバーと，排他的で過大評価されてきたマジョリティ文化の人々——に対する知的犠牲と誤った教育に貢献してきた。」

上記の認識に立ち，「マイノリティ」部会による1987年版社会科カリキュラムの検討は，主に合衆国史・ニューヨーク州史に集中している (The Task Force on Minorities, 1989: 36)。それは，マイノリティは歴史において犠牲者であり，その正当な地位を歴史において獲得することが，公正なカリキュラム開発であると考えたからである。「マイノリティ」部会は，第7-8学年「合衆国史・ニューヨーク州史」シラバスに対し，マイノリティの経験が省略され歴史の周辺に位置づけられている例として，「独立戦争におけるアフリカ系アメリカ人の果たした役割が欠如している」(The Task Force on Minorities, 1989: 25) ことを挙げ，批判している。補足資料で，上記四つの民族集団 (アフリカ系アメリカ人，アジア系アメリカ人，プエルトリコ系／ラテン系アメリカ人，アメリカ先住民) の視点から各顧問 (Consultant) が，合衆国史・ニューヨーク州史を分析し，さまざまな民族集団の貢献の強調の必要性を説く報告書 *"A Curriculum of Inclusion"* を作成したのである (The Task Force on Minorities, Appendix 4-7, 1989: 7-74)。

「マイノリティ」部会は，社会科カリキュラムの多文化化の方向性をある程度評価しながらも，「多くのカリキュラム資料が，形式においては多文化

主義を提示しているが,実態が伴っていない。」(The Task Force on Minorities, 1989: 20)とその限界を指摘する。そして,その原因を,現在進行しているカリキュラムの多文化化が「ヨーロッパ中心的な多文化主義」(The Task Force on Minorities, 1989: 21) であると指摘し,十全ではないとする。最終的に,「マイノリティ」部会は,カリキュラムにおいて,アフリカ系アメリカ人,アジア系アメリカ人,プエルトリコ系／ラテン系アメリカ人,アメリカ先住民の四つのマイノリティ集団を,ヨーロッパ系アメリカ人と同等に扱うことによって,上記の四集団の子どもが高い自尊心と自己尊重をもてるようにカリキュラムを改訂すべきであるという勧告を行った (The Task Force on Minorities, 1989: iv)。

「マイノリティ」部会の勧告は,カリキュラム内容におけるヨーロッパ系アメリカ人の歴史・文化への一元化から脱却し,四つのマイノリティ集団の歴史・文化をカリキュラム内容に取り入れるよう勧告しており,「多様性」の尊重を重視している。しかし,改訂の趣旨が,マイノリティの子どもの自尊心と自己尊重の回復に置かれており,この勧告は,保守派歴史学者から強固な批判を受けた。保守派歴史学者は,「歴史を守る学者の会 (The Committee of Scholars in Defense of History)」を発足させ,「マイノリティ」部会のマイノリティ中心の多文化主義的な勧告に対して,AHAのニューズレターなどを中心に「社会的・心理的治療」(Ravitch and Schlesinger, Jr. A. et al., 1990: 15) と批判キャンペーンを展開した。その中核であるラヴィッチは,子どもたちの自尊心や民族的プライドを強化することを目的とする歴史を,「パンドラの箱を開ける」ようなことであり,それは,「多文化主義ではなく民族中心主義カリキュラムである」(Ravitch, 1991: 12) と痛烈に批判している。シュレジンガー Jr. も,多文化的歴史 (特に,アフリカ中心主義的歴史) を,「アメリカの歴史理論をひっくり返す」(Schlesinger, Jr., 1991a: 16, 訳書, 1992: 9-10) ものであり,アメリカ史を「分裂」させると批判する。

(2) 「社会科改訂・開発委員会」勧告における「統一性」への配慮

「マイノリティ」部会の行った社会科カリキュラムによる一層の多文化化のための勧告を受けて,1990年に州教育評議会は,具体的なカリキュラム

改訂のために,「ニューヨーク州社会科改訂・開発委員会 (The New York State Social Studies Review and Development Committee) (以下,社会科改訂・開発委員会と略)」を設置した。その成果として社会科改訂・開発委員会は,1991年6月に *One Nation, Many Peoples: A Declaration of Cultural Independence* と題する報告書を教育評議会に提出した。社会科改訂・開発委員会は,現在の州社会科カリキュラムを改訂し,生徒のアメリカの歴史と文化 (アメリカ社会の今日を構成する多様な集団の文化,アイデンティティ,歴史,世界中の他の人々の文化) に関する理解の増進を志向するために教育長に勧告をすることが求められた (The New York State Social Studies Review and Development Committee, 1991: vi)。社会科改訂・開発委員会の基本方針は,多文化主義に基づく「多様性」の尊重であり,「多文化的社会科教育の実現」(The New York State Social Studies Review and Development Committee, 1991: 13) である。この点において,委員会は先の「マイノリティ」部会勧告の基本的志向を継承しており,そのことは以下の *One Nation, Many Peoples* の「序文」の文言にみることができる (The New York State Social Studies Review and Development Committee, 1991: xi)。

> 「合衆国は多様な人々にとって,偉大な安全な避難所であってきたのであるが,常に多様な文化を保護してきたわけではない。この国は,多数の国籍にその扉を開けてきたが,しばしば,彼らの文化は存続を援助されず,もしくはよくても主流派に対して周辺を維持してきた。…(中略)…この変化に伴い,この国の人種的・民族的多元主義の強調が必要とされ,アングロ・アメリカ人への同化という過去の理念は疑問視され,現在では多少の痛みを伴いながら,ゆっくりとその地位を後退させてきた。」

上記のように社会科改訂・開発委員会は,「アングロ・アメリカ人への同化という過去の理念」の後退を明言し,アメリカを多文化社会と捉える方向性を打ち出している。しかしながら,前述の「マイノリティ」部会の報告書である *A Curriculum of Inclusion* の打ち出したマイノリティ中心の多文化主義的な「多様性」の尊重に対する歴史家による痛烈な批判キャンペーンとそれをめぐる論争を経て,*One Nation, Many Peoples* では,「多様性」と同時に「統一性」

の尊重も重視されている。社会科改訂・開発委員会は，社会科の概念的基礎として，「多様性」を前提とした共通文化の重要性を「民族的・人種的多様性の増大は，共通の文化的基盤の探究を，以前より重要なものにした。」といっている (The New York State Social Studies Review and Development Committee, 1991: 6)。

この「多様性」と「統一性」の両者の尊重は (The New York State Social Studies Review and Development Committee, 1991: vi)，社会科改訂・開発委員会が規定したカリキュラム改訂のための八つの「教授と学習の原理」の第2原理「(文化的) 包括のために精選された教材の内容は，諸集団内と諸集団間の多様性と統一性を表している必要がある。」(The New York State Social Studies Review and Development Committee, 1991: 12) においても表れている。

このように先の「マイノリティ」部会勧告と比較して，社会科改訂・開発委員会の報告書では，明らかに多文化主義における価値の重心が，「多様性」のみへの尊重から，「多様性」と「統一性」の両者の尊重へと移行してきていることが分かる。しかし，委員の一人であるケネス・ジャクソン (Jackson, K. T.) は，委員会の報告書に対し，より「統一性」に向けての共通文化の必要性を訴え，以下のような反対意見を述べている (Jackson, 1991: 39)。

> 「確かに，我々はアメリカ人が共有する共通文化を賞揚すべきである。不幸にも，我々の報告書は，『アングロ』文化への同化を非難しているように見受けられる。…〈中略〉…本報告書は，すべての文化が平等に創られていることへの注目を強調している。それはおそらく概略として真実であろうし，哲学的概念としては何ら問題はない。しかし，私は本報告書の副題である *Declaration of Cultural Independence* を是認することはできない。どのような一国家内でも，一つの文化が規準として受容されなくてはならない。」

同様に，委員会の顧問であるシュレジンガー Jr. も，報告書を「統一性」よりも「多様性」に偏っていると批判する (Schlesinger, Jr., 1991b: 45-46)。

> 「民族論的解釈は，アメリカの歴史理論を逆行させるものである。——それは，古い文化やアイデンティティの保存・神聖化ではなく，新しいナショナル・カルチャー，新しいナショナル・アイデンティティの

創出である。…（中略）…共和政体は多様性 (pluribus) と統一性 (unum) の間のバランスを維持することによって存続し，また発展してきたのである。本報告書は，多様性で満たされており，統一性を顧慮していないように私にはみえる。…（中略）…ほとんどの移民は，望んでアメリカ人になろうとしたのであり，アメリカのナショナル・カルチャー，ナショナル・アイデンティティの創出へ参加しようとしたのである。」

　州教育長ソボルは，報告書に基づき Understanding Diversity と題する最終的な勧告を提出した。最終勧告は，報告書に対するジャクソンとシュレジンガー Jr. の批判を受け，報告書以上に「多様性」と「統一性」の両者が尊重され，「我々，人民(We, the People)」という共通価値の再認識(Sobol, 1991: 17)が強調されている。勧告は，「多文化教育が一般や報道で誤解されたているため」として，次頁の表23のように「勧告しないこと」も併記されている (Sobol, 1991: 12)。

　この勧告された内容には，「我々の西洋の政治的・法的価値と伝統の中心的位置の正当な評価」や「我々の共通の民主的アメリカの主流派による偉大な統一性の推進」などが明記され，マジョリティのヨーロッパ的価値が再評価され，「統一性」への配慮がなされている。同時に，「我々の統一性と多様な民族性や多様な文化の子孫としての差異性の両者の理解を発達させる」や「アメリカの歴史と今日の社会を理解するのに必要な一方法として──唯一の視野としてではなく──民族的・文化的差異への注目」などが明記され，文化的・民族的「多様性」を重視する姿勢を示している。

　「勧告しない」とされた内容をみると，「西洋の伝統の破棄」「アフリカ中心的カリキュラム」「民族性への歓呼と民族的分離主義」「歴史の歪曲」「自尊心のためのカリキュラム」「民族性と文化にだけ基づくアメリカ史学習」が明記され，「統一性」を損なう過度に「多様性」には偏向しない姿勢を示している。これらの「勧告しない」とされた内容は，すべてニューヨーク州の多文化的な合衆国史カリキュラムと One Nation, Many Peoples に対してなされた批判の内容である。「アフリカ中心的カリキュラム」と「民族性と文化にだけ基づくアメリカ史学習」は主にシュレジンガー Jr. の批判への対応であり，「歴史の歪曲」と「自尊心のためのカリキュラム」は，ラヴィッチやシュレジンガー

表23 "Understanding Diversity" における勧告と非勧告

勧 告	勧告しないこと
我々の西洋の政治的・法的価値と伝統の中心的位置の正当な評価。	西洋の伝統の破棄。
バランスのとれたカリキュラム。それは，一つの社会としての我々の統一性と多様な民族性や多様な文化の子孫としての差異性の両者の理解を発達させるものである。	アフリカ中心的カリキュラム。
生徒に各集団の欠点と美点を伴った歴史の真実を全体として語ること。及び部分的には我々の相異性のより深い理解を通して，我々の共通の民主的アメリカの主流派による偉大な統一性の推進。	民族性への歓呼と民族的分離主義。
歴史的事実への忠実性と平衡性。それは，我々の子孫に，より一層，我々に関する真実を教えることである。	歴史の歪曲。
理解と知的能力を促進するためのカリキュラム	自尊心のためのカリキュラム。
アメリカの歴史と今日の社会を理解するのに必要な一方法として（唯一の視野としてではなく）民族的・文化的差異への注目。	民族性と文化にだけ基づくアメリカ史学習。

Jr. を中心とする「歴史を守る学者の会」の批判への対応である。「勧告しない」とされた内容は，それらの批判への対応ではあるが，ニューヨーク州合衆国史カリキュラムの基本的方向性が，分離主義的な多文化教育に基づくものではなく，「多様性」と「統一性」のバランスの上に成り立っていることを示そうとしたのである。

第2節　合衆国史ナショナル・スタンダードにおける多文化的歴史教育と「新しい社会史」

(1)「合衆国史ナショナル・スタンダード」開発の背景

ニューヨーク州のカリキュラム改訂と同時期に，アメリカの国家的規模での初等・中等教育改革の一環として，一貫性をもって全国統一的なナショナル・カリキュラムの開発が進められた。これは，これまでの州単位の地方分権制から連邦政府主導の統一的なカリキュラム開発へとその基本原理を転換

するものであった。「多様なるアメリカ」としての「統一性」を保持するために，国家レベルの公的カリキュラムの開発を求めたのである。ナショナル・スタンダードの開発の直接的な契機は，1989年の全米知事評議会（National Governors' Association）のサミットであるとされる（National Center for History in the Schools, 1994a: iii）。当時の大統領であるジョージ・ブッシュ（Bush, J. H. W.）大統領の呼びかけで，知事サミットが開催され，幼稚園から高等学校段階までの一貫した歴史教育のための新たなスタンダードを作ることの必要性が認識・確認されたことによる。直接的な契機は1989年のこの知事サミットであるが，このナショナル・スタンダードの開発は，1980年代のレーガン大統領政権下での教育改革の延長線上にある。1981年に発足した共和党レーガン政権は，1970年代後半からのアメリカ経済の衰退を国家の危機と位置づけ，経済回復優先の政策をとった。そして，アメリカ経済の衰退の主要因を，教育水準の低下にあると捉えたのである。それまでの民主党政権下で進められてきた「平等（equality）」重視の教育政策を，「卓越性（Excellence）」重視の保守主義的教育政策へと転換した。政権発足半年後に「教育における卓越性に関する全米審議会（National Commission on Excellence in Education）」を発足させ，2年後の1983年には最終報告書『危機に立つ国家（*A National at Risk: The Imperative for Educational Reform*）』が出された。1980年代の教育改革はこの『危機に立つ国家』に基づいて展開されていくのであり，ナショナル・スタンダードの開発は，この国際経済におけるアメリカの危機を保守主義的な教育改革によって克服しようとした一連の流れの終着点である。この教育改革の潮流における歴史教育改革に関する報告書としては，先述した「歴史を守る学者の会」の中心人物の一人であるラヴィッチとチェスター・フィン（Finn, Jr. C. E.）による『17歳は何を知るべきか（*What Do Our -17-Year- Old Know?*）』と，ポール・ギャニョン（Gyanon, P. A.）を中心とする「学校における歴史に関するブラッドレー委員会（Bradley Commission on History in Schools）」による『歴史カリキュラムの確立――学校における歴史教育のためのガイドライン（*Building A History Curriculum: Guideline for teaching History in Schools*）』が大きな影響力をもっていた。両報告書とも1987年に刊行されている。ブラッドレー委員会には，ラヴィッチもメンバーとして

参加しており，この時期の歴史教育改革にはラヴィッチの保守主義的な考えが強く反映している[2]。

上記のような1980年代の保守主義的な教育改革の展開を背景に，1989年に知事サミットの提言を受けて，「全米学校における歴史教育センター(National Center for History in the Schools)(以下，NCHSと略)」が，カリフォルニア州立大学ロサンゼルス校内に同校歴史学教授のゲイリー・ナッシュ(Nash, G. B.)とシャーロット・クラブツリー(Crabtree, C.)を中心として発足した。NCHSは，連邦教育省と全米人文基金(National Endowment for the Humanities)からの資金援助をもとに，1992年より合衆国史ナショナル・スタンダードの開発を開始した。このプロジェクトは，ビル・クリントン(Clinton, W. J. B.)大統領が1994年に統一的な全米共通の教育内容を各教科で作成することを規定した「2000年の目標：アメリカ教育法(*Goals 2000: Educated American Act*)」(Public Law 103-227, 1994)の制定により，法制度的な正当性を確保した。同法は，統一的な全米共通の教育内容を各教科で作成することを規定しており，社会科に関しては，1994年に『地理ナショナル・スタンダード』(Geography Education Standards Project ed., 1994)，『公民・政治ナショナル・スタンダード』(Center for Civic Education ed., 1994)が開発されている。しかし，歴史に関してのみ，複数開発されている。具体的には，「K-4学年用歴史ナショナル・スタンダード――拡大編」(National Center for History in the Schools ed., 1994a)，「合衆国史ナショナル・スタンダード――拡大編」(National Center for History in the Schools ed., 1994b)，「世界史ナショナル・スタンダード――拡大編」(National Center for History in the Schools ed., 1994c)が開発されている。

(2) 歴史ナショナル・スタンダードの改訂における多文化的歴史教育

本項では，「合衆国史ナショナル・スタンダード」を取り上げ，分析する。しかし，「合衆国史ナショナル・スタンダード」は，二つのある。一つは，先述した1994年に開発された「合衆国史ナショナル・スタンダード――拡大編(以下，「1994年版スタンダード」と略)である(**表24**を参照)。

もう一つは，「K-4学年用歴史ナショナル・スタンダード――拡大編」，「合

表24 「1994年版スタンダード」の概要

時代1	三つの世界の邂逅 (起源 -1620年)
時代2	植民地建設と入植 (1585年-1763年)
時代3	革命と新国家 (1754年-1820年代)
時代4	拡大と改革 (1801年-1861年)
時代5	南北戦争と再建 (1850年-1877年)
時代6	工業国合衆国の発展 (1870年-1900年)
時代7	近代アメリカの出現 (1890年-1930年)
時代8	大恐慌と第二次世界大戦 (1929年-1945年)
時代9	戦後の合衆国 (1945年-1970年代)
時代10	現代の合衆国 (1968年-現在)

National Center for History in the Schools ed., 1994b より執筆者作成。

衆国史ナショナル・スタンダード——拡大編」,「世界史ナショナル・スタンダード——拡大編」の三つの歴史系スタンダードを一つにまとめて, 1996年に開発された「歴史ナショナル・スタンダード——基礎編」(National Center for History in the Schools ed., 1996, 冨所訳, 1998) の第2部第3章部分 (以下, これを「1996年版スタンダード」とする)である (**表25**の網掛部分)。これは,「1994年版スタンダード」の改訂版にあたる。「歴史ナショナル・スタンダード——基礎編」の第1部が「K-4学年用歴史ナショナル・スタンダード——拡大編」の改訂版であり, 第2部第4章が「世界史ナショナル・スタンダード——拡大編」の改訂版にあたる。

　なぜ, 歴史系ナショナル・スタンダードだけ, 2年という短い期間に改訂されたのであろうか。それは, 1994年版スタンダードにおいて提示されている「学習事例」の内容が, 多文化的(すなわち諸マイノリティ集団の役割が強調され)すぎているという批判が出され, それを契機として全米で大きな論争が展開されたからである (森田, 1995: 53-58; 1997: 41-50)。それは,「合衆国史」の内容構成は, 単なる一教科の教育内容の配列や選択の問題に留まらず, 多文化社会におけるアメリカ国民の歴史認識そのものであり, ナショナル・アイデンティティのあり方を左右するものだからである。この批判は, 1980年代後半より始まっていた多文化主義論争と相俟って拡大し, ついには連邦議会まで動かしたのである。1995年1月18日, 連邦議会上院において「1994年版

表25 「1996年版スタンダード」の概要

第1部:歴史ナショナル・スタンダード(K-4)			時代6	工業国合衆国の発展 (1870-1900年)
第1章	K-第4学年における生徒のための歴史スタンダードの開発		時代7	近代アメリカの出現 (1890-1930年)
第2章	歴史的思考におけるスタンダード		時代8	大恐慌と第二次世界大戦 (1929-1945年)
第3章	K-第4学年のための歴史スタンダード		時代9	戦後の合衆国 (1945-1970年代)
	トピック1	家族、コミュニティにおける生活と協同労働	時代10	現代の合衆国 (1968-現在)
	トピック2	生徒の住む州もしくは地域の歴史		
	トピック3	合衆国史:民主主義の原理と価値と文化的・経済的・政治的遺産に貢献した多くの合衆国国民	第5-12学年のための世界史スタンダード	
	トピック4	世界中の多くの文化の人々の歴史	時代1	人類社会の発生
第2部:合衆国史・世界史ナショナル・スタンダード (5-12)			時代2	古代文明と牧畜の出現、B.C.4000年-B.C.1000年
第1章	合衆国史・世界史スタンダードの開発		時代3	古典伝承、主要宗教、巨大帝国、BC.1000-AD.300年
第2章	歴史的思考におけるスタンダード	第4章	時代4	交易と衝突の領域の拡大、300-1500年
第3章	第5-12学年のための合衆国史スタンダード		時代5	半球上での相互作用の増大、1000-1500年
	時代1	三つの世界の邂逅 (起源-1620年)	時代6	最初のグローバル時代の到来、1450-770年
	時代2	植民地建設と入植 (1585-1763年)	時代7	革命の時代、1750-1914年
	時代3	革命と新国家 (1754-1820年代)	時代8	危機と成功の半世紀、1900-1945年
	時代4	拡大と改革 (1801-1861年)	時代9	1945年以降の20世紀:約束と逆説
	時代5	南北戦争と再建 (1850-1877年)	全時代に渡る世界史	

National Center for History in the Schools ed., 1996 より執筆者作成。

スタンダード」の採択を妨げるという決議が，99対1の圧倒的大差で認められた (United States Senate, 1995)。ナショナル・スタンダードは法的拘束力をもつものではない上に，教育内容の決定に関して地方分権が前提のアメリカにおいては，本来であればナショナル・スタンダードの内容が連邦議会において決議されることはない。その意味で，この決議は異例である。「1994年版スタンダード」の提示した多文化的歴史教育の与えたインパクトがいかに大きかったかが分かる。これらの歴史ナショナル・スタンダードに対する激しい批判は，1980年代の保守主義的教育改革の結実として期待され開発されたはずの歴史ナショナル・スタンダードが，期待とは逆に多文化主義・教育を志向していたためである。連邦政府の教育改革政策に抗する内容構成であったため，異例の決議がなされたのである。

「1996年版スタンダード」は，1994年版スタンダードの「内容スタンダード」の下位に設定されていた「学習事例」が削除され，多文化的色彩が薄められたスタンダードとして開発された。確かに，表24をみても，「1994年版スタンダード」の内容構成の概要や時代区分には，多文化教育の特徴は特に見いだせない。それが表れているのは，各スタンダードとその下位に設定された「学習事例」である。批判の対象となったのは，その「学習事例」であり，取り上げられた事例にマイノリティの歴史的経験が豊富に含まれていたのである。しかし，「1994年版スタンダード」と「1996年版スタンダード」の構成は，論争の焦点となった「学習事例」が削除された以外は同一であり，「1994年版スタンダード」の多文化的性格は，「1996年版スタンダード」に引き継がれている。

(3)「政治史と社会史の混合」による多文化的歴史内容構成

「合衆国史スタンダード」においては，生徒が学習すべき内容としての「歴史的知識」は，人間の活動の様々な領域が対象とされている。具体的には「①社会的領域」「②政治的領域」「③科学／技術的領域」「④経済的領域」「⑤文化的領域」が設定されている。そして，歴史を学習することは，「家族，コミュニティ，州，国家，世界中の多様な人々の歴史を探究すること」であるとし，

人間の現実の生活のさまざまな側面を学習する必要性を提起している。「歴史的知識」の具体的な内容としては，上記の五領域に対応した歴史領域から構成されており，その筆頭に「社会史」が挙げられ，以下のように位置づけられている (National Center for History in the Schools ed., 1994b: 5)。

　「社会史を通して，生徒は社会のより深い理解：家族構造の変化，男性と女性の役割，幼少期と子どもの役割，社会内の多様な集団や階級，これらすべての個人もしくは集団間の関係に到達するようになる。社会的領域では，経済的・宗教的・文化的・政治的変化が社会生活にどのような影響を及ぼすかを考察する。また，多くの人々の運命を形作る以下のような発展をも考察に組み入れる。奴隷制，階級闘争，膨大な数の移民，伝染病，戦争，女性などの歴史や，医療や技術，経済発展に付随する高齢社会の当来の予測，生活水準の上昇などである。」

　上記の社会史の規定において注目すべきは，スタンダードの内容とされる五領域すべてが，社会史において統合されている点である。これは，両スタンダードの基本的方向性として，合衆国史を近代の「国民国家」の発展・成立史として捉えてはおらず，アメリカ合衆国という一つの「社会」の発展・成立史として描き出そうとしていることと関連している。上記の社会史に関する記述は，第4章第1節で明らかにした「新しい社会史」と政治史の「新しい総合」が端的に反映している。1960年代以降隆盛している「新しい社会史」においては，上記の五領域中の四領域，「①社会的領域」「③科学／技術的領域」「④経済的領域」「⑤文化的領域」は，中心的な研究テーマであり，探究の対象であった。その上に，1980年代後半の論争の結果現れてきた「新しい総合」によって「②政治的領域」を組み込んだのである。

　具体的なスタンダードでは，「経済的・宗教的・文化的・政治的変化が社会生活にどのような影響を及ぼすかを考察する」構成が繰り返しとられている。各時代で，常に「経済的・宗教的・文化的・政治的変化」の「社会生活」という「場」に対する影響と，その結果として生じる「日常性」の変化を探究することが求められている。この内容構成の原理は，「1994年版スタンダード」「1996年版スタンダード」とも共通している。この社会史に基づく内容構

成原理は，各学年段階に対応した詳細スタンダードにおいても，一貫して用いられている。この「新しい社会史」と政治史の「新しい総合」は，スタンダードの時代区分においても明確に位置づけられている (National Center for History in the Schools ed., 1996: 45)。

> 「我々は，教師が政治史と社会史の混合を試みる時代区分を称賛することを信じている。その目的は，アメリカ革命，合衆国憲法，南北戦争，進歩主義，ニューディール，冷戦などの合衆国史における政治的事件は，はっきりと，明確にその始まりと終わりを区切らなければならない。しかし，産業革命，労働運動，環境主義，子育てや家族の規模の変化などは，始まりと終わりを明確にすることが不可能であり，それらは革命や南北戦争や恐慌によって規定される時代にまたがっているものだからである。事実，社会史を政治史や制度史に浸透させることを試みている近年の大学の合衆国史の教科書で，戦争や政治改革運動，人口統計の不確定性，文化的・社会的変容を区切る普遍的確定性を規定しえた教科書は一冊もないのである。」

上記のように時代区分においても，社会史と政治史の総合の有効性と必要性が謳われている。具体的な時代区分は，両スタンダードとも10の時代を設定しており，その区切り方は共通している。時代区分における「政治史と社会史の混合」は，両スタンダードの内容構成において随所に見られる。単純な政治史及び制度史上の大事件で区切るのではなく，それらの事件の影響による「社会生活」の質や形態 (経済的・宗教的・文化的要素を含む) の変化を基準として，時代が区切られているのである。

では，「社会史アプローチ」は，具体的に「1994年版スタンダード」の内容にどのように取り入れられているのであろうか。スタンダードは，10の時代区分の下位に各2〜4のスタンダードが設定されている。次頁の**表26**は，各時代のスタンダードをまとめたものである。

「1994年版スタンダード」では，表26に示した各スタンダードの下位に，具体的なスタンダードが設定される。その具体的なスタンダード「時代2 植民地建設と入植」の事例 (表26の網掛部分) を整理したものが**表27**である。

表26　「1994年版スタンダード」の内容構成

時代1	三つの世界の邂逅（起源－1620年）
スタンダード1	1450年代以降相互交流が増大したアメリカ大陸，西ヨーロッパ，西アフリカの諸社会の特徴
スタンダード2	初期のヨーロッパ人の探検と植民は，どのような文化的・生態学的相互作用をもたらしたか。

時代2	植民地建設と入植（1585年－1763年）
スタンダード1	ヨーロッパ人とアフリカ人のアメリカ大陸への最初の到達と，それらの人々とアメリカ先住民は，どのように相互に影響を及ぼしたか。
スタンダード2	北アメリカの植民地において，政治的制度，宗教的自由はどのように出現したか。
スタンダード3	ヨーロッパ人の経済生活の諸価値や諸制度は，どのようにその植民地に根付いていったか。奴隷制は，アメリカ大陸にどのようにヨーロッパとアフリカの生活を再形成したか。

時代3	革命と新国家（1754年－1820年代）
スタンダード1	アメリカ革命の原因，革命運動の形成において内包された思想や利益，アメリカの勝利の理由
スタンダード2	アメリカ革命が，アメリカ社会を改造するための新国家の多くの集団の間で，いかに多様な運動を内包していたか。
スタンダード3	革命期につくられた政府の制度と実践，またアメリカの政治制度の基礎を作るために1787年－1815年の間にどのように改正されたか。

時代4	拡大と改革（1801年－1861年）
スタンダード1	1801－1861年の間の合衆国の領土拡大，それが対外的な力とアメリカ先住民の間の関係にどのような影響を与えたか。
スタンダード2	産業革命，奴隷制の急激な拡大，西部開拓は，アメリカ人の生活をどのように変化させ，地域の緊張状態へと導いたか。
スタンダード3	1800年以降の民主主義の伸張と制限と再編成
スタンダード4	第一次世界大戦前期の文化的・宗教的・社会的改革運動の原動力と特徴，またその改革は，何を成し遂げ，何を成し遂げなかったのか。

時代5	南北戦争と再建（1850年－1877年）
スタンダード1	南北戦争の原因
スタンダード2	南北戦争の経過と特徴と，そのアメリカの人々に及ぼした影響
スタンダード3	多様な再建計画が，どのように成功し，また失敗したのか。

時代6	工業国合衆国の発展（1870年－1900年）
スタンダード1	大企業，重工業，農業の機械化の出現が，アメリカの人々をどのように変容させたか。
スタンダード2	1870年以降の膨大な移民と，文化的多様性の進展の只中で発展した新しい社会的パターンと衝突と国家統合の諸理念
スタンダード3	アメリカの労働運動の出現と政治問題が，社会的・経済的変化にどのように反映したか。
スタンダード4	南北戦争後の連邦のインディアン政策と合衆国の対外政策

時代7	近代アメリカの出現（1890年－1930年）
スタンダード1	進歩党員やその他の人々は，どのように産業資本主義や都市化や政治的腐敗の諸問題に取り組んだか。
スタンダード2	第一次世界大戦を通しての合衆国の世界事情における役割の変化
スタンダード3	第一次世界大戦の終結から大恐慌直前までの間の合衆国の変化

時代8	大恐慌と第二次世界大戦 (1929年–1945年)
スタンダード1	大恐慌の原因と大恐慌がアメリカ社会にどのような影響を与えたか。
スタンダード2	ニューディール政策が，どのように大恐慌に取り組み，アメリカ連邦制を変容させ，福祉国家へと導いたか。
スタンダード3	第二次世界大戦の発端と経過，国内外での戦争の特徴，及び世界事情における合衆国の役割の再形成
時代9	戦後の合衆国 (1945年–1970年代)
スタンダード1	戦後の合衆国の経済の高度成長と社会変容
スタンダード2	ニューディール政策の戦後の進展
スタンダード3	冷戦と韓国及びベトナム紛争が，国内及び国際政治に及ぼした影響
スタンダード4	人種的・性的平等と市民的自由の伸張のための苦闘
時代10	現代の合衆国 (1968年–現在)
スタンダード1	対外・国内政治における最近の発展
スタンダード2	現代合衆国における経済的・社会的・文化的発展

National Center for History in the Schools ed. 1994b より執筆者作成。

　スタンダード1の下位に「詳細スタンダード」である「1A　生徒達は，多様な移民がどのようにヨーロッパ植民地の形成に影響を及ぼしたか理解する。」が設定されている。さらにその下位に「実用スタンダード」である「5-12　イギリス人・フランス人・オランダ人の世界探検と植民地建設の動因と，スペイン人のそれらとを比較する。」が設定されている。実用スタンダードに示されている「5-12」という数字は，その実用スタンダードが対応する学年段階を示しており，「5-12」は，5年生から12年生に対応する。

　「社会史アプローチ」は，この表27の詳細スタンダード及び実用スタンダンードにおいて表されている。例えば，表27中網掛部分では，「スタンダード1　ヨーロッパ人とアフリカ人のアメリカ大陸への最初の到達と，それらの人々がアメリカ先住民とどのように相互に影響をもたらしたか。」の下位に，詳細スタンダード「1B　生徒達は，植民地期の北アメリカにおける家族生活，性的役割，女性の諸権利を理解する。」が設定される。「スタンダード1」では，ヨーロッパ人・アフリカ人とアメリカ先住民の接触と相互影響を学習することが規定されている。このレベルでは，多文化的歴史教育内容としての性格だけのスタンダードである。しかし，下位の詳細スタンダード「1B」では，植民地期の家族生活，性的役割，女性の諸権利の理解が求められている。これは，これまで述べてきた「新しい社会史」に基づく内容である。

表27 「1994年版スタンダード」における「時代2 植民地建設と入植」の内容構成

時代2　植民地建設と入植（1585-1763年）	
スタンダード1	ヨーロッパ人とアフリカ人のアメリカ大陸への最初の到達と，それらの人々がアメリカ先住民とどのように相互に影響をもたらしたか。
1A　生徒達は，多様な移民がどのようにヨーロッパ植民地の形成に影響を及ぼしたか理解する。	
学年	学年段階に対応した実用スタンダード
5-12	イギリス人・フランス人・オランダ人の世界探検と植民地建設の動因と，スペイン人のそれらとを比較する。
9-12	17世紀及び18世紀のイギリス人・フランス人・オランダ人入植者の社会構成を比較する。
5-12	17世紀のヨーロッパ植民地におけるアフリカ人の到着と18世紀の奴隷の輸入の急激な増加の跡をたどる。
1B　生徒達は，植民地期の北アメリカにおける家族生活，性的役割，女性の諸権利を理解する。	
学年	学年段階に対応した実用スタンダード
5-12	植民地期の北アメリカのさまざまな地域において，家族生活やコミュニティの生活がどのように，そしてなぜ異なっていたのか明らかにする。
7-12	植民地期の北アメリカのさまざまな地域における性的役割と1600年から1760年の間にそれらがどのように変化したか分析する。
9-12	植民期における結婚の前と後の女性の所有権を分析する。
1C　生徒達は，ヨーロッパ人の北アメリカを統治するための苦闘を理解する。	
学年	学年段階に対応した実用スタンダード
7-12	アメリカ先住民とスペイン人・イギリス人・フランス人・オランダ人入植者間の関係を分析する。
5-12	ニューイングランド，中部大西洋岸，チェサピーク及び未開発の南部植民地におけるイギリス人入植者がアメリカ先住民とどのように相互交流をしたか比較する。
7-12	多様なアメリカ先住民の社会が，ヨーロッパ人の入植の伸張の結果として，どのように変化したか，また，アメリカ先住民がヨーロッパ人の社会にどのような影響を与えたか分析する。
7-12	1754年以前の植民地戦争の重要性と，7年戦争の原因・特徴・結果を分析する。
9-12	植民地戦争におけるアメリカ先住民の関わりを分析し，その彼らの社会への影響の重要性を評価する。
スタンダード2	北アメリカの植民地においてどのように政治的・宗教的・社会的諸制度が出現したか。
2A　生徒達は，個人主義の出現，代議政体の根源と，どのように政治的諸権利が規定されたか理解する。	
学年	学年段階に対応した実用スタンダード
7-12	参加政体の理念に貢献した個人主義がどのように出現したか分析する。
7-12	個人主義の進展が，継承されてきたヒエラルキーと相違性の思想にどのように挑戦し，コミュニティの理想に影響を与えたか明らかにする。
7-12	初期の諸植民地がどのように設立され，統治されたか比較する。
7-12	イギリス人の権利の概念と，イギリスの「内乱」と名誉革命の諸植民地に対する影響を明らかにする。
9-12	ジェンダー，所有権，宗教，法的地位が，政治的諸権利にどのように反映したか分析する。

第5章 多文化的歴史カリキュラムにおける「多様性」と「統一性」 163

2B	生徒達は，植民地における宗教的多様性と宗教的自由に関する思想がどのように展開されたか理解する。
学年	学年段階に対応した実用スタンダード
9-12	植民地期のアメリカにおける宗教集団とそれらのコミュニティにおける宗教の役割を記述する。
5-12	宗教的厳格主義が，どのようにニューイングランド・コミュニティにおいて形成され，そして17世紀の間にそれがどのように変化したか明らかにする。
7-12	イギリス人植民地における宗教的自由の進展の跡をたどり，明らかにする。
9-12	植民地の社会に対する「大覚醒」の与えた影響を明らかにする。
2C	生徒達は，植民地における政治的軋轢を理解する。
学年	学年段階に対応した実用スタンダード
7-12	入植者と植民地政府との間の武力衝突を導いた社会的・経済的・政治的緊張を明らかにする。
9-12	代議政体の発展に寄与した立法府と行政府の間の軋轢を明らかにする。
スタンダード3	ヨーロッパ人の経済生活の諸価値と諸制度は，その植民地にどのように根づいていったか。奴隷制は，アメリカ大陸にヨーロッパとアフリカの生活をどのように再形成したか。
3A	生徒達は，アメリカ大陸における植民地の経済生活や労働制度を理解する。
学年	学年段階に対応した実用スタンダード
7-12	重商主義とはなにかを明らかにし，それが経済活動の諸パターンにどのような影響を与えたか評価する。
5-12	アメリカ大陸における主要な経済地域を確認し，労働制度がどのようにそれらの地域を形成したか明らかにする。
9-12	植民地期における大西洋経済の発展を明らかにする。
3B	生徒達は，イギリス人植民地における経済生活と労働制度の発展を理解する。
学年	学年段階に対応した実用スタンダード
5-12	ニューイングランド，中部大西洋岸，チェサピーク未開発の南部植民地の経済発展において，環境的・人的要因がどのように機能したか。
7-12	初期の航海条例が，諸植民地の経済生活にどのような影響を与えたか明らかにする。
7-12	自由労働，年季奉公契約による労役，奴隷制の特徴を比較する。
9-12	南部植民地における年季奉公契約による労役から奴隷制への移行を明らかにする。
3C	生徒達は，奴隷制におけるアフリカ人の生活を理解する。
学年	学年段階に対応した実用スタンダード
5-12	北アメリカと西インド諸島におけるアフリカ人のイギリス植民地への強制移動について分析する。
7-12	アフリカ系アメリカ人が新しい文化を発達させるために，彼らのアフリカの過去をどのように利用したか分析する。
9-12	アメリカの植民地のさまざまな地域での奴隷とされたアフリカ人と自由なアフリカ人の経済発展に果たした貢献を評価する。
7-12	公然とした，そして積極的な奴隷状態への抵抗を分析する。

National Center for History in the Schools ed. 1994b: 51-69. より執筆者作成。

その「新しい社会史」的内容は，さらに下位の実用スタンダードにおいてより具体的に設定される。実用スタンダードでは，「5-12 植民地期の北アメリカのさまざまな地域において，家族生活やコミュニティの生活がどのよう

に，そしてなぜ異なっていたのか明らかにする。」で植民地期の家族生活を，「7-12 植民地期の北アメリカの様々な地域における性的役割と1600年から1760年の間にそれらがどのように変化したか分析する。」で性的役割の比較的長期の変化を，「9-12 植民期における結婚の前と後の女性の所有権を分析する。」で女性の諸権利を学習するよう構造化されているのである。

ここまで，「1994年版スタンダード」の内容構成原理として「新しい社会史」に基づく「社会史アプローチ」が用いられていることを明らかにした。具体的には，以下の二点において，「新しい社会史」に基づく「社会史アプローチ」がスタンダードの内容構成原理として用いられている。第一点は，生徒が学習すべき学年段階に対応した実用スタンダードにおいて，「経済的・宗教的・文化的・政治的変化」の「社会生活」という「場」に対する影響と，その結果として生じる「日常性」の変化を探究する構成がとられている点である。第二点は，「政治史と社会史の混合」，すなわち，政治的事件の影響による「社会生活」の質や形態の変化を基準とした時代区分がなされている点である。この実用スタンダードまでは，「1994年版スタンダード」も「1996年版スタンダード」も同一である。ゆえに，上記の「社会史アプローチ」は，「1996年版スタンダード」においても同様の取り入れられ方をしていると考えられる。

第3節　ニューヨーク州合衆国史スタンダードにおける「多様性」と「統一性」

(1) ニューヨーク州社会科フレームワーク・スタンダードの開発

ニューヨーク州では，1980年代終盤から，州の公立学校の教育制度そのものの改革に着手した。教育長ソボルを中心とする州教育評議会において活動され，その成果が1991年に報告書 *A Compact for Learning* としてまとめられている。報告書では，州の現在の教育を，州，生徒，両親，教師，学校，学区，コミュニティ，教育委員会，教育評議会などさまざまな立場，角度から検討し，「我々の社会と世界に生じている急激な変化」(The University of The State of New York, 1991: 2) への対応として，六つの教育改革の根本原理[3]を提起した。州の教育達成度の計測結果は，長い間子どもの学習達成を阻害している要因とし

第 5 章　多文化的歴史カリキュラムにおける「多様性」と「統一性」　165

て,「貧困生活における子ども」の存在を指摘してきた。その結果は,増大しつつあるエスニック・マイノリティの多くが貧困生活を送っており,マイノリティの生徒の約60％以上の家庭が何らかの公的扶助を受けている状態であることを示している。教育評議会は,経済的理由による就学困難なマイノリティの生徒,すなわち教育を受けていない生徒と,受けている生徒の間の学力格差を憂慮し (The University of The State of New York, 1991: 17),教育改革の「根本原理」の「1 すべての子どもが可能な学習」を重視して,「本報告書は,すべての子どものための高度なスタンダードの開発によって,この問題に取り組む。」(The University of The State of New York, 1991: 18) と,学習スタンダードの開発を提言している。1995年の改訂では,具体的なカリキュラムだけでなく,社会科の各領域で小学校から高等学校段階まで一貫したスタンダードが作成され,そのスタンダードの達成を目標としてカリキュラムが開発されている。これまで,ニューヨーク州の社会科カリキュラムは,K-6学年までは「プログラム」(New York State Education Department, 1987a),7-12学年までが「シラバス」(New York State Education Department, 1987b) の形でカリキュラムが作られてきた。K-12学年までのカリキュラムを一貫したスタンダードで統括する試みは,今回の改訂が初めてである。このスタンダードの開発は,前節で検討したナショナル・スタンダードの開発に基づいて展開されたスタンダード運動下での展開であり,1980年代の「卓越性」を追求する全米の教育改革の潮流に位置づいたものであった。

　1995年に,ニューヨーク州教育委員会は,1987年の社会科シラバスの全面的改訂直後から再改訂が開始し,その努力の成果として,「社会科フレームワーク (草案) (*Preliminary Draft Framework for Social Studies*) (以下,フレームワークと略)」(New York State Education Department, 1995) を開発した。フレームワークに基づいて1996年に,「社会科学習スタンダード (*Learning Standards for Social Studies*) (以下,学習スタンダードと略)」(The University of The State of New York, 1996a) が開発されている。フレームワークと学習スタンダードの具体化として「リソース・ガイド」(The State Education Department, 1996b) が開発されている。

　前章では,1987年改訂の「合衆国史・ニューヨーク州史」シラバスの分

析を行った。そこでは，1987年のニューヨーク州のカリキュラム改訂とその後の再改訂のための活動を，社会科カリキュラムにおける「多様性」の尊重の意味とその実現の方法を模索する研究と位置づけた。本章第1節では，ニューヨーク州社会科カリキュラムの1987年の改訂とそれ以降の再改訂の過程を，「多様性」尊重から，「多様性」と「統一性」の両者の尊重への価値の転換過程として捉え直した。この価値の転換は1980年代後半以降，アメリカ全体にわたって激しく行われてきた論争の結果であり，アメリカの本質的課題に対するニューヨーク州が出した一つの解答である。しかしながら，「多様性」と「統一性」の両者に対して配慮した多文化国家アメリカ合衆国の

表28　社会科スタンダード

スタンダード1：合衆国史・ニューヨーク州史　　生徒は，合衆国とニューヨークの歴史における主要な思想，時代，テーマ，発展，転換点の理解を論証するためのさまざまな知的技能を活用できる。
スタンダード2：世界史　　生徒は，世界史における主要な思想，時代，テーマ，発展，転換点の理解を論証するため，また多様な視野から歴史の幅広い発展を検証するためのさまざまな知的技能を活用できる。
スタンダード3：地理　　生徒は，人々，場所，地表面上の環境の空間的分布を含む我々が生活している相互依存世界（地域・国家・地球）の地理に関する理解を論証するためのさまざまな知的技能を活用できる。
スタンダード4：経済　　生徒は，どのように合衆国と他の社会が経済システムを発達させ少ない資源を配分するための機関を連合させたか，合衆国及び他の国家経済において意思決定の単位がどのように役割を果たすか，市場経済や非市場経済を通して経済学が飢饉問題をどのように解決するかということについての理解を論証するのにさまざまな知的技能を活用できる。
スタンダード5：公民，市民的資質，政治　　生徒は，政府の設立，合衆国及び他の国々の政治制度，合衆国憲法，アメリカの憲法制民主主義の基本的な市民的価値，参加の方法を含む市民的資質の役割・権利・責任についての理解を論証するためのさまざまな知的技能を活用できる[4]。

The University of the State of New York ed., 1996a: 1.

具体的歴史像の構築は非常に困難なことである。多くの歴史学者，多文化教育学者が現在その課題に向けて努力を傾注しているが，いまだ，アメリカ人誰もが納得しうる多文化的合衆国史を構成することに成功していない。多文化的歴史学者といわれるロナルド・タカキ (Takaki, R.) も，ベストセラーとなった『別の鏡に映して——多文化社会アメリカの歴史』(Takaki, 1995, 富田訳, 1995) で，多文化的合衆国史をマイノリティ集団毎の縦割りの歴史として提示している。本節では，その価値の転換が，1995年に開発されたニューヨーク州合衆国史スタンダードにどのように現れているか明らかにする。

スタンダードは，スタンダード1～5によって構成され，小学校段階から高等学校段階まで社会科の教育目標・内容・方法に関する一貫した基準である。社会科の五領域に対応したスタンダード1～5は**表28**の通りである (The State Education Department, 1996a: 1)。

フレームワークもスタンダードもカリキュラム本体ではなく，カリキュラムの決定版を開発するための根本原理を規定したものである (The State Education Department, 1996a:2)。スタンダードに基づいて，その具体化として「リソース・ガイド」が開発され，その中で，各学年の主題が提示されている。リソース・ガイドで示されているK-12学年の社会科カリキュラムの内容構成は，**表29**の通りである。フレームワークもスタンダードもカリキュラム

表29　1996年版ニューヨーク州社会科の内容構成

初等段階 (Elementary Level)	
幼稚園：	自己と他者
第1学年：	私の家族と他の家族，今と昔
第2学年：	私の住む地域と合衆国の他の地域
第3学年：	世界中の地域（人々と場所に関する学習）
第4学年：	地方史と地方政治
第5学年：	合衆国，カナダ，ラテン・アメリカ
第6学年：	東半球
中間段階 (Intermediate level)	
第7-8学年：	合衆国史・ニューヨーク州史
第9-10学年：	グローバルな歴史と地理
修了段階 (Commencement Level)	
第11学年：	合衆国の歴史と政治
第12学年：	1) 政治参加　2) 経済と経済的意思決定

The University of the State of New York ed., 1996b より執筆者作成。

ではなく，カリキュラムの決定版を開発するための根本原理を規定したものである (The State Education Department, 1996a: 2)。

　基本的に内容構成は1987年のカリキュラムから大幅な変更はない。1987年の改訂で新設された9-10学年の「グローバル学習」が「グローバル史」に変わっている点が，大きな変更である。内容構成においては大きな変更はなかったが，K-12の一貫したスタンダードとして開発されたため，K-12学年を「初等段階 (Elementary Level)」「中間段階 (Intermediate level)」「修了段階 (Commencement level)」の3段階に分け，各々の段階で「達成目標」を達成するための具体的な「達成指標」を設定している。それぞれの段階での合衆国史教育の相違と関連性が明確に規定されている。K-12学年を通した合衆国史学習の目標・内容・方法を構造的に示すことによって，一貫した目標を段階的に達成できるように，スタンダードの下位に「達成目標」と「達成指標」を示している。12年間を3段階に分け，同じ「達成目標」においても，初等段階では，合衆国とニューヨーク州を構成している文化的「多様性」の理解と認識に重点をおくよう「達成指標」を設定している。中間段階では，同様に文化的「多様性」の重要性を強調しながらも，同時に合衆国の「統一性」の意義と価値についてもアメリカを成り立たせている重要な要素として強調する「達成指標」を設定している。修了段階では，それまで強調されてきた文化的「多様性」を一つにまとめ上げている独立宣言や合衆国憲法に象徴される国家としての「統一性」の重要性を強調した「達成指標」が示されている。初等段階の合衆国史学習は第4学年の地方史学習に相当し，中間段階では第7-8学年の合衆国史・ニューヨーク州史学習が，修了段階では，第11学年の政治史中心の合衆国史学習が相当する。学習の段階として整理すると，図1になる。

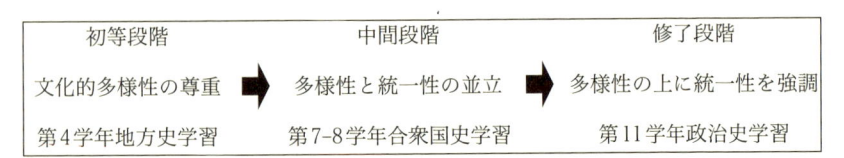

初等段階	中間段階	修了段階
文化的多様性の尊重 →	多様性と統一性の並立 →	多様性の上に統一性を強調
第4学年地方史学習	第7-8学年合衆国史学習	第11学年政治史学習

図1　1996合衆国史・ニューヨーク州史の学習段階

(2) フレームワーク・スタンダードにおける「多様性」と「統一性」

本項では，ニューヨーク州社会科スタンダードにおいて，「多様性」と「統一性」の両者がどのように尊重されているか検討する。具体的には，合衆国史・ニューヨーク州史を規定するスタンダード1を対象として取り上げる。その理由は，カリキュラムの改訂過程で論争された多文化主義の問題は，最も合衆国史において顕在化しており，合衆国史の内容構成が，単なる一教科の教育内容の配列や選択の問題に留まらず，多文化社会おけるアメリカ国民の歴史認識そのものであり，ナショナル・アイデンティティのあり方を左右するものだからである。

スタンダード1の記述そのものには，「多様性」と「統一性」の尊重は直接的に表されていない。しかしながら，この基本的なスタンダードの下位に設定された次の四つの「達成目標」では，この「多様性」と「統一性」の尊重が目標として明確に位置づいている (The University of The State of new York, 1996a: 2-7)。

「達成目標」(1), (2), (3) においては，「多様性」と「統一性」の両者の尊重が目標化されている。「達成目標」(1) では，「アメリカ文化，その多様性及び多文化的文脈」において，「多様性」に基づく「価値，実践，伝統による国

表30　スタンダード1の達成目標

(1) ニューヨーク州史と合衆国史の学習は，アメリカ文化，その多様性及び多文化的文脈，多くの価値，実践，伝統による国民統合の方法の発達の分析を必要とする。
(2) ニューヨーク州史と合衆国史の重要な思想，社会的・文化的価値，信念，伝統は，時代のそして多様な視野から人々や事象の結びつきとの相互作用を明らかにする。
(3) ニューヨーク州史と合衆国史における主要な社会的・政治的・経済的・文化的・宗教的発展に関する学習は，諸個人と集団の重要な役割と貢献に関する学習を含んでいる。
(4) 歴史的分析技能は，以下の能力を含む。歴史的証拠の重要性を明らかにする能力；証拠の重要性，信頼性，妥当性を検証する能力；多様な因果関係の概念を理解する能力；異なった歴史的発展の解釈の変化と競合を理解する能力。

The university of the State of New York ed., 1996a: 2-7 より執筆者作成。

民統合の方法」の分析によって，国家としての「統一性」の理解が目標とされている。「達成目標」(2)では，アメリカの「統一性」の基底をなしてきた「重要な思想，社会的・文化的価値，信念，伝統」の分析によって，多様なアメリカを形成してきた「多様な視野から人々や事象の結びつきと相互作用」を理解することが目標として掲げられている。「達成目標」(1), (2) では，「多様性」と「伝統」が目標として併記され，アメリカ文化の「多様性」の理解と同時に「伝統」による「統一性」の保持がその枠組みとして設定されている。「達成目標」(3) では，多様な個人や集団の「貢献」によってアメリカが発展したことを理解する目標が掲げられている。この「達成目標」(1), (2), (3) によって示される「多様性」と「統一性」の理解は，国民統合と相互作用を多様な人々の「貢献」によって織り上げられた歴史として合衆国史を理解する構造をもっている。そして，それらの理解を支えているのが，「達成目標」(4) の「歴史的分析技能」である。この構造を図に表すと**図2**になる。

このような枠組みは，1987年版社会科カリキュラムでは用いられなかった枠組みである。フレームワークにおいて，社会科は，「生徒が，アメリカの立憲制民主主義における責任ある市民として，そして多様性と世界中の他の国々との相互依存が増大する社会への積極的貢献者としての役割を受け入れることを支援する」(New York State Education Department, 1995: 5) ことと規定される。それは，生徒に，「一国民としてのアメリカ人とは何者か」「アメリカ人の価値と伝統とは何か」「どのようにして現在の習慣を身につけてきたのか」「どのようにしてアメリカの多様性の中から統一性を見つけだしたのか」といった疑問に直面させることであり，「アメリカ人とは何か」を模索させることである。

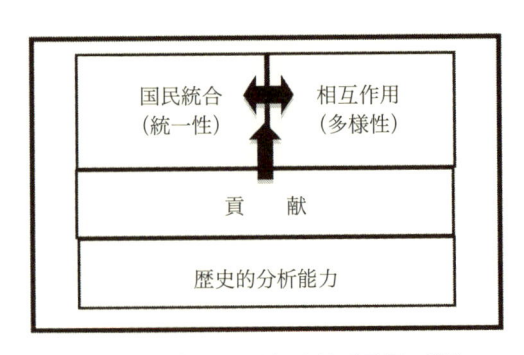

図2 合衆国史スタンダード達成目標の構造

「アメリカの文化と社会における統一性と多様性の学習の適当なバランスとは何か。どのように（社会科）コースを，アメリカ社会を特徴づけている共通の伝統と多様性を反映させて組織することができるのか。<u>誰の歴史</u>が，そして<u>どの歴史</u>が社会科のコースに含まれるべきであろうか。」(New York State Education Department, 1995: 6　括弧内及び下線引用者)

上記の問いこそが，改訂の過程で変化してきた多文化教育における価値の転換を最も如実に表している。「多様性」のみではなく，アメリカ人としてのナショナル・アイデンティティの形成のためのアメリカの伝統と，多様なアメリカをその「多様性」を尊重しながらも一つの国家としてまとめあげてきた「統一性」を学習すべき価値として位置づけているのである。そこで問題になる点が，「統一性と多様性の学習の適当なバランス」である。「<u>誰の歴史</u>が，そして<u>どの歴史</u>が」という問いは，アメリカをどのような社会と見なすかという社会認識への問いであり，その形成に関する歴史認識への問いである (桐谷，1999)。

ニューヨーク州は生徒が形成すべき「統一的な合衆国」としてのアメリカ認識を，合衆国憲法，権利章典，独立宣言に基づく民主主義社会として見なしている[5]。同時に「多様な民族からなる合衆国」として，アメリカ先住民から最初のヨーロッパ人の入植，奴隷とされたアフリカ人の強制移住，経済的機会，政治的自由，信教の自由などの「アメリカン・ドリーム」を求めて世界中の諸地域からの膨大な「移民の波」までのアメリカ社会を創り上げ，影響を与えている人種的，宗教的，民族的，言語的伝統の豊かな構成要素(The University of The State of new York, 1996a: 9-10)からなる多文化社会と見なしている。つまり，このような多様な人々が強力で統一的な国家を形成してきた文脈を提示し，それを生み出す苦闘を通した共通の民主主義的諸価値，制度，伝統の発展は，多くの個々の文化的伝統を保護する一方で，統一的なナショナル・アイデンティティをもつ人々を形成してきたと捉えているのである。

上記から，ニューヨーク州フレームワークで尊重されている「多様性」は，「人種的，宗教的，民族的，言語的伝統の豊かな構成要素」であり，「統一性」とは，シュレジンガー Jr. らが提示するアングロ・サクソン文化ではなく，「合

衆国憲法, 権利章典, 独立宣言に基づく民主主義」思想に基づいたアメリカン・アイデンティティである。

(3)「スタンダード1：合衆国史・ニューヨーク州史」における「達成目標」

アメリカの一大教育運動となったスタンダード運動の影響を受け，ニューヨーク州で開発されたスタンダードは，K-12学年の学習目標・内容・方法を一貫して規定している。そのスタンダードを達成するため下位に四つの「達成目標」を設定し，K-12学年を「初等段階」「中間段階」「修了段階」の3段階に分け，各々の段階で「達成目標」を達成するための具体的な「達成指標」を設定している。上記で示したような多文化社会・国家アメリカにおける多様性と統一性を重視した歴史学習の内容構成を提示しているのは，その下位の四つの「達成目標」とその下位の「達成指標」である。「達成目標」(1)〜(3)において多文化社会・国家における多様性と統一性について認識するための目標と内容が提示されている。スタンダード1の下位に設定されている「達成目標」と「達成指標」を整理したものが，以下の**表31〜34**である。

「達成目標」(1)においては，「多様性」と「統一性」の両者の尊重が目標化されている。「初等段階」では，アメリカ文化を成り立たせている「多様性」への注目を導き，合衆国憲法と民主主義によって「統一性」へも注目させている。「中間段階」でも，同様の構図で学習が深められる。「すべてのアメリカ人」がもつ「多様性」に基づいたアイデンティティと，アメリカ人としての統一的なアイデンティティの追究を求めている。「修了段階」では，それまで学習してきた多様な文化や諸価値の変化を分析し，それらがアメリカの「統一性」を作り上げてきたことを学習させる。このように，「達成目標」(1)では，「アメリカ文化の発達，その多様性及び多文化的文脈」の分析において多様性を，「価値，実践，伝統による国民統合の方法」の分析によって国家としての「統一性」の理解を目標としている。

「達成目標」(2)では，アメリカの「統一性」の基底をなしてきた「重要な思想，社会的・文化的価値，信念，伝統」の分析によって，多様なアメリカを形成してきた「多様な視野から人々や事象の結びつきと相互作用」を理解す

第5章 多文化的歴史カリキュラムにおける「多様性」と「統一性」 173

表31 「スタンダード1：合衆国史・ニューヨーク州史」における「達成目標」(1)

達成目標 (1)	ニューヨーク州史と合衆国史の学習は，アメリカ文化，その多様性及び多文化的文脈，多くの価値，実践，伝統による国民統合の方法の発達の分析を必要とする。	
初等段階	中間段階	修了段階
・生徒は，アメリカ文化の基底，多くの異なった伝統からのその発達，アメリカ文化の創出において役割を果たした集団や背景の多様性からなる多くの人々の習慣を知る。 ・生徒は，独立宣言とニューヨーク州憲法及びアメリカ合衆国憲法において表現されたアメリカ民主主義の根本思想を理解する。 ・生徒は，アメリカ全土を統合するための複数の価値と習慣と伝統を解釈する。	・生徒は，すべてのアメリカ人を規定し統合することを助けているキー概念，信念，行動パターン，伝統の確認によって，アメリカ文化の意味を探究する。 ・生徒は，独立宣言とニューヨーク州憲法，合衆国憲法，権利章典，他の重要な歴史的文書に含まれた思想，価値，信念を解釈する。	・生徒は，思想，価値，信念，伝統がどのように変化してきたか，それらがどのようにすべてのアメリカ人を統合しているかを解釈し，アメリカ文化の発達を分析する。 ・生徒は，独立宣言とニューヨーク州憲法，合衆国憲法，権利章典，他の重要な歴史的な文書に表されたアメリカの民主主義的な価値と信念の進展を記述する。

The University of the State of New York ed., 1996a: 2-7.；The University of the State of New York ed., 1996b: 2-5.
より執筆者作成。

ることが目標として掲げられている。「初等段階」では，多様な集団が伝統的に保持してきた文化や伝統，信念などの継承のプロセスの学習からアメリカを成り立たせている文化的「多様性」について理解することが求められている。「中間段階」では，人口動態の変化とアメリカと諸外国との関係の歴史を概観する。「中間段階」が合衆国史教育の中心的な段階であるため，ここでは，合衆国史を八つに分ける時代区分を学習する。その中で，合衆国の「統一性」を支える思想である人権思想や民主主義思想の普遍性を学習する。「修了段階」では，下線部に示されているように，「多様性」と「伝統」が目標として併記され，アメリカ文化の「多様性」の理解と同時に伝統による「統一性」の保持がその枠組みとして設定されている。

「達成目標」(3)では，個人と集団の役割と「貢献」が理解すべき内容とし

表32 「スタンダード1：合衆国史・ニューヨーク州史」における「達成目標」(2)

達成目標(2)	ニューヨーク州史と合衆国史の重要な思想，社会的・文化的価値，信念，伝統は，前時代のそして多様な視野から人々や事象の結びつきと相互作用を明らかにする。	
初等段階	中間段階	修了段階
・生徒は，彼らの近隣とコミュニティにおいて生活する多様な集団によって伝えられる伝統に関する情報を収集し，組織化する。 ・生徒は，伝統と習慣がある世代から次の世代にどのように受け渡されるか認識する。 ・生徒は，近い過去と遠い過去を区別し，簡単な歴史年表を解釈する。	・生徒は，さまざまな方法で歴史を区分する理由を述べる。 ・生徒は，ニューヨーク州史と合衆国史におけるキーとなる転換点を調査し，それらの事件や発展がなぜ重要か説明する。 ・生徒は，合衆国の国内政策と外交政策の相関的重要性の間の関係を理解する。 ・生徒は，過去と現在における国際政治における合衆国の役割を分析する。	・生徒は，ニューヨーク州史と合衆国史を区分するいくつかの枠組みについて議論する。 ・生徒は，ニューヨーク州史と合衆国史における重要な事件，時代，問題についての仮説の重要性を明確で妥当に判断するための基準を設定して，発展・検証する。 ・<u>生徒は，合衆国内の異なった集団の経験を比較・対照する。</u> ・<u>生徒は，多様な出自と伝統を持つアメリカ人を相互に結びつける統一的な要因を，憲法，合衆国法，市民的権利がどのように提示しているか検証する。</u> ・生徒は，外交問題と合衆国の関係，国際政治との結びつきを分析し，これらの外交政策を導いた思想や伝統について検討する。 ・生徒は，国連憲章や国際法に示された過去の合衆国と他国によって表示された価値と履行された外交政策を，比較・対照する。

The University of the State of New York ed., 1996a: 2-7; The university of the State of New York ed., 1996b: 2-5 より執筆者作成。

て挙げられており，そこには直接的に「多様性」と「統一性」に関わる目標は書かれていない。しかし，その下位の「達成指標」では，その集団や個人としてアメリカ先住民を含む「エスニック集団」や「宗教的集団」が挙げられており，それらの多様な文化的背景を持つ集団や個人が，ニューヨーク州と合衆国の建設・発展にもたらした寄与・貢献を学習することが提示されている。特に「中間段階」では，下線部のように合衆国の発展に「貢献」し，「業績」のある個人や集団についての分析を求めており，多様な人々の「貢献」によっ

表33 「スタンダード1：合衆国史・ニューヨーク州史」における「達成目標」(3)

達成目標(3)	ニューヨーク州史と合衆国史における主要な社会的・政治的・経済的・文化的・宗教的発展に関する学習は，諸個人と集団の重要な役割と貢献に関する学習を含んでいる。	
初等段階	中間段階	修了段階
・生徒は，アメリカ先住民を含む彼らの近隣やコミュニティで生活する諸個人や諸集団の重要な貢献についての情報を収集し組織化する。 ・生徒は，活動のタイプ（社会的，政治的，経済的，科学技術的，科学的，文化的，宗教的活動）によって，情報を分類する。 ・生徒は，合衆国内でそして世界中で，民主主義の進展に尽力した諸個人を認識する。	・生徒は，ニューヨーク州と合衆国のさまざまな時間と場所における異なったエスニック的，国家的，宗教的集団（アメリカ先住民を含む）を代表する個人や集団に関する，十分に叙述された完璧で歴史的に正確な事例を研究する。 ・<u>生徒は，ニューヨーク州と合衆国で生活する個人やグループの重要な業績と貢献に関する情報を収集し，組織化する。</u>ニューヨーク州憲法，合衆国憲法，権利章典，他の重要な歴史的な文書に表された基礎的な民主主義価値，信念，伝統をどのように前進させたか述べる。 ・生徒は，主要な発展を，社会的，政治的，経済的，地理的，技術的,科学的,文化的,宗教的なカテゴリーに分類する。	・<u>生徒は，ニューヨーク州と合衆国の異なったエスニック的，国家的，宗教的集団（アメリカ先住民を含む）の経験を，彼らのアメリカ社会と文化への貢献の解釈によって比較・対照する。</u> ・生徒は，ニューヨーク州史と合衆国史における主要なテーマと発展を調査・分析する。（例えば，植民と定住，革命と新国家期，移民など） ・拡張と改革期，市民戦争と再建，アメリカにおける労働の発達，問題，事件についてエッセイと口頭発表を準備する。生徒は，世界的事件とニューヨーク州と合衆国の発展の相互関係を理解する。（例えば，移民の原因，経済的機会，人権の欠如，専制政治対自由，運動，大恐慌，世界大戦，現代の合衆国） ・生徒は，ニューヨーク州史と合衆国史における重要な社会的，政治的，経済的，科学的，技術的，文化的な発展，問題，事件についてエッセイと口頭発表を準備する。 ・生徒は，世界的事件とニューヨーク州と合衆国の発展の相互関係を理解する。（例えば，移民の原因，経済的機会，人権の欠如，専制政治 対 自由）

The University of the State of New York ed., 1996a: 2-7; The university of the State of New York ed., 1996b: 2-5. より執筆者作成。

表34 「スタンダード1：合衆国史・ニューヨーク州史」における「達成目標」(4)

達成目標(4)	歴史的分析技能は，以下の能力を含む。歴史的証拠の重要性を明らかにする能力；証拠の重要性，信頼性，妥当性を検証する能力；多様な因果関係の概念を理解する能力；異なった歴史的発展の解釈の変化と競合を理解する能力。			
	初等段階	中間段階	修了段階
	・生徒は，歴史上のキーとなる事件及び問題の異なった解釈について考察し，それらの相違について評価する。 ・生徒は，彼らの近隣やコミュニティ，国家で生活する人々のさまざまな経験や信念，動機，伝統を解釈する。 ・生徒は，そこにいた者の目を通して，すなわち彼らの芸術，文書，音楽，工芸品にみられるものとして，歴史的事件をみる。	・生徒は，歴史的文書，物語，工芸品の出所を考え，それらの信頼性を評価する。 ・生徒は，様々な経験，信念，価値，伝統，動機が，どのように個人や集団の歴史的事件や問題の解釈の原因となるか様々な視点から考える。 ・生徒は，ニューヨーク州史と合衆国史におけるキーとなる事件や問題のさまざまな解釈を比較・対照し，それらの様々な解釈の理由を説明する。 ・生徒はその場にいた人の目と経験を通して歴史的事件について述べる。	・生徒は，事実を確認し，著者の視点を評価するために，ニューヨーク州史と合衆国史におけるキーとなる事件に関する歴史物語を分析する。 ・生徒は，さまざまな視点や重要な歴史解釈を参照する枠組みを理解するために，合衆国史における同じ事件や発展に関する様々な歴史家の分析について考える。 ・生徒は，ニューヨーク州史と合衆国史におけるキーとなる事件や問題の歴史的解釈の妥当性と信頼性を評価し，学習される新たな情報と発展させた他の解釈によって，それらの解釈を修正する。

The University of the State of New York ed., 1996a: 2-7; The university of the State of New York ed., 1996b: 2-5.
より執筆者作成。

て合衆国の「統一性」が創られたことを理解する目標になっている。

「達成目標」(4) は，(1)～(3) の認識を得るために必要な歴史学習における学習技能や能力について規定したものである。

(4) 合衆国史カリキュラムの内容構成の修正

1996年版社会科カリキュラムの改訂の理念が，アメリカの民族的「多様性」と民主主義国家としての「統一性」の両者の尊重であることを明らかにして

きたが,それが具体的な合衆国史カリキュラムの内容構成にどのような影響を与えたのであろうか。

1987年版カリキュラム及びその改訂作業で合衆国史に関わる最も象徴的な論争は,シュレジンガー Jr. によるカリキュラム批判であろう。シュレジンガー Jr. は,彼の多文化主義・多文化教育批判の著書である『アメリカの分裂』において,1987年版ニューヨーク州社会科カリキュラムの歴史教育を批判している。彼は,州歴史カリキュラムに対する批判として,第11学年の「合衆国の歴史と政治」におけるイロクォイ族の「ホーデノソーニー政治体制」の合衆国憲法への影響[6]を以下のように批判する (Schlesinger, Jr., 1991: 97, 都留訳, 1992: 120)

> 「いったい何人のアメリカ憲法の専門家がこの『ホーデノソーニー政治体制』にたいしての感動的賛辞を支持するであろうか。そもそも何人がこの体制について聞いたことがあると言えるのであろうか。」

シュレジンガー Jr. は,たとえホーデノソーニー政治体制が合衆国憲法の起草者に影響を与えたとしても,それはほんの些細なものであり,憲法制定の基盤と位置づけて学習する内容としては不適切であるとする。シュレジンガー Jr. の主張は,諸マイノリティ集団の歴史を教えることを奨励しながらも (Schlesinger, Jr., 1991: 9. 都留訳, 1992: 122),ヨーロッパ的価値の復権であり,多文化主義の批判である。

1996年版カリキュラムでは,シュレジンガー Jr. の批判,及びその影響による「多様性」と並んでの「統一性」尊重から,このホーデノソーニー政治体制を合衆国憲法の基礎から削除した。1987年版11学年「合衆国の歴史と政治」では,「単元1:民主共和国としての合衆国の基盤」「Ⅰ.憲法:アメリカ社会の防波堤」において「A. 憲法の基盤」として,「1. 17-18世紀のヨーロッパの啓蒙思想, 2. ホーデノソーニー政治体制, 3. 独立以前の植民地経験」(New York State Education Department, 1987b: 25) を挙げており,この点がシュレジンガー Jr. によって批判されたのである。1996年版カリキュラムでは,「単元2:民主共和国としての合衆国の基盤」「Ⅰ.憲法:アメリカ社会の基盤」において,「A. 歴史的基盤」を「1. 17-18世紀のヨーロッパの啓蒙思想, 2. 独立以前の

植民地経験，3.独立戦争と独立宣言，4.連合規約」(The University of the State of New York, 1996b: 60) に変更しており，合衆国憲法の基盤としてホーデノソーニー政治体制を削除している。そして，そのホーデノソーニー政治体制は，第7-8学年「合衆国史・ニューヨーク州史」の「単元1：1500年以前のアメリカ人の世界的規模の民族的系譜」「Ⅲ.アメリカ東海岸のイロクォイ族とアルゴンキン族の文明化」において，イロクォイ族の生活様式の一つとして取り上げられている。1987年版カリキュラムでは，ホーデノソーニー政治体制には一切触れられていない。このホーデノソーニー政治体制の位置づけが，合衆国憲法の基盤から一アメリカ先住民であるイロクォイ族の生活様式に変更されたことは，「多様性」と「統一性」の尊重の一つの表れであるということができる。

　アメリカ歴史教育の本質的な課題は，常にアメリカ建国以来の国是である「多様性の中の統一 (E Pluribus Unum)」の実現，つまり「多様なアメリカの歴史をまとめること」であり，その「多様性」の理解と，国家としてまとめあげる「統一性」の核とは何かを問うことである。その問いに対し，ニューヨーク州は，アメリカの民族的「多様性」の理解を前提として，合衆国憲法，独立宣言，権利章典に基づく民主主義思想を中核としたアメリカン・アイデンティティの創出による「統一性」の尊重という一つの解答を提示した。

　1960年代以降の多文化主義・多文化教育の発達によって，教育におけるマイノリティの位置は著しく向上し，教育内容は急増した。「多様性の国アメリカ」という建国以来の国是のうちの一方を，建国後200年を経て実現しようとしている。しかし，同時に「統一国家としてのアメリカ」というもう一方の国是が揺らぎ始めている。それは，この改訂で提起されている問題が，「アメリカの社会・歴史をどのように捉えるか」「アメリカ人とはなにか」「多様なアメリカを国家として成り立たせているアメリカン・アイデンティティとはなにか」という，アメリカが建国以来抱える本質的課題についての問題提起だからである。その本質的課題に応える試みがこのスタンダード開発にあると考えられる。

　ニューヨーク州のカリキュラム開発の特徴は，カリキュラム開発の前提と

して，合衆国とニューヨーク州という社会・地域をどのような社会・地域と捉えるかという点について徹底的に検討し，多文化社会と位置づけた上でカリキュラム開発を行っている点である。ニューヨーク州の公教育における歴史学習は，歴史学の成果に基づきながらも，あくまでも「アメリカ人の育成」を最終的な目的としている。「アメリカ人とはなにか」という問いは，まさにそのための問いである。そして子どもたちが「アメリカ人とはなにか」という問いの答えをみつけるということは，子どもたちが現在生活し，今後創造し続けていくであろう「アメリカ」という社会の成り立ちを，「多様性」と「統一性」の視点から理解することに他ならない。ニューヨーク州は，ニューヨーク州とアメリカを一定の留保と対立意見を付しながらも多文化社会と規定し，「多文化社会アメリカ・ニューヨーク州の歴史」の認識を目標としたカリキュラム開発を行っているのである。

【註】

1 その経緯については森茂がタイム・テーブルを作成している（森茂，1996: 16）。
2 1993年には，ラヴィッチを中心に「全米歴史教育協議会」が，ブラッドレー委員会の報告に基づいて「歴史カリキュラムの確立」という研究大会を開いている。このテーマはブラッドレー委員会の報告書のタイトルと同じである。(The National Council for History Education, 1993)
3 提起された六つの根本原理は，以下の通りである。「1. すべての子どもが可能な学習，2.（教育）成果への焦点化，3. 専門知識・技能の獲得の目標化，4. 手段の提示，5. 責任を伴った権威の提示，6. 成功と失敗の修正。」The University of The State of New York, 1991: 3.
4 フレームワークでは，このスタンダード5は，以下のように政治と公民に分けられ，スタンダード6まで構想されていた。スタンダード5：生徒は，政府の設立，合衆国憲法，アメリカの政治制度，他の国々の政治制度，国際政治学の過去と現在についての理解を論証するためのさまざまな知的技能を活用できる。スタンダード6：生徒は，アメリカの憲法制民主主義の基本的な市民的価値，市民的資質の役割・権利・責任，アメリカの市民生活への参加の道についての理解を論証するためのさまざまな知的技能を活用できる。(New York State Education Department, 1995: 38-42)

5 具体的には，人間の尊厳，多様性の価値，制限された政府，公正，言論の自由，信教の自由，経済機会追求の自由，被統治者の承認による統治，法の支配，在民主権といった民主主義思想，独立している司法制度，政党，苦痛の救済による統治機構を含むアメリカの政治制度など。(The University of The State of new York, 1996a: 9-10)

6 イロクォイ族の政治制度(ホーデノソーニー体制：ロングハウスにおける合議制)が合衆国憲法起草者に影響を与えたとされる。(Weatherford, 1988 小池訳, 1996: 175-196)

【引用文献】

桐谷正信 (1999)「ニューヨーク州社会科フレームワークにおける多文化的歴史教育――『多様性』と『統一性』を中心にして」『埼玉大学紀要教育学部(人文・社会科学)』第48巻第1号

森田真樹 (1995)「米国におけるナショナル・スタンダードをめぐる論争――『合衆国史ナショナル・スタンダード』を中心として」『教育学研究紀要』第42巻，第一部

森田真樹 (1997)「多文化社会米国における歴史カリキュラム開発――合衆国史ナショナル・スタンダードをめぐる論争を手がかりに」『カリキュラム研究』第6号

森茂岳雄 (1996)「ニューヨーク州の社会科カリキュラム改訂をめぐる多文化主義論争――A. シュレジンガー Jr. の批判意見の検討を中心に」『社会科教育研究』No.76

Ankeney, A., Richard, D. R., Nash, G. B. and Vigilante D. eds., (1996) *Bring History Alive! A Sourcebook for Teaching United State History*.

Bradley Commission on History in Schools, (1988) *Building A History Curriculum: Guideline for teaching History in Schools*. The Educational Excellence Network.

Center for Civic Education ed., (1994) *National Standards for Civics and Government*.

Dunn, R. and Vigilante, D., (1996) *A Sourcebook for Teaching World History*, National Center for History in the Schools.

Geography Education Standards Project ed., (1994) *Geography for Life-National Geography Standards*.

Jackson, K. T., (1991) A Dissent Comment, The New York State Social Studies Review and Development Committee, *One Nation, Many Peoples: A Declaration of Cultural Independence*. The State education Department.

National Center for History in the Schools ed., (1994a) *National Standards for History for Grades K-4. Expanding Children's World in Time and Space, Expanded Edition.*

National Center for History in the Schools ed., (1994b) *National Standards for United States History. Exploring The American Experience. Grades 5-12 Expanded Edition.*

National Center for History in the Schools ed., (1994c) *National Standards for World History. Exploring The Paths to Present. Grades 5-12 Expanded Edition.*

National Center for History in the Schools ed. (1996) *National Standards for History. Basic Edition.*（冨所隆治 (1998)『〈社会科教育全書38〉アメリカの歴史教科書──全米基準の価値体系とは何か』明治図書）

New York State Education Department, (1987a) *Social Studies Program 6.*

New York State Education Department, (1987b) *Social Studies Tentative Syllabus. 7.*

New York State Education Department, (1995) *Curriculum, Instruction, and Assessment Preliminary Draft Framework for Social Studies.* June. 9.

Public Law 103-227, (1994) *Goals 2000: Educated American Act.* March.

Ravitch, D. and Finn, Jr. C. E., (1987) *What Do Our -17-Year- Old Know? A Report on the First National Assessment of History and Literature,* Harper and Row Pub.

Ravitch, D. and Schlesinger, Jr. A. et al., (1990) New York State：Statement of the Committee of Scholars in Defense of History. *Perspectives; American Historical Association Newsletter.* vol.28, No.7.

Ravitch, D., (1991) History and the Perils of Pride. *Perspectives; American Historical Association Newsletter.* vol.29, No.3.

Schlesinger, Jr. A. M., (1991a). *The Disuniting of America: Reflection on a Multicultural Society.* Norton edition.（都留重人監訳 (1992)『アメリカの分裂──多文化社会についての所見』岩波書店）

Schlesinger, Jr. A. M., (1991b) The New York State Social Studies Review and Development Committee, *One Nation, Many Peoples: A Declaration of Cultural Independence.* The State education Department.

Sobol T. (1991) *Understanding Diversity*, The State Education Department.

Takaki, R. (1995). *A Different Mirror : A History of Multicultural America.* First Paperback Edition. Little Brown & Company.（富田虎男監訳 (1995)『多文化社会アメリカの歴史──別の鏡に写して』明石書店）

The National Commission on Excellence in Education (1983) *A Nation at Risk: the imperative for educational reform,* a report to the Nation and the Secretary of Education.

United States Department of Education.

The National Council for History Education (1993) *Proceedings 1993 Conference of the National Council for History Education, Theme: Building A History Curriculum: A Five Year Retrospective*. The National Council for History Education.

The New York State Social Studies Review and Development Committee (1991) *One Nation, Many Peoples: A Declaration of Cultural Independence*. The State education Department.

The Task Force on Minorities: Equity and Excellence, (1989) *A Curriculum of Inclusion*. The State Education Department. July.

The University of The State of New York, (1991) *A Compact for Learning: Improving Public Elementary, Middle, and Secondary Education Results in the 1990'*. The New York State Education Department.

The University of The State of New York, (1996a) *Learning Standards for Social Studies*. Revised Edition.

The University of the State of New York, (1996b) *Social Studies Resource Guide*. New York State Education Department.

United States Senate, (1995) Vote Number 23. 18. Jan.

Weatherford, J. M., (1988) *Indian Givers*. Ballantine Books. (小池佑二訳 (1996)『アメリカ先住民の貢献』パピルス)

第6章 「新しい社会史」に基づく多文化的歴史カリキュラムの内容構成原理

本研究は，1980年代以降のアメリカにおける中等教育段階の合衆国史カリキュラムの分析を通して，「新しい社会史」に基づく「多様性」・「統一性」の両者を尊重した多文化的歴史カリキュラムの内容構成の原理を明らかにしようとしたものである。そのために，バンクスが提起する多文化教育を実現する「カリキュラム改革」のための「変換アプローチ」，すなわち，カリキュラムの原理や基本的前提を多文化教育に基づいて根本から変換するアプローチを歴史カリキュラムにおいて具体的に展開する方法について，五つの中等教育段階の合衆国史カリキュラムであるPOSH，1987・1996年版ニューヨーク州合衆国史カリキュラム，1994・1996年版合衆国史ナショナル・スタンダードと日系人史学習プログラムの分析を通して検討してきた。その結果，明らかになったことは以下の三点である。

(1)「新しい社会史」に基づく多文化的歴史カリキュラムのスコープの原理

第一に明らかになったことは，1980年代に隆盛したアメリカ独自の「新しい社会史」が，多文化的歴史カリキュラムのスコープとなることである。

1960年代以降，「新しい社会史」は，歴史研究の内容を，政治的・外交的・戦争的内容から「普通の人々」の「日常的行為」と「心性」へと拡大した。その歴史研究においては，歴史的事象の展開の場として「日常生活」が設定され，「心性」あるいは「日常的行為」の動的変化と静的継続が検証される。あらゆる歴史的事象は，「日常生活」という巨大な人間の経験において位置づけ・関連づけられ，歴史的事象の変化の具体相が描き出される。ここでいう「日常的行為」とは，「普通の人々」が「日常生活」の中で行うさまざまな行為で

ある。具体的には，労働や余暇，性行動，社会的流動性，家族の役割と機能，死に対する態度や振る舞い，精神疾患を含む大衆の健康や医療，犯罪と法執行などの諸行為である。これらには，当時の人々の振る舞いや価値，態度・姿勢といったものが表れるのである。この「日常生活」を描き出すという特質から，「新しい社会史」の探究する「日常的行為」が，多文化的歴史カリキュラムのスコープとなることが明らかになった。

しかし，1960-70年代の「新しい社会史」は，政治的要因をその歴史研究から極端に排除してきた。そのため，初期の「新しい社会史」を理論基盤に持つPOSHでは，そのスコープに政治的要因は含まれていなかった。そのような初期の「新しい社会史」に対して，政治史家から「歴史の分断化」との批判が提起され，1980年代後半に歴史学界において大きな論争が展開された。この論争を通して，1980年代後半以降，「新しい社会史」は，それまで排除してきた政治的要因や事件を，歴史研究の対象として取り込むよう変化していったのである。

1987年以降に開発されたニューヨーク州合衆国史カリキュラム（1987年版・1996年版）では，上記の歴史学における論争を経た「新しい社会史」の「新しい総合」を反映して，POSHにはなかった「政治参加」がスコープの一つに挙げられている。初期「新しい社会史」に基づいたPOSHの五つのスコープは，ニューヨーク州合衆国史カリキュラムのスコープにすべて包含されており，ニューヨーク州のスコープは，「新しい社会史」に基づいた多文化的歴史カリキュラムとして，より包括的なスコープであるといえる。

1960年代以降の「新しい社会史」研究の変化に関する検討，及びPOSH・二つのニューヨーク州カリキュラムの分析から，**表35**に示す10のスコープを，「新しい社会史」の探究する「日常的行為」に基づく

表35 「日常的行為」に基づくスコープ

- 労働と余暇（娯楽）
- 家族
- 健康と医療
- 生と死（ライフサイクル）
- 学校と教育
- 宗教と宗教的行為
- 芸術（文学，美術，音楽）
- 流行
- 犯罪と法（刑罰）
- 政治参加

歴史カリキュラムのスコープとして設定することができる。この「日常的行為」に基づく10のスコープが，多文化的歴史カリキュラムのスコープである。

表35の10の基本スコープは，「新しい社会史」の研究テーマから導出されたものであるため，このスコープに基づく歴史カリキュラムの内容は，マイノリティの歴史的経験に焦点化される。「新しい社会史」がマイノリティの歴史的経験を研究対象とするのは，歴史叙述の対象として「普通の人々」を重視するからである。これまで論じてきたように，「新しい社会史」における「普通の人々」とは，奴隷，工場労働者集団，農民，農場労働者集団などの下層階級集団や，性的集団（特に女性），年齢集団といった社会的マイノリティ集団と，「黒人」やアメリカ先住民，移民などの人種・民族的マイノリティの集団を意味する。それゆえ，「新しい社会史」に基づくスコープを歴史カリキュラムの内容構成に用いることで，従来のマジョリティ中心の政治的・外交的・戦争的内容から，マイノリティの「日常的行為」中心の多文化的内容に「変換」することができるのである。

前述のように，「新しい社会史」は，歴史学研究の対象をこれまでの支配者層であったマジョリティから，社会的・人種的・民族的マイノリティへと転換した。「新しい社会史」が「日常的行為」と「心性」の理解に方向付けられているため，政治史や戦争史における主たる登場人物である偉人・英雄の非日常的行為ではなく，諸マイノリティの「日常的行為」へと焦点化されたのである。この点が，「アメリカ史を持てるものと持たざる者との葛藤・対立として描き出す」（森田，1898: 296）アメリカの「新しい社会史」の特徴である。ゆえに，「日本・イギリス・フランス等の場合と比較して，合衆国のアメリカ社会史研究にみられる際立った特徴は，その国の著しく多様で複雑な人種・民族構成のなかでも，とりわけアメリカ史の全歴史過程を通じて，つねに抑圧されつづけてきた黒人が，その民衆運動の先兵となり，中核的推進者になったという歴史的事実と照応して，新しい社会史研究も，『黒人』史とくに奴隷史ないしは奴隷制度史の分野から始まった」（本田，1989: iv）のである。例えば，「黒人」青年の「日常生活」における人種差別は，「黒人」という民族的・人種的マイノリティと青年という社会的マイノリティの複合的なマイノ

リティとして，その民族固有の伝統文化の保持と社会からの同化圧力との緊張状態の重層的存在として，そして，それらの混合態として黒人青年の「日常生活」が学習されるのである。この特徴によって，「新しい社会史」が多文化的歴史となるのである。

(2) 「すべてのアメリカ人」の歴史的経験を描き出す視点

　第二に明らかになったことは，前述の「新しい社会史」に基づくスコープとマイノリティとマジョリティを包摂した「すべてのアメリカ人」の歴史的経験とを結びつけることによって，「すべてのアメリカ人」の歴史的経験を描き出す多文化的歴史カリキュラムの具体的な内容を設定することができることである。

　従来の多文化主義に基づくとされてきた歴史教育や「新しい社会史」に基づく歴史教育では，諸マイノリティの被差別・被迫害の歴史的経験が主要な学習内容とされてきた。そこでは，そのマイノリティ集団のアメリカ史全体への「貢献」という視点はなく，アメリカ史を「マイノリティ＝差別・迫害の被害者vsマジョリティ＝差別・迫害の加害者」という構図に押し込めてしまう民族中心主義史観に比較的容易に転換してしまう危うさを内包していた。そのような歴史教育に対し，「新しい総合」を経た「新しい社会史」に基づく多文化的歴史教育は，マイノリティのみならずマジョリティをも包摂した「すべてのアメリカ人」の歴史的経験をアメリカ社会の歴史的形成の一部分とみなし，アメリカ史全体への「貢献」という視点からカリキュラムを構成することを可能とした。具体的には，政治的要因の取り込みによるマジョリティとマイノリティの関係や差別の生成過程，権力構造から理解する内容構成が可能になったのである。その構造を図に示すと次頁の**図3**になる。

　多文化的歴史教育における内容の「変換」は，これまでマジョリティ中心による歴史教育をマイノリティ中心に「変換」することによって，歴史学習の内容におけるヘゲモニー争いをすることではない。それは，マジョリティの歴史的経験を中心的内容とする歴史カリキュラムから，マイノリティを含めた「すべてのアメリカ人」の歴史的経験を内容とするカリキュラムに「変換」

第6章 「新しい社会史」に基づく多文化的歴史カリキュラムの内容構成原理　187

```
┌─────────────────────────────────────────────┐
│              すべてのアメリカ人              │
│                                              │
│   ┌─マイノリティ─┐        ┌─マジョリティ─┐ │
│                                              │
│    ╱──────╲              ╱──────╲    │
│   │・エスニック:非白人│  │・エスニック:白人 │   │
│   │・性　　別:女性   │⇔│・性　　別:男性   │  │
│   │・年　　齢:青少年 │  │・年　　齢:成人   │   │
│   │　　　　 ・老年   │  │　　　　 (壮年)   │   │
│   │・職　　業:労働者 │  │・職　　業:政治家 │   │
│   │                  │  │　　　　 ・軍人   │   │
│    ╲──────╱              ╲──────╱    │
│              ・両者の関係                    │
│              ・差別の生成過程                │
│              ・権力構造                      │
└─────────────────────────────────────────────┘
```

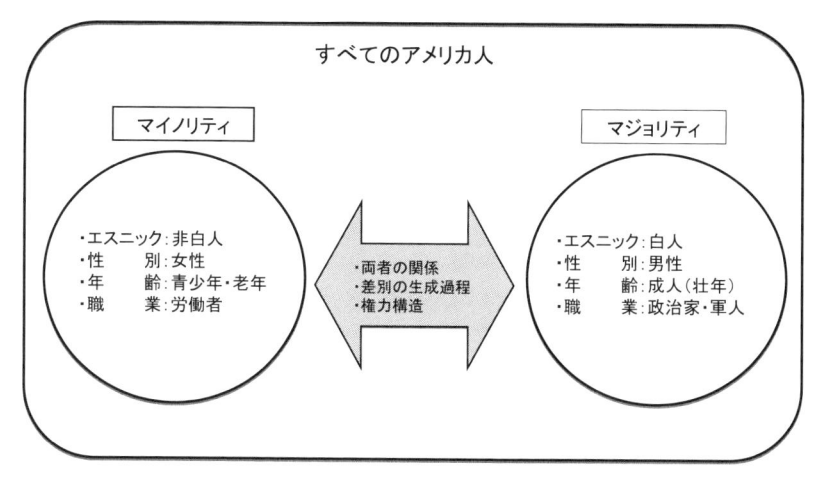

図3　「すべてのアメリカ人」の歴史的経験

することを意味している。ゆえに，マジョリティ中心の政治史・外交史・戦争史から，マイノリティ中心の「日常的行為」にスコープへ「変換」しただけでは，多文化的歴史カリキュラムのスコープに「変換」したとはいえないのである。

　しかし，マジョリティ中心の歴史カリキュラムから，直接的に「すべてのアメリカ人」の歴史カリキュラムに「変換」することは困難である。それまでの強固なWASP中心主義史観が厳然として勢力を持ち続けており，マジョリティを基軸にマイノリティの歴史的経験を加えただけの「付加アプローチ」に終始してしまうからである。そのため，「すべてのアメリカ人」の歴史カリキュラムに変換するためには，二段階の「変換」が必要となる。一度マジョリティからマイノリティへと，歴史学習の内容の中軸を「変換」する。これが第一段階の「変換」であり，POSHと1987年版ニューヨーク州合衆国史カリキュラムの開発がそれにあたる。その上で，第二段階の「変換」として，マイノリティ中心の歴史学習の内容から，マイノリティとマジョリティの両者を包摂した「すべてのアメリカ人」の歴史的経験を内容に「変換」する。1980年代後半の歴史学の論争を経た「新しい社会史」の「新たな総合」に基づいた1996年版ニューヨーク州合衆国史カリキュラムの開発がそれにあた

る。この二段階の「変換」によって，マイノリティの歴史的経験を「日常的行為」において静的に捉える歴史カリキュラムから，マジョリティをも含んだ「すべてのアメリカ人」の文化的・政治的な「貢献」によるコミュニティ形成という視点からアメリカ史を動的に捉えるカリキュラムに「変換」することができるのである。

　上記の図3で示した「すべてのアメリカ人」の歴史的経験と表35で示した「新しい社会史」に基づく多文化的歴史カリキュラムのスコープと結びつけることによって，「すべてのアメリカ人」の歴史的経験を描き出す「新しい社会史」に基づく多文化的歴史カリキュラムの具体的な内容を設定することができる。その関係を構造化して図にすると，次の図4になる。

　「新しい社会史」に基づく10の基本スコープは学習内容の領域を示すものであり，それだけでは具体的な多文化的歴史学習の内容を設定することはできない。スコープの各領域（テーマ）において，図3に示した「すべてのアメ

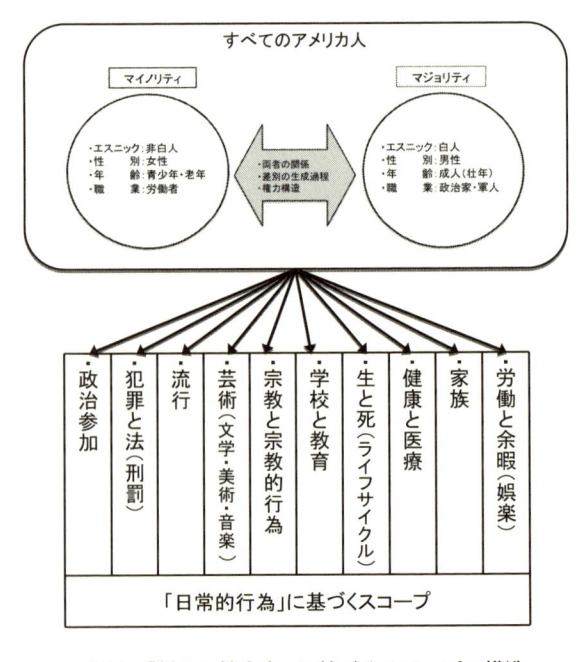

図4　「新しい社会史」に基づくスコープの構造

リカ人」の歴史的経験をマジョリティとマイノリティの両者の歴史的経験や差別の生成過程，葛藤や合意，協働で捉える視点に基づいて，具体的な学習内容が設定されるのである。例えば，スコープの「労働と余暇(娯楽)」において具体的な多文化的歴史学習内容を設定するならば，「白人」と「非白人」の両者の労働や余暇の共通性や差異性，もしくは支配・搾取関係における労働の実態などが具体的な学習内容となる。他にも「男性」と「女性」や，「成人」と「子ども」などのマジョリティとマイノリティの関係において具体的な内容を設定することが求められるのである。

このようなスコープ構成の構造は，POSHにはなく，1987・1996年版のニューヨーク州カリキュラムと1994・1996年に開発された合衆国史ナショナル・スタンダードにみられる構造である。

(3) 多文化的歴史カリキュラムにおける「多様性」と「統一性」のバランス

第三に明らかになったことは，1987-1996年のニューヨーク州社会科カリキュラムの再改訂過程を，「多様性」尊重から「多様性」と「統一性」の両者の尊重への価値の転換過程として捉え直し，歴史カリキュラムにおいて「統一性」と「多様性」の適切なバランスをとるために，両者を相補的関係として捉えることの必要性である。この相補的関係を図に示すと**図5**になる。

「多様性」と「統一性」のバランスは，アメリカ歴史教育の古くて新しい問

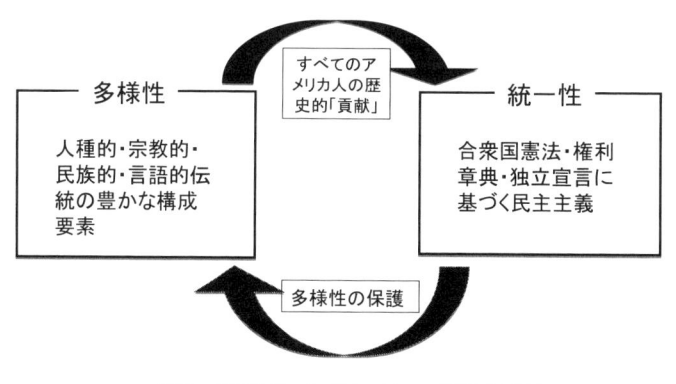

図5 「多様性」と「統一性」の相補的関係

いである。1982年に開発されたPOSHと1987年版ニューヨーク州カリキュラムは、「多様性」の尊重をそのカリキュラムの内容構成の中核においていた。POSHでは、「新しい社会史」理論に基づいてマイノリティの「日常生活」を内容としており、政治的要因を排除した。そのため、マジョリティの歴史的経験や合衆国としての「統一性」は学習内容とされていなかった。また、1987年版ニューヨーク州カリキュラムは、マイノリティの権利や歴史的経験を最大限歴史カリキュラムに反映させようとしたため、顕著に「多様性」を尊重したカリキュラムであった。それゆえ、シュレジンガーJr.やラヴィッチらリベラル派・保守派歴史学者から痛烈な批判がなされたのである。この「多様性」の尊重を中核的価値におくという性格は、1994年版合衆国史ナショナル・スタンダードにも継承され、連邦議会上院においても論議の対象となり、このナショナル・スタンダードの非採択決議の原因となった。これらの「多様性」尊重型歴史カリキュラムは、保守派からの激しいバックラッシュを受け、「多様性」のみならず「統一性」も同時に尊重し、両者のバランスを中核的価値におく歴史カリキュラムへと転換していったのである。

　この「多様性」と「統一性」のバランスを中核的価値におく歴史カリキュラムとして開発されたのが、1996年版ニューヨーク州合衆国史カリキュラムである。1996年版ニューヨーク州カリキュラムは、「多様性」のみではなく、アメリカ人としてのナショナル・アイデンティティ形成のために、多様なアメリカをその「多様性」を尊重しながらも一つの国家としてまとめ上げてきた「統一性」を学習すべき価値として位置づけている。「統一的な合衆国」としてのアメリカを、合衆国憲法、権利章典、独立宣言に基づく民主主義社会として見なしているのである。同時に「多様性からなる合衆国」としてのアメリカを、アメリカ先住民から最初のヨーロッパ人の入植、奴隷とされたアフリカ人の強制移住、経済的機会・政治的自由・信教の自由などの「アメリカン・ドリーム」を求めて世界中の諸地域から集まった膨大な数の移民がもたらした多様な人種的・宗教的・民族的・言語的伝統の豊かな構成要素からなる多文化社会と見なしている。そして、多様な人々（多様性）が苦闘しながら共通の民主主義的諸価値、制度、伝統の発展を築き、一つの強力で統一的

なナショナル・アイデンティティをもつ(「統一性」)国家を形成してきた一方で，その強力な「統一性」をもった国家が，多くの個々の文化的伝統(「多様性」)を保護しているというアメリカ史認識を提示する。換言すれば，「多様性」と「統一性」を相補的関係と捉えているのである。

そして，ここで尊重されている「多様性」とは，「人種的，宗教的，民族的，言語的伝統の豊かな構成要素」であり，「統一性」とは，保守派歴史学者が提示するWASP文化そのものではなく，「合衆国憲法，権利章典，独立宣言に基づく民主主義」思想に基づいたアメリカン・アイデンティティである。マイノリティも，合衆国憲法などで示されている「自由」「平等」「公正」といった人権概念によって自己の文化的権利を主張し，差別や迫害に対抗したのであり，多様なアメリカ人が苦闘の歴史の中で共有した価値となっている。それゆえ，「合衆国憲法，権利章典，独立宣言に基づく民主主義」思想に基づいたアメリカン・アイデンティティによって，WASPのみならずマイノリティを含めた「すべてのアメリカ人」にとっての「統一性」を規定することができるのである。「多様性」の中で「すべてのアメリカ人」の歴史的「貢献」によって統一的なアメリカ社会・国家を形成され，逆に「多様性」の中で形成された「統一性」が，アメリカ民主主義や人権思想に基づいて「多様性」を保護するという相補的関係においてアメリカの歴史が構成されているのである。

歴史カリキュラムにおける「多様性」と「統一性」のバランスは，客観的な数値によって正確に規定できる性質のものではなく，「多様性」と「統一性」という価値のどちらかに偏らないよう，両者の関係を見直し続ける不断の調整によってはかられる。筆者は，図5で示したような相補的関係において歴史カリキュラムの内容を「物語」り続けること(両者の関係を見直し続ける不断の調整)によって，「多様性」と「統一性」のバランスをはかることができると考える。もちろん，カリキュラムやそれに基づいて作成される教科書・教材の個々の具体的な内容や事例においては，「多様性」と「統一性」のどちらかが優位な価値として表出することはありうる。しかし，カリキュラム全体としての多文化的な歴史は，図5のような相補的関係において「物語」られるこ

とによって，両者のバランスをはかることができるのである。

　図5で示した「多様性」と「統一性」の相補的関係は，歴史カリキュラムにおいて「多様性」と「統一性」の適切なバランスをとるための方法である。そして，両者のバランスは，図4で示したマジョリティとマイノリティの関係や差別の生成過程，権力構造の理解という「すべてのアメリカ人」の歴史的経験を捉える視点において機能する。換言すれば，「多様性」と「統一性」の相補的関係は，歴史カリキュラムの内容としてのマイノリティとマジョリティの関係を規定するのである。

　図4で示したマイノリティとマジョリティの権力構造的関係把握では，どちらか一方の立場・視点に偏る危険性を孕んでいる。特に，多文化教育や「新しい社会史」は，前述した通りマイノリティからの異議申し立てをその理論的背景にもつため，マイノリティの立場・視点に偏る傾向をもっている。つまり，図4で示したスコープ論だけでは，多文化的歴史カリキュラムとして求められる「多様性」と「統一性」のバランスを十分にはかることは難しい。マイノリティの立場・視点から歴史を「物語る」か，マジョリティの立場・視点から「物語る」か，どちらか一方に拠ってたつ立場や視点に固定すると，固定した立場・視点からもう一方の歴史的経験を「物語る」ことになり，マイノリティとマジョリティ両方の歴史的経験を含むことにはなるが，その歴史的経験の「物語り」には偏向が生じてしまうのである。例えば，マジョリティの立場・視点に立った「物語り」であれば，1970年代までの歴史教科書で描かれてきた「アメリカ大陸の発見」や西部開拓におけるネイティブ・アメリカン，「黒人」に関する叙述などが挙げられる。

　どちらか一方に立場・視点を固定するのではなく，図4で示したマイノリティとマジョリティの関係を，図5で示した「多様性」と「統一性」の相補的関係という視点から「物語る」ことによって，多文化的歴史カリキュラムの多文化性が保障されるのである。つまり，「多様性」と「統一性」の相補的関係は，多文化的歴史カリキュラムにおける「多様性」と「統一性」，マイノリティとマジョリティの関係に関する語りについて，適切なバランスをはかったり，較正する機能を持つのである。これが，本研究の結論である「新しい

社会史」に基づく「多様性」・「統一性」の両者を尊重した多文化的歴史カリキュラムの内容構成原理である。

【引用文献】

森田尚人 (1898)『デューイ教育思想の形成』新曜社

本田創造 (1989)「はじめに──編者として」『アメリカ社会史の世界』三省堂

終　章　本研究のまとめと今後の展開

第1節　本研究のまとめ

　本研究では，1980年代以降のアメリカにおける合衆国史カリキュラム(POSH, 1987年・1996年版ニューヨーク州カリキュラム，1994年・1996年合衆国史ナショナル・スタンダード，日系人史学習プログラム)の分析を通して，多文化的歴史カリキュラムのあり方について検討してきた。特に，マイノリティの「日常生活」を探究対象とする「新しい社会史」に注目し，「新しい社会史」に基づく歴史カリキュラムの内容構成について論じた。「新しい社会史」の基礎理論及びその変化が歴史カリキュラムに及ぼす影響について考察し，「新しい社会史」に基づく「多様性」・「統一性」の両者に尊重した多文化的歴史カリキュラムの内容構成の原理を明らかにした。

　第1章では，アメリカにおける「新しい社会史」の成立の過程を概観し，「新しい社会史」四つの特質，すなわち，(1)「底辺からの歴史」によるマイノリティの歴史，(2)「心性」と「日常的行為」の変遷過程の重視，(3)「全体史(total history)」への志向，(4)「工業化」の過程に基づく比較的長期の時代区分を，スターンズの「新しい社会史」論について検討した。「新しい社会史」が「底辺からの歴史」を志向する多文化的歴史であり，「普通の人々」の「日常的行為」と「心性」の変化に着目することによって，マイノリティの歴史を探究できることを指摘した。上記の検討をふまえ，本章では，「新しい社会史」は，政治史に偏向した従来の歴史学に対して，人間の行為全体の歴史研究という「全体史」へのアプローチであることを明らかにした。

　第2章では，スターンズによって1982年に開発されたPOSHのカリキュ

ラムの内容構成について検討した。このカリキュラムは,「新しい社会史」が歴史教育に導入され始めた初期の体系的なカリキュラムであると同時に,「新しい社会史」研究の第一人者によって開発されたカリキュラムであるため,「新しい社会史」に基づく多文化的歴史カリキュラムの原型に位置づく。具体的には, POSH が,「新しい社会史」に基づく五つのテーマ史をスコープとし,「新しい社会史」特有の比較的長期の四つの時代区分をシークエンスとするカリキュラムの構造をもっていることを明らかにした。その際, 本カリキュラムは, その五つのテーマ史が独立して並立する特異なカリキュラム構造をもっていることにも言及した。次に, カリキュラムの五つのテーマを①「日常的行為」の歴史と②マイノリティ集団の歴史に分けることができ, 五つのテーマ史が, それぞれの中心テーマとその他の「新しい社会史」的内容とを関連させながらカリキュラムの内容構成をはかっていることを明らかにした。

　第3章では, POSH の五つのテーマ史の中から二つのテーマ史 (単元) を事例として取り出し, 具体的なカリキュラム構成について分析した。具体的には, 単元「歴史の中の家族」を取り上げ, マイノリティの「日常生活」の動的変化と静的継続の理解という「新しい社会史」に基づく多文化的歴史教育の内容構成を明らかにした。次に, 単元「歴史の中の幼少期と青年期」を取り上げ, 人種・民族的マイノリティと社会的マイノリティの重層的マイノリティの歴史的経験の理解という「底辺からの歴史」＝多文化的歴史教育の内容構成を明らかにした。そして, POSHが1970年代後半の初期「新しい社会史」論に基づいており, そのため, 多文化的歴史カリキュラムとして三つの課題をもっていることを指摘した。第一はテーマ史に基づくカリキュラム構造をもっているため, 統一的なアメリカ史認識の育成が難しいという問題, 第二はPOSH の「人種的・民族的マイノリティ」にアメリカ先住民が含まれていないという問題, 第三は政治史的内容の欠落という問題である。第4章以降では, この三つの課題の克服の試みについて検討した。

　第4章では, 歴史学における「新しい社会史」と政治史の総合の過程と, 1987年に改訂されたニューヨーク州の合衆国史カリキュラム及び日系人史

学習プログラムを分析対象として，1980年代後半以降に「新しい社会史」に基づく多文化的歴史カリキュラムが広く展開される前提となった転換点を明らかにした。具体的には，1980年代半ばにアメリカ歴史学界で展開された「新しい社会史」をめぐる論争を取り上げ，その論争を通して，「新しい社会史」が研究対象として政治的要因を取り入れるようになったことを指摘した。歴史カリキュラムの内容構成について検討するには，基盤となる歴史理論の変化は重要な問題であり，この時期の「新しい社会史」理論の変化を検討することで，1980年代後半以降の「新しい社会史」に基づく多文化的歴史カリキュラムの展開を明らかにすることができた。これにより，第3章で明らかにしたPOSHの三点目課題を克服する視点を提示することができた。次に，多文化教育に基づくカリキュラム改革を標榜したニューヨーク州の1987年の合衆国史カリキュラムと日系人史学習プログラムを分析し，初期「新しい社会史」の上記の三つの課題に対応した「新しい社会史」に基づく多文化的歴史カリキュラムの内容構成を分析した。マイノリティ集団を含んだ諸民族集団の文化的・政治的な「貢献」によるコミュニティ形成という視点からアメリカ史を捉える歴史把握の方法は，アメリカ歴史教育の課題である「すべてのアメリカ人」のための歴史の追究，「多様性の中の統一」における歴史認識に対する一つの解答であることを明らかにした。

　第5章では，1996年に開発されたニューヨーク州合衆国史スタンダードとその改訂過程の分析を通して，「新しい社会史」に基づく多文化的歴史カリキュラムにおける「多様性」と「統一性」がどのように変化したかを明らかにした。具体的には，1987年版合衆国史カリキュラムの改訂過程において，保守派歴史学者からの激しい批判を受け，「多様性」の尊重から「多様性」と「統一性」の両者の尊重へと転換したことを明らかにした。次に，1996年に開発されたニューヨーク州合衆国史スタンダードの開発に影響を与えた合衆国史ナショナル・スタンダードが，「新しい社会史」に基づいて内容構成がなされている多文化的歴史スタンダードであることを指摘した。上記の検討から，ニューヨーク州は，アメリカの民族的「多様性」の理解を前提として，合衆国憲法，独立宣言，権利章典に基づく民主主義思想を中核としたアメリカン・

アイデンティティの創出による「統一性」の尊重という一つの解答を提示したことを明らかにした。

第6章では，第5章までの検討をふまえて，「新しい社会史」に基づく多文化的歴史カリキュラムの内容構成原理を明らかにした。第一に，POSHと1987・1996年版ニューヨーク州合衆国史カリキュラム，1994・1996年版合衆国史ナショナル・スタンダード，日系人史学習プログラムの分析を総括し，「新しい社会史」に基づく多文化的歴史カリキュラムに通底するスコープの構成原理として，「新しい社会史」の「日常的行為」が注目されることを明らかにした。第二に，「多様性」が「すべてのアメリカ人」の歴史的「貢献」によって統一的なアメリカ社会・国家を形成し，「多様性」の中で形成された「統一性」がアメリカ民主主義や人権思想に基づいて「多様性」を保護するという相補的関係としてアメリカ史を捉えることによって，「多様性」と「統一性」の適切なバランスがはかられることを明らかにした。最終的に，上記の二点を総合して，「新しい社会史」に基づく「多様性」・「統一性」の両者を尊重した多文化的歴史カリキュラムの内容構成の原理を以下のように示した。多文化的歴史カリキュラムの具体的な学習内容は，「新しい社会史」に基づく10の基本スコープ（テーマ）において，マイノリティとマジョリティの関係を権力構造的把握によって捉える視点スコープに基づき設定される。そして，「多様性」と「統一性」の相補的関係においてアメリカ史を「物語る」ことによって，視点スコープにおけるマイノリティとマジョリティ，「多様性」と「統一性」の適切なバランスをとることができる。この内容構成原理を本研究の結論とした。

第2節　日本への示唆と今後の課題

(1) 本研究の日本への示唆

本研究が日本の歴史教育及び歴史カリキュラム開発に示唆しうる点は，以下の二点である。

第一点は，これまでのマジョリティである日本人の政治史中心の内容構成

を，「新しい社会史」に基づいて「日常的行為」をスコープとすることで，次の二つの問題が克服できると考える。

　①政治史・外交史・戦争史中心の歴史カリキュラムからの脱却
　②マジョリティである日本人・男性中心史の歴史カリキュラムからの脱却

　政治史・外交史・政治史からの脱却については，「日常的行為」をスコープとすることで，政治的事件，外交・戦争などで活躍したいわゆる「偉人」の歴史的経験だけではなく，その時代，その社会に生きた「普通の人々」の歴史的経験を内容とするカリキュラムを開発することができる。現在の日本の歴史教育において，「普通の人々」はほとんど取り上げられていない。農民への賦役や農村・惣の発達，市や産業の発達，身分制度，百姓一揆・土一揆，江戸時代の元禄・化政文化，労働運動・部落解放運動・婦人運動などの社会運動，第二次世界大戦での犠牲などでは，非支配者層である農民・町民・庶民・民衆などが取り上げられてはいるが，あくまで集団として一括りにされ，それらの人々の具体的な経験に踏み込んで取り上げられてはいない。個々の社会科教師が，独自の教材開発・教材研究において，「普通の人々」の「日常生活」を内容とする実践は当然ながら多数存在してきた。しかし，カリキュラムレベルで，これらの内容を包摂する試みはなされていない。

　マジョリティである日本人・男性中心史からの脱却については，「普通の人々」の「日常生活」が歴史教育の内容となるため，「普通の人々」としてさまざまなマイノリティの歴史的経験をカリキュラムの内容とすることができる。しかし，現在の歴史カリキュラムや教科書では，人種・民族マイノリティである在日韓国・朝鮮人の存在については，朝鮮支配の部分で軽く触れられている程度であり，その後の差別や迫害についてはほとんど取り上げられない。アイヌ民族に関しても，長らく日本ではアイヌ民族を先住民とは認めておらず，江戸時代の松前藩との交易やシャクシャインの蜂起に関して扱うのみである。しかし，2008年6月6日に，衆・参両院において「アイヌ民族を先住民族とすることを求める決議」が全会一致で採択された。アイヌ民族が日本の先住民族であることが，公式に認められたのである。今後は，先住民としての固有の権利や尊厳を重視した扱いに変わっていくことが期待さ

れる。その他,古墳時代以降の渡来系の諸民族についてもほとんど扱われていない。また,女性もほとんど登場しない。卑弥呼と推古天皇,紫式部,清少納言,北条政子,津田梅子,与謝野晶子,樋口一葉といった政治的支配者か文化的エリートのみの名前が取り上げられるが,女性の,その時代・その社会における「日常生活」は取り上げられてはいない。当然,子どもや若者,高齢者の歴史的経験はほぼないといってよい状態である。「新しい社会史」に基づく歴史カリキュラムでは,このような人々の歴史的経験を,カリキュラム全体の中で,公正に位置づけることが可能となると考える。

　第二点は,中央集権的な国家統合を軸とした「統一性」に傾斜したカリキュラムを,「多様性」と「統一性」の両者に配慮したカリキュラムに転換しうると考える。上記のように,日本の歴史カリキュラムは,支配者層の男性の政治的・戦争的経験を軸として,どのように国家が成立・分裂・再統合・発達してきたかを描き出すカリキュラムである。その中心的価値は「統一性」である。そのようなカリキュラムでは,多様な人々の歴史的経験は無視されてしまうのである。本研究で明らかにした「多様性」を前提とし,その上で共通の価値に基づく「統一性」を思考するカリキュラムを開発する方法が有効であると考える。「統一性」に基づく歴史カリキュラムを,「多様性」と「統一性」の両者を尊重したカリキュラムに変換するということは,「統一性」に大きな価値を置いてきた日本の歴史教育では大きな困難が伴うことが予想される。多文化社会であるアメリカでも1980年代に入るまで,合衆国史教科書はギリシャ・ローマから始まり,ヨーロッパ史を経てやっと合衆国史が始まる構成がとられてきたのであり,日本人が圧倒的マジョリティである日本では,より強い抵抗があることが想像に難くない。しかし,第4・5章で取り上げたアメリカにおける,激しい論争を経ながらも一歩一歩着実に歴史カリキュラムを多文化化していった営みから学ぶことが,日本の歴史カリキュラムの転換に示唆を与えると考える。

(2) 今後の課題

　これまでのアメリカ歴史教育研究は,二つの課題,すなわち教材開発及び

授業構成論に留まっていたという問題と，アメリカの歴史教育研究にもかかわらずヨーロッパの歴史理論によって分析していたため，アメリカの多文化的文脈においてその特質を解明できなかったという問題を抱えてきた。これらの課題に対して，本研究は，まず，歴史教育研究の枠組みを，個々の教材開発・授業構成論からカリキュラムの内容構成論に広げる視点と方法を提示することができた。歴史教育は，地理教育や公民教育とは異なり，単元やテーマ，取り上げる問題ごとに完結する教育にはなりにくい。古代から現在までのさまざまな事象の繋がりと全体像の理解を目的とし，その「物語り」を重視するからである。ゆえに，歴史教育の研究においては，個々の授業の構成や取り上げる教材が重要である一方で，その基盤となる全体の「物語り」がより重要である。カリキュラムの内容構成は，その「物語り」を紡ぐ方法であり，「物語り」そのものである。したがって，歴史教育研究においてはカリキュラムの内容構成を基盤に据えた研究が展開されなくてはならない。

次に，本研究は，「新しい社会史」の人種・民族的マイノリティの歴史的経験を重視する特質を研究の基本的視点としたことによって，アメリカ史の多文化的文脈を明らかにすることができた。アメリカの多文化的歴史を，ヨーロッパの社会史（アナール学派）理論によって分析・解釈することは，社会史理論の一般原則を抽出し，その世界的共通性の検討においては有効であるが，アメリカにおける社会史教育の分析には有効とは言えない。アメリカ歴史教育に関する研究では，アメリカの歴史・文化的文脈に則した理論に基づく研究が必要なのである。

また，多文化的歴史教育に関するこれまでの研究では，多文化教育をめぐる論争に焦点が当てられ，アメリカ史を多文化的視点で捉える具体的な視点や方法を提示してこなかった。多文化主義論争や多文化教育研究者の思想の探究から，具体的な多文化教育カリキュラムを検討する研究へと「変換」するモデルを示すことができた。

今後，アメリカにおける多文化的歴史カリキュラムに関する研究をさらに深めていくためには，以下の三点を課題としたい。

第一は、2001年以降の多文化的歴史カリキュラムの開発がどのように展開されているか、明らかにすることである。本研究は、「新しい社会史」に基づく多文化的歴史カリキュラムの開発が開始された1980年代前半からスタンダード運動が盛んとなった1990年代までを研究対象とした。2001年9月11日におこった同時多発テロ以降のアメリカは、保守的傾向を強め、愛国心の急激な高まりをみせた。その後のイラク戦争、アフガニスタン攻撃などの対外的な戦争という対外的な愛国の発露と、「テロリズムの阻止と回避のために必要な適切な手段を提供することによりアメリカを統合し強化する2001年の法（愛国者法）」(Public Law 107-56, 2001) の制定や全体主義的な傾向の強化の中で、合衆国史におけるマイノリティについてどのような語られ方がされるようになったか、その転換を検討することが必要であろう。また、2008年に行われた前回の大統領選挙において、民主党の大統領候補選出が、アフリカ系アメリカ人であるバラック・オバマ (Obama, Jr. B. H.) と、女性であるヒラリー・クリントン (Clinton, H. R.) という人種・民族的マイノリティと社会的マイノリティが大統領候補を争い、どちらが大統領候補に選出されても、アメリカ史上初のマイノリティ大統領の誕生しうる状況が出現した。最終的には、オバマ大統領の当選によって、アメリカ初のアフリカ系大統領が誕生した。ノーベル平和賞も受賞し、低迷する経済と混迷する政治状況を大きく変化 (Change) させることが期待された。歴史教育、特に自国史の教育は、時の政治状況や思想状況の影響を大きく受けるものである。また、多文化主義も同様にそれらの影響によりその論じられ方、志向する社会のありようも大きく変化する。2001年以降のアメリカは激動の転換期であり、その渦中で多文化的歴史教育がどのような変化を経ているかを検討することが求められる。

　第二は、具体的な教科書、教材の分析を通して、多文化的歴史教育の内容をより詳細に明らかにすることである。本研究では、合衆国史カリキュラムを分析対象とし、カリキュラムという歴史教育の目標・内容の枠組みの検討を中心に行ってきた。アメリカは、連邦制であり、教育に関する権限は各州政府が握っている。各州の教育局・委員会が独自にカリキュラムを策定し、

教育を行っている。そのため，アメリカの教育に関して検討する場合，州の策定するカリキュラムが学校現場に影響を及ぼしうる最も公的なカリキュラムである。しかしながら，州の策定したカリキュラムも法的な拘束力をもってはいない。実際には，州カリキュラムを参考として各学区・学校が独自のカリキュラムを開発し，実践を展開している。その際，重要となるのが教科書である。教科書の記述が具体的な授業に影響を及ぼすのである。アメリカでは，教科書は州カリキュラムをまったく無視して作られるのではなく，重要な州や規模の大きな州のカリキュラムに対応する形で執筆される。今後は，ニューヨーク州で多く採択されている合衆国史教科書を，州カリキュラムとの連動性を中心に分析することが必要であると考える。

　第三は，多様性の基盤の相違に基づく多文化的歴史カリキュラムの多様性を明らかにすることである。本研究では「新しい社会史」家が開発したPOSHと，ニューヨーク州合衆国史カリキュラムを主たる分析対象とした。POSHは「新しい社会史」に基づいて最も早くそして体系的に開発された合衆国史カリキュラムであり，多文化教育の全米で最も先進的であり，「新しい社会史」に基づいた多文化的歴史カリキュラムを最も早く開発したニューヨーク州を分析対象とした。前述の通りカリキュラムの開発は州政府が行うため，多文化的歴史教育の内容構成は，各州のもつ多様性の基盤の相違によって大きく異なる。ヨーロッパ人による植民が最初に行われた東海岸に位置する州と，アフリカ系アメリカ人が多く居住し，奴隷制や南北戦争という歴史的経験を有する南部に位置する州，西部開拓によって漸次的に拡大していった西海岸に位置する州では，それらの州の経てきた歴史的経験や人種・民族構成は大きく異なっている。多文化的歴史教育では，それらの要素こそが重要な学習内容となるのであり，州の多様性の基盤の相違が多文化的歴史教育の相違に繋がるのである。ニューヨーク州以外の複数の州の合衆国史カリキュラムの比較分析を通して，アメリカにおける多文化的歴史カリキュラムの多様性を明らかにする必要がある。

第3節　多文化的歴史教育の今日的展開

(1) 多様性の基盤の相違に基づく多文化的歴史教育スタンダード開発

　1994・1996年のナショナル・スタンダードの開発以降，アメリカ全土でスタンダード運動が開発され，すべての州でスタンダードが開発されている。ナショナル・スタンダードは法的拘束力をもたないものの，ほとんどの州教育局・委員会は，州スタンダードの開発においてナショナル・スタンダードを参照しており，州スタンダードの内容がナショナル・スタンダードのどの内容に対応しているかを明示する州も多くある。第5章で検討した通り，合衆国史ナショナル・スタンダードは多文化的歴史スタンダードであり，その内容構成の中核に「新しい社会史」を位置づけている。そのナショナル・スタンダードに基づいて各州の合衆国史スタンダードが開発されているということは，「新しい社会史」に基づく多文化的歴史カリキュラムが，アメリカ全体で開発されるようになったことを意味する。もちろん，各州で合衆国史ナショナル・スタンダードに依拠する度合いやポイントは異なっているため，すべての州の合衆国史スタンダードがナショナル・スタンダードと同様の「新しい社会史」に基づく多文化的歴史スタンダードとはなっていない。また，州の歴史的経験や人種・民族構成によって，開発される多文化的歴史スタンダードも大きく異なる。

　本節では，前節で提示した今後の課題の第三の課題に対する研究の端緒として，ピルグリム・ファーザーズらヨーロッパ人の「植民」以前の北米大陸最古の都市・町を抱える南西部，具体的には，アリゾナ州，ニューメキシコ州，コロラド州の合衆国史・州史スタンダードにおけるアメリカ先住民の「先住性 (indigenous)」を基軸に比較することを通して，3州の多文化的歴史カリキュラムが，それぞれの州の抱える多様性の基盤の相違に基づく多文化的歴史教育の捉え方の差異に照応した構成になっていることを明らかにする。この3州の合衆国史スタンダードは，1995年から2001年にかけて開発されたスタンダードであり，第一の課題に対する研究の端緒にも位置づく。

　アメリカ合衆国の2000年の国勢調査によると，アメリカ先住民の人口は，

247万人と，全人口の0.9％に過ぎない。しかしながら，アメリカ先住民が居住していた土地に，ヨーロッパからの「植民」を契機として世界中からの移民によって国家を成立・発展させたアメリカ合衆国の歴史において，アメリカ先住民の「先住性」のもつ意味は極めて重い。多文化的歴史教育を展開する上で，「先住性」は最も重要なメルクマールの一つなのである。

アリゾナ州は，ナバホ族（Nabajo），ズニ族（Shiwi），ホピ族（Hopi）等の居留区（reservation）が大きな面積を占め，ニューメキシコ州にはアメリカ最古の町であるアルバカーキ（Albuquerque）やサンタフェ（Santa Fe）があり，グランドキャニオンに近く，プエブロ・インディアンの居留区もある。コロラド州も，現在でもアメリカ先住民の文化が色濃く残っている。それらの州における多文化的歴史教育のあり方も，「植民」による「合衆国」の発祥の地を自任する東海岸の多文化的歴史教育とは異なっているのである。

アメリカの多文化的歴史教育におけるマイノリティ取り扱いに関するアプローチは，大きく以下の三つに大別できる（Banks, 1994:206-207；原田，2003: 200-201）。

表36　アメリカ多文化的歴史教育のアプローチ

・「伝統文化アプローチ」	：地域・州・合衆国におけるマイノリティの文化的伝統に関する学習
・「貢献アプローチ」	：地域・州・合衆国の発展・開発におけるマイノリティの貢献とマジョリティとの相互作用に関する歴史に関する学習
・「抑圧アプローチ」	：マジョリティの間の相互作用と葛藤・紛争によるマイノリティに対する抑圧の歴史に関する学習

「伝統文化アプローチ」は，主に多文化教育の導入として採られるアプローチであり，「貢献」や「抑圧」といった政治的文脈には乗せずに，伝統的な文化や生活様式のそのものをある一定の価値あるものとして学習する。「貢献アプローチ」は，先述したニューヨーク州合衆国史スタンダードが採用しているアプローチであり，多文化社会の正（プラス）の側面を積極的に打ち出し，多文化社会においてマイノリティを高く位置づけるアプローチである。「抑

圧アプローチ」は、マジョリティや他の集団との相互作用や影響の意義や成果を評価しつつも、多文化社会の正と負（マイナス）の両側面から学習するアプローチである。本節では、上記の三つのアプローチを指標として、3州の歴史スタンダードにおける「先住性」への配慮を分析する。3州のスタンダードも、全米のスタンダード運動の下にナショナル・スタンダードに基づいて開発されたものであり、その基本的性格は多文化的歴史教育を志向しているといえる。しかし、ナショナル・スタンダードは全米統一的なスタンダードとして汎用性を重視した内容となっており、アメリカの各州の多様性の基盤には配慮した構成とはなっていない。各州は、それぞれの州の多様性の基盤に即して独自の特異な多文化的歴史スタンダードを開発しており、個別の分析が必要である。

(2) アリゾナ州「歴史スタンダード」における「アメリカ先住民」

アリゾナ州は、2000年に社会科に関して四つの『社会科スタンダード』を開発している(Arizona State Board of Education, 2000a)。それぞれのスタンダードは、「スタンダード1」が歴史、「スタンダード2」が公民／政治、「スタンダード3」が地理、「スタンダード4」が経済となっており、ナショナル・スタンダード同様、K-12学年までを一貫するものとして位置づけられている。歴史スタンダードは以下の通りである。

スタンダード1：歴史
　生徒は、時間を通して人間の経験を分析し、出来事と人々の間の関係を認識し、アリゾナ史、アメリカ史、世界史における重要なパターン、テーマ、理念、信念、転換点を解釈する。

四つのスタンダードが基本スタンダードとして開発され、K-12学年までを、「準備(readiness)段階＝幼稚園」、「基礎(Foundations)段階＝第1-3学年」、「必修(Essentials)段階＝第4-8学年（場合によっては第4-5、第6-8学年に分割）」、「発展(Proficiency)段階＝第9-12学年」の四段階に分け(Arizona State Board of Education, 2000b)、その下位に具体的なスタンダードが設定されている。その具体的な

スタンダードの下位に,「達成目標(Performance Objective)」が設定されている。各段階の最初に設定されているスタンダードは,歴史学習の基本的技能や研究方法についての技能スタンダードであり,それ以降に内容スタンダードが続くように構成されている。段階が上がるにつれて歴史学習技能はより高度なスタンダードが求められる。

「内容スタンダード」は,以下のような歴史学習の構成となっている。

表37　アリゾナ州合衆国史スタンダードの構成

基礎段階 (幼稚園)	:	時間意識
基礎段階 (1-3)	:	今と昔,家族史,近隣の歴史
必修段階 (4-8)	:	アリゾナ州史・合衆国史
		4-5;アリゾナ州を中心とした合衆国史
		6-8;世界史をふまえた合衆国史
発展段階 (9-12)	:	世界史

歴史学習の全体としては,家族史や地域史から始まり,アリゾナ州史と合衆国史を関連させながら学習する構成となっている。基本的にはナショナル・スタンダードに基づき構成されている。ナショナル・スタンダードは12学年までを一貫して合衆国史を学習する構成となっているが,アリゾナ州スタンダードでは,第4-8学年までで合衆国史を,第9-12学年では世界史を学習する構成になっている。これは,ナショナル・スタンダードが,法的拘束をもつ日本の学習指導要領とは異なり,あくまでも各州が独自のスタンダードやカリキュラムを開発するためのガイドラインであり,統一的なスタンダードであるが緩やかな基準だからである。

アリゾナ州スタンダードでは,アメリカ先住民に関する学習は,「必修段階」,特に第4-5学年を中心として展開される。ゆえに,本研究では,必修段階のスタンダードにおいて,アメリカ先住民がどのように位置づけられているか分析する。第4-5学年では,七つのスタンダードが設定されており,前述したように一つ目のスタンダードは歴史学習のための「技能スタンダード」であり,「内容スタンダード」は2-7のスタンダードに当たる。各スタンダードの下に計28の「達成目標」が設定されている。この「達成目標」がス

タンダードの具体的内容を規定している。**表38**は，第4-5学年のスタンダードにおいて，アメリカ先住民に関する学習内容が挙げられている「達成目標」を抽出したものである。

表38　アリゾナ州必修段階（第4-5学年）におけるアメリカ先住民の位置づけ

〈PO：達成目標（Performance Objective）〉

必修-2：アリゾナにおける先史時代のアメリカ・インディアンの遺産と文化について，以下のことに注目し，地理的環境の影響とそれへの適応を含めながら説明する。	
PO1	考古学的・人類学的研究が，どのように我々に先史以前の人々に関する情報を与えるか。
PO2	道具の開発と環境への適応を含んだ狩猟採集社会の特徴
PO3	栽培植物化による農業の発達
PO4	アナサジ（Anasazi）族，ホホカム（Hohokam）族，モゴヨン（Mogollon）族の特徴的な文化（居住地，農業，住居，装飾文化，貿易ネットワーク）
PO5	先史時代の文化が，彼らの灌漑運河や住居を含んだ環境にどのように適応し，それを改変したか。
必修-3：以下のことに注目し，スペイン植民地・メキシコ植民地建設とアリゾナの最初の住民との経済的・社会的・政治的相互作用を説明する。	
PO3	伝道所・要塞・都市の建設や先住民への影響を含めたスペイン植民地建設の理由
PO5	スペインとインディアンの伝統から創られた特異で強靭な文化的アイデンティティの創造
必修-4：アリゾナにおける経済的・社会的・政治的生活と，さまざまな文化集団から現代のアリゾナが受け継いだ遺産を説明する。	
PO2	インディアン戦争を含めて，ニューカマーとアリゾナのアメリカ・インディアンとの間に生じた文化葛藤
PO3	アメリカ・インディアン，ヒスパニック，アメリカ合衆国や世界の他の地域から来たニューカマーなどのさまざまな文化集団やエスニック集団の生活や貢献
必修-5：北アメリカに対する初期のヨーロッパ人の探検の原因・経路・結果を，以下のことに注目しながら説明する。	
PO3	先住民への政治的・経済的・社会的影響
	必修-6：北アメリカ植民地建設の政治的・宗教的・経済的局面を説明する。
PO5	農業的・文化的な交換と結果として生じた葛藤の原因を含んだ，アメリカ・インディアンとヨーロッパ人入植者との間の相互作用

Arizona State Board of Education ed., 2000a: 5-7. より筆者作成

「必修-2」スタンダードでは，アメリカ先住民の文化的伝統や生活様式に関する学習を行う「伝統文化アプローチ」が採られている。「必修-2」スタンダードは，主に考古学に依拠する学習であり，地理的環境とアメリカ先住民の伝統文化や生活様式との関連性が取り上げられる。アリゾナの地理的環境に適応した文化の発達が学習される。「必修-3」スタンダードでは，アリゾナの発展・開発に対するアメリカ先住民の貢献と影響について歴史的に学習する「貢献アプローチ」が採られている。スペイン・メキシコ植民地建設を通して行われたキリスト教化の過程，キリスト教文化とアメリカ先住民の文化的伝統とが融合して成立した特異な文化的アイデンティティが学習される。この「貢献アプローチ」では，主に文化的融合やマイノリティとマジョリティの共存共生の正（プラス）の側面が強調される。「必修-4, 5, 6」スタンダードは，アメリカ先住民と「入植者」との相互作用と葛藤・紛争による先住民に対する抑圧に関して歴史的に学習する「抑圧アプローチ」が採られている。インディアン戦争以降のヒスパニックやヨーロッパ人とアメリカ先住民の間の文化的葛藤や相互作用，紛争を通してどのようにアリゾナ州が形成されていったかを学習する構成となっている。この「抑圧アプローチ」は，経済的・政治的・文化的相互作用を前提としながらも，そこで生じる葛藤や紛争といった多文化状況の負の側面が強調される。アリゾナ州スタンダードにおけるアメリカ先住民に関する学習は，「抑圧アプローチ」を中心に，その基礎として「伝統文化アプローチ」「貢献アプローチ」が位置づけられている。

(3) ニューメキシコ州「歴史スタンダード」における「アメリカ先住民」

ニューメキシコ州も，2001年に『ニューメキシコ州社会科内容スタンダードと規準：序文とカリキュラム・フレームワーク』(New Mexico State Board of Education ed., 2001)を開発した。「内容スタンダード(Content Standards)」は，ナショナル・スタンダードに基づき，アリゾナ州と同様に，「内容スタンダードⅠ」が歴史，「内容スタンダードⅡ」が地理，「内容スタンダードⅢ」が政治／公民，「内容スタンダードⅣ」が経済となっている。歴史スタンダードは以下の通りである。

> **内容スタンダードⅠ：歴史**
> 生徒は，人間の経験の複雑さを理解するために，ニューメキシコ州史，合衆国史，世界史における重要なパターン，関係，テーマ，理念，信念，転換点を分析するために，重要な人物や出来事を確認できる。

　四つのスタンダードを段階別で配列したアリゾナ州とは異なり，ニューメキシコ州は，ナショナル・スタンダードに近い形でK-12学年を一貫したスタンダードが構成されている。K-4学年，第5-8学年，第9-12学年の3段階に分け，それぞれの段階に「規準 (Benchmark)」が設定され，その下位に各学年ごとに具体的な「達成標準 (Performance Standards)」を置くカリキュラム構造となっている。

　「内容スタンダードⅠ」は，ニューメキシコ州史・合衆国史・世界史を貫く歴史学習全体に関するスタンダードであり，具体的には，「規準－A」がニューメキシコ州史，「規準－B」が合衆国史，「規準－C」が世界史についての規準となる。

　ニューメキシコ州スタンダードでは，主に第5学年以降のニューメキシコ州史と合衆国史においてアメリカ先住民に関する学習内容が展開される。ゆえに，本研究では，第5-12学年のニューメキシコ州史・合衆国史に関するスタンダードにおいて，アメリカ先住民がどのように位置づけられているか分析する。各「規準」の下に設定されている「達成標準」がスタンダードの具体的内容を規定している。下記の**表39**は，第5-12学年の「規準」において，アメリカ先住民に関する学習内容が挙げられている「達成標準」を抽出したものである。

　ニューメキシコ州スタンダードでは，「規準」毎に異なったアプローチを採ってはいない。各「規準」・「達成標準」においては，基本的に「貢献アプローチ」に基づいて設定されている。序文において，本スタンダードの位置づけを，「社会科スタンダードは，多くの背景を持つ人々の豊かなそして多様な貢献を賞賛し，我々の共有している遺産を強調する。」(New Mexico State Board of Education ed., 2001: 1) と明言しており，多文化の正の側面を前面に押し出したスタンダードであるといえる。しかしながら，各達成標準の下位の事例の

終章 本研究のまとめと今後の展開

表39 ニューメキシコ州第5-12学年におけるアメリカ先住民の位置づけ

第5-8学年　規準Ⅰ-A　ニューメキシコ州史 人々や出来事が，現在までのニューメキシコの発展にどのように影響を及ぼしてきたか探求し，説明する。	
学年	達成目標 (Performance Standards)
第5学年	1. ニューメキシコ (例えば，先住民，スペイン人，メキシコ人，フランス人，テキサス人，合衆国人) の統治の変化を説明する。
第7学年	2. ニューメキシコの発展に影響を与えてきた他の先住民の特徴を説明する。 例：プエブロ・インディアン農民，大平原の馬の牧草地としての分割，遊牧集団，道具開発の知識，交易路，環境への適応，社会的構造，植物と動物の土着化
	4. 16世紀から現在までのニューメキシコの発展に，重要な個人・集団・出来事がどのように影響を与えたか。例：プエブロ反乱 (1680年)，ナバホ族の Long Walk など

第9-12学年　規準Ⅰ-A　ニューメキシコ州史 ニューメキシコが州としての地位を得るまでの間の，ニューメキシコの人々や出来事が，合衆国史や世界史にどのように影響を与えてきたか分析する。	
第9学年	1. 長期間にわたるニューメキシコのアメリカ先住民諸部族の関係を他の文化のそれらと比較する。
	3. ニューメキシコとニューメキシコ人に対する第二次世界大戦の役割と与えた影響を分析する。例：先住民言語暗号の語り手，ニューメキシコ州兵軍，抑留キャンプ，マンハッタン・プロジェクト，バターン死の行進

第5-8学年　規準Ⅰ-B　合衆国史 合衆国史における独立戦争と再建を通した探検と植民地化の時期からの主要な時代，出来事，個人を分析し，解釈する。	
第5学年	4. アメリカ・インディアンとヨーロッパ植民者の間の，農業，文化交流，同盟，葛藤などの相互作用を明らかにする。 例：最初の感謝祭，プエブロ反乱，フレンチ・アンド・インディアン・ウォー (1756年　英仏戦争)
	6. 初期の代議制政治を説明し，そこに出現した民主主義の実践を明らかにする。 例：イロクォイ (Iroquois) 族の部族モデル，タウン・ミーティング，議会
第7学年	1. 合衆国の南西部への拡大に関する合衆国の政策を分析する。 例：メキシコ割譲 (1848年)，ガズデン購入地 (1853年)，協定破棄，ナバホ族のロング・ウォーク
第8学年	4. ジャクソン時代の間の改革の成功と失敗について，以下のことに注目し説明する。 例：インディアンの強制移住，涙の旅 (チェロキー族)，ロング・ウォーク (ナバホ族)

New Mexico State Board of Education ed., 2001: 6-13 より筆者作成。

レベルでは、アメリカ先住民に対する抑圧やマジョリティとの葛藤・紛争が多く挙げられており、実際には「抑圧アプローチ」が採られている。例えば、「規準Ⅰ-A第7学年」の「達成標準2」では、ニューメキシコの発展に対する重要な個人・集団や出来事の与えた影響を学習するよう規定しており、一見「貢献アプローチ」と読める。しかし、その下位では事例として、1680年の「プエブロ反乱 (Pueblo Revolt)」(Hoxie, 1996:254, 286, 356, 426, 499-500, 673; Bonvillian, 2001:352, 374) やナバホ族の「ロング・ウォーク (Long Walk)」(Hightower-LanGolden Spiketon, 2003: 390) が挙げられており、実際には、アメリカ先住民と「入植者」との相互作用や影響を前提としながらも、彼らとの葛藤・紛争による先住民に対する抑圧に関して歴史的に学習する「抑圧アプローチ」ということができる。「第9-12学年　規準Ⅰ-A」の「達成標準3」でも、第二次世界大戦の及ぼした影響を分析することが規定されているが、事例では「抑留キャンプ (Internment Camps)」が挙げられており、枠組みとしては「貢献アプローチ」を採り、具体的内容においては「抑圧アプローチ」を採る構造をもつスタンダードとなっている。「規準Ⅰ-B」においても、同様の構造がみられる。

　もちろん、このようなアプローチのみではない。第7学年の「達成標準6」は、「達成標準」の枠組みも具体的事例においても「貢献アプローチ」で構成されているし、「規準Ⅰ-A　第7学年」の「達成標準2」は、枠組みも具体的事例においても「伝統文化アプローチ」で構成されている。

(4) コロラド州「歴史スタンダード」における「アメリカ先住民」

　コロラド州も、アリゾナ州、ニューメキシコ州に先行して1995年に『コロラド州モデル　歴史のための内容スタンダード』(Colorado Model History Standards Task Force ed., 1995) を開発している。

　具体的には、以下の六つの「内容スタンダード」が設定されており、K-4学年、5-8学年、9-12学年の3段階で、各スタンダードが求められる構成となっている。つまり、内容スタンダードは、コロラド州史・合衆国史・世界史に関する全体的なスタンダードとして開発されているのであり、ニューメキシコ州と同様の構造を持っている。

表40 「コロラド・モデル　内容スタンダード　歴史」

1. 生徒は，歴史の年代学的構成を理解し，主要な時代における出来事や人々をどのように系統立てるか知り，歴史的関係を確認・説明する。
2. 生徒は，歴史的探求の過程と情報源をどのように使用すべきか知る。
3. 生徒は，社会が多様であり，長い時間にわたって変化したことを理解する。
4. 生徒は，科学，技術，経済活動が長い時間にわたってどのように発達し，変化してきたか理解する。
5. 生徒は，政治制度と政治理論が長い時間にわたってどのように発達し，変化してきたか理解する。
6. 生徒は，歴史を通して宗教的・哲学的理論が大きな力を持つようになったことを理解する。

　その中で，アメリカ先住民に関する内容は，特に「内容スタンダード3. 生徒は，社会が多様であり，長い時間にわたって変化したことを理解する。」において取り上げられる。「内容スタンダード3」は，アメリカ先住民だけでなく，コロラド州歴史スタンダードにおける多文化的歴史教育に関する中心的なスタンダードとして位置づいている。下記は，コロラド州の歴史内容スタンダードである。下記の**表41**は，K-12学年のスタンダードにおいて，アメリカ先住民に関する学習内容が挙げられている内容を抽出したものである。

表41　コロラド州K-12学年におけるアメリカ先住民の位置づけ

3.1	生徒は，さまざまな社会が，多様な人々の間での接触と交換によってどのように影響を与えられたか知る。
K-4学年	生徒は，以下のことができる。 ・現在コロラドと呼ばれる地域で生活してきたか，もしくは移住してきたさまざまな人々や文化の歴史や相互作用や貢献を説明する。 　例：アフリカ系アメリカ人，アジア系アメリカ人，ヨーロッパ系アメリカ人，ラテン系アメリカ人，アメリカ先住民
第9-12学年	生徒は，以下のことができる。 ・歴史における主要な移住の結果生じた人口動態的変化を説明する。 　例：中国南部の移動，北インドへのイスラムの遊牧民の移住，ローマ帝国へのゲルマン民族の移住，バントゥー族の南への移住，中央アメリカへのアメリカ先住民の移住

Colorado Model History Standards Task Force ed., 1995: 12-14. より筆者作成。

コロラド州内容スタンダードでのアメリカ先住民に関する記述は、州内のアメリカ先住民の居留区の数と面積に比例して少ない。少ない中でも、K-4学年の歴史学習スタンダードにおけるアメリカ先住民の取り扱いでは、「伝統文化アプローチ」と「貢献アプローチ」が採られている。9-12学年では、世界史の中で展開されてきたさまざまな民族の移動・移住・移民の背景や原因を比較する学習のアメリカ国内における一事例として、「中央アメリカへのアメリカ先住民の移住」が挙げられている。取り上げられる事例としては、ナバホ族の Long Walk やチェロキー族の「涙の旅路」などが想定される。これは「抑圧アプローチ」と考えられる。K-4学年での「伝統文化アプローチ」と「貢献アプローチ」を基礎として「抑圧アプローチ」へと発展させていく基本的にはアリゾナ州と似た構成となっている。

アメリカ合衆国の建設は、アメリカ先住民の土地を武力と法（例えばドーズ法や合衆国政府と各部族との間に締結された協定など）によって奪うことで成立したものであり、現在、広大なアメリカ先住民の居留区を内包し、多くの先住民が生活しているアリゾナ州・ニューメキシコ州においては、1934年のインディアン再組織法によってその自治権と居留区を保っているものの、その歴史的事実から目を背ける事はできない。東海岸のニューヨーク州のスタンダードにみるような「貢献アプローチ」を中心とする歴史構成とはなっていない。「伝統文化アプローチ」と「貢献アプローチ」を基礎として「抑圧アプローチ」を中心に州史・合衆国史が構成されているといえる。州史・合衆国史を捉える視点としては、「貢献アプローチ」と「抑圧アプローチ」の両側面から入植者・ニューカマーの存在が捉えられており、「彼らの間に葛藤や紛争がありながらも、相互作用・交流によってアリゾナ・ニューメキシコ州を創り上げてきた」という「物語り」が紡ぎ上げられている。このような現実の葛藤・紛争に目を据えながらも、地域や社会を創り上げてきたという視点から歴史を学習することが、現実に多くのアメリカ先住民の生きている地域での「先住性」に重点をおいた多文化的歴史学習の構成である。3F (Fashion, Food, Festival) を中心とする「伝統文化アプローチ」によるインディアン学習＝単一民族学習ではなく、多文化的歴史学習として展開されることが重要である。

しかしながら，アリゾナ州・ニューメキシコ州の両州とも，アメリカ先住民を中心とした州史学習から合衆国史学習に移行する構成をとっているため，合衆国史においてアメリカ先住民を位置づける事が比較的容易にできたが，先住民の居住が両州に比して少ないコロラド州においては，記述も少なく，十分に位置づけられているとはいい難い。アメリカ先住民の持つ歴史的意味としての「先住性」は，「アメリカの社会・歴史をどのように捉えるか」「アメリカ人とは何か」「多様なアメリカを国家として成り立たせているアメリカン・アイデンティティとは何か」というアメリカが建国以来抱える本質的課題に対して常に解決を迫り続けるものである。「身近にいるアメリカ先住民から合衆国史を考える」というアリゾナ州とニューメキシコ州の方略は，多くのアメリカ先住民の人口と居留区を抱える両州の特異な事情に基づくものであり，アメリカ先住民の居住者の少ない州では十分に効果を発揮するとはいえない。合衆国史としてアメリカ先住民の持つ「先住性」を，地域性に依拠せず，アプリオリに位置づける方略が必要であろう。それが，上記のアメリカが建国以来抱える本質的課題の解決への方途の一つとなりうると考える。と同時に，ナショナル・スタンダードの策定による教育内容の中央集権化が進行する状況で，当該州の抱える多様性の基盤の相違に基づく多文化的歴史教育スタンダード，カリキュラムの開発も重要な課題であり，その実態の一端が明らかにすることができた。

第4節　多文化的歴史学習論としての構築主義アプローチ

　多文化教育は，WASP的価値に収斂された教育へのアンチ・テーゼとして考えられ，展開された教育である。当時本質的実在として自明視されていたWASPというアメリカ社会のマジョリティの価値・文化・歴史・制度に基づいた言説の正当化と，そのような言説に基づいた画一的な同化主義の教育に対して，多文化教育は，多様な声に基づく多様な現実の承認によって社会を捉え直すことを要求したのである。多文化教育において歴史教育の果たす役割は非常に大きい。歴史教育は，現在の社会がどのように形成されてきたか

を学ぶ，現在理解のための教育である。所与の社会の形成過程の「物語り」を学ぶことになる。つまり，その「物語り」が，**「誰によって」**，**「誰のために」**，**「どのような意図を持って」**物語られたものであるか，歴史を創り上げてきた人物や集団として，「誰が」物語られるかによって，現在の社会に対する認識は異なってくるのである。

近年，心理学，社会心理学，社会科学，人文科学のさまざまな学問分野において，「構築主義」と呼ばれる一群の研究アプローチが盛んに用いられている。しかし，「構築主義」はさまざまな分野で用いられているゆえに，そのスタンスや定義にはかなりの幅がある。「構築主義」と「構成主義」の相違についても明確ではない。本研究では，「構築主義」をConstructionismの訳語とし，その意味としては「社会構築主義」(Social Constructionism) とする。そして，さまざまな論者によって議論される「構築主義」の主張を，暫定的に**「現実は社会的に構築される」**という見方とする。多文化教育・多文化的歴史教育も，現実の自明性を疑い，反-本質主義の立場からマジョリティの構築した言説を批判的に捉える点において，その思想基盤として構築主義をもっているといってよい。ゆえに，本節では，「構築主義」に基づく多文化的歴史学習論について検討する。

構築主義と互換性のある語として用いられる構成主義の理論に基づく社会科の先行実践・研究は，これまで蓄積されてきている（豊嶌，1999；中村，2000；渡部，2003；中澤・田渕，2004；寺尾，2004；猪瀬，2002: 2006；田口，2007; 2011）。それらは，constructivismとしての構成主義を理論的ベースにしており，本研究で主に対象とするconstructionismとしての構築主義とは，同根から伸びた別種のものといえる。一方，本節で取り上げる構築主義に関する研究も展開され始めている（田中，2006；渡部，2008）。

(1) 構築主義の理論

構築主義における一定の共通性の説明としてもっともよく用いられるのは心理学者であるヴィヴィアン・バー（Burr, V.）の「家族的類似性」(Burr, 1995. 田中訳，1997) の比喩である。同じ家族のメンバーでも，家族の特徴の中でどの

特徴を受け継ぐかはそれぞれ異なっている。例えば，スミス家の典型的な鼻かもしれないし，耳かもしれない，濃い縮れた髪かもしれない。全員がもつ唯一の特徴はないのだが，同じ家族集団に属すると認定するに十分な，家族構成員が分けもつ特徴がある。これが，バーの示す構築主義のモデルである。バーは，「社会的構築主義者であるためには，絶対に信じなくてはならないはずの事柄」(Burr, 1995. 田中訳, 1997: 3-4) として以下の四点を挙げる (Burr, 1995. 田中訳, 1997: 4-7)。

> 1. 自明の知識への批判的なスタンス。
> 2. 歴史的および文化的な特殊性。
> 3. 知識は社会過程によって支えられている。
> 4. 知識と社会的行為は相伴う。

　バーは，上記の四点のうち，一点以上をもつアプローチであれば，大まかに社会構築主義であるとする。しかし，この四要件は，社会構築主義のアプローチの基礎的性格を示すものであり，まさに大まかな要点である。バーは，この大まかな四要件を基に具体的な七点の特徴(①反‐本質主義,②反‐実在主義,③知識の歴史的および文化的な特殊性，④思考の前提条件としての言語，⑤社会的行為の一形態としての言語，⑥相互作用と社会的慣行，⑦過程への注目) を抽出している (Burr, 1995. 田中訳, 1997: 8-12)。この七点の根底には，「現実は社会的に構築される」という見方が存在している。現実は相互行為と社会的慣行によって構築されるのであり，その意味で，反‐本質主義で反‐実在主義にならざるをえない。そして，われわれが社会を理解するのは社会的行為の一形態である言語によってであり，言語によって知識(現実)が構築されるプロセスに探求の目が向けられるのである。

　構築主義は，「社会」という語をつけて「社会構築主義 (Social Constructionism)」と用いられることが多い。これは，混同されやすい constructionism と constructivism，そしてその訳語としての構築主義と構成主義とを区別するためである。この場合，構築主義と社会構築主義はほぼ同義である。

　constructivism は，主に認知心理学の分野で用いられてきた概念であ

り，日本では従来から「構成主義」の訳語を当ててきた。構成主義は，constructivism としての社会構成主義との親和性を類推させる。特に，ピアジェ (Piaget, J.) の理論をさすタームとして使用される場合もある。認知的構成主義 (cognitive constructivism) と呼ばれ，学習者である主体のそれを取り巻く環境である客体に対する働きかけ，主体が客体と衝突する際に生じるギャップを調整しようとする中で，<u>主体が知識を「構成」していくとするもの</u>である (久保田，2000: 52-53)。それに対し，ヴィゴツキー (Vygotsky, L.) の理論に基づく社会構成主義 (social constructivism) がある。学習の文化的・歴史的側面に焦点を当て，子どもが成長してく過程で周囲の人間が果たす役割を重視し，人間の学習が社会的性格を強くもつものと位置づける。そこでは<u>知識は社会的な協同的な営みの中で個人によって「構成」されるものとする</u> (久保田, 2000: 53-54)。それゆえ，社会構成主義は学習論として捉えられ，論じられることが多い。これまでの構成主義・構築主義の語を用いた学習論のほとんどは，この「社会構成主義」を理論的背景にもつ学習論であるということができる。

　しかしながら，constructionism に対する訳語としても，構築主義と構成主義の二つが併存しており，構築主義に関する議論を一層複雑にしている。constructionism に構成主義の訳語が当てられたのは，ピーター・バーガー (Berger, P.L.) とトーマス・ルックマン (Luckmann, T.) による『日常世界の構成』(Berger, & Luckmann, 1966. 山口訳, 2003) においてである。construction の訳語として，哲学・身体論の系譜においては「構成」が定着している。一方，構築主義の訳語が当てられたのは，マルコム・スペクター (Spector, M.B.) とジョン・キツセ (Kitsuse, J.I.) による『社会問題の構築』(Spector & Kitsuse, 1997) である。これは，先述したバーガーとルックマンの構成主義と差異化をはかる意味が込められている (千田, 2001: 21)。バーガーとルックマンの研究は，現象学に基づき，日常生活を営む普通の人々にとって知識がどのような意味をもつかを対象とした。それに対し，スペクターとキツセの研究は，社会問題の実証的・客観的分析者とする実証主義への批判に基づき，言説生産の専門家としての立場への批判的なまなざしへの重視から，研究者の立場を「社会問題の構築

過程を記述することに限定」(千田，2001: 21) したのである。

　この二つの訳語の正確な異同を明らかにすることは，不可能であろうし生産的な議論とはなりえない。原語は同じ constructionism である。しかしながら，constructionism の訳語としての構成主義と構築主義のどちらを用いるかについては，用いる者による配慮を必要とする。どちらを用いるかによって，アプローチが異なってくるからである。

　これまで論じてきた構築主義の射程が歴史学に及んだとき，その反応は決して良好なものとなりえないことは想像に難くない。構築主義がその存立基盤とする「反 – 本質主義」・「反 – 実在主義」と，伝統的な歴史学の実証主義との間に対立の構図ができ上がってしまうからである。しかし，構築主義における歴史叙述のもつ意味は非常に大きい。社会的に構築された現実は，言語を通して物語られることによって社会的意味が生成される。歴史が**「誰によって」，「誰のために」，「どのような意志をもって」**物語られるか，つまり歴史的事実が「構築」される過程を読み解くことが，構築主義における歴史叙述の研究領域となる。1980–90年代にかけてこれらの社会構築主義的な思潮に対し歴史学は，歴史学という学問の前提や存在意義自体を根底から否定し，歴史学を解体しようとする挑戦として受けとられた。荻野美穂は，すべてを言語の働きに還元しようとする構築主義の「反 – 実在主義」の功罪を，「歴史家たちに過去の資料のみならず自らの叙述をも『テクスト』として自省的に読み直すことを促すという点で一定の効果を持った」(荻野，2001: 144) と評価しながらも，「歴史の因果関係や行為者の意図の分析を試みることは無意味となるし，歴史家の仕事はいかに多元的であれ何らかの過去の『現実』を探求しそれをなるべく正確に再構成することではなく，たんに『真実らしい』物語を巧みに語ることに過ぎないとすれば，相異なる物語の価値をその『史実』への忠実度や叙述の正確さに応じて判断することもできなくなる」(荻野，2001: 144-145) と，歴史相対主義に陥る危険性を指摘する。

　歴史学における構築主義をめぐる議論は，いまだ明確な結論をみないまま，有益なものと思われる限りにおいて構築主義の含意を摂取するが，歴史的実在に対して史料を通じて接近していこうとする実証的研究の方法は捨て去ら

ない，という折衷的なものに落ち着いている。「実際，反実在論を本気で唱える構築主義者がいないように，自らが提示する記述を永久不滅の真なるものと考える実証史家——脱コンテクスト的な真理の対応説擁護者——もいないのではなかろうか。」(北田, 2001: 263) という北田暁大の言葉が構築主義と歴史学の現在の関係をもっとも端的に表している。重要なのは，厳密な反-実在主義 vs. 実証主義の対立の勝者がどちらであるかではなく，「特定の歴史」がどのような動きの中で構築されてきたのか，その権力構造を明らかにすることであり，「反-本質主義」的な歴史解釈をどのようにしていくかである。

(2) 構築主義的思考を育成する歴史学習

構築主義は言説のもつ力に特別の注意を払う。それは，言説の生産過程が，言語の使用による世界の構築だからである。そして構築された世界・社会・現実は，言説によって物語られることにより，再生され，人びとによって共有される。注意せねばならないのは，こうして物語られた言説には，「誰によって」，「誰のために」，「どのような意志をもって」物語ら (構築さ) れたかといった文脈から切り離され，専門家による言説であるという権力構造において，あたかもそれが普遍で不変の「本質」であるかのように流布する危険性を孕んでいることである。ゆえに，歴史学習における構築主義的思考は，「反-本質主義」を第一義的な特徴とする必要がある (上野, 2001: iii)。

森茂は，多文化社会アメリカについての学習を考える際に，文化に対する本質主義的認識の変容を促すような授業づくりを，「構築主義的授業づくり」(森茂, 2005: 7-11) と呼んでいる。森茂の提起する「構築主義的授業づくり」は，「文化の本質主義批判と構築された文化」を重視する。森茂は，「本質主義」の思考を，「私たちは，ある民族や文化について述べるとき，『日本人は勤勉である』とか『黒人はダンスがうまい』といったり，ルース・ベネディクトが『菊と刀』(1944年) で指摘したように西洋の文化と日本の文化を『罪の文化』と『恥の文化』という典型的な概念でとらえたりする。これはある意味で文化を本質的で，時間を超越して存在する (非歴史的な) 実体としてとらえる」(森茂, 2005:

10) 思考であると説明する。そして、「これまでの異文化をあらかじめ与えられた実体としてとらえる本質主義的見方から解放し、それが誰によって構築され、何のために語られてきたか、すなわち『文化についての言説』を問題にすることが重要なのである」(森茂, 2005: 10-11)とする。

①単元「創られた『ユダヤ人種』」

　高橋健司は、文化人類学に依拠しつつ、「人種」概念が社会的に構築されたものであることを、ナチス・ドイツによる「ユダヤ人種」の構築を事例として学習する高等学校世界史の単元を開発している(高橋, 2005a: 14-25)。「人種」という「科学的装い」(竹沢, 2005)をもった概念が、実は「歴史的構築物」であったことに気づかせる「反‐本質主義」的授業である。高橋は、2004年7月に愛知みずほ大学瑞穂高等学校において「ナチスの時代のドイツ人／ユダヤ人」(2時間)の授業を開発・実践し、それを元に本単元を開発している[1]。

【単元の目標】

- ドイツにおける人種主義の展開の歴史を通して、20世紀前半の社会の特質を理解する。
- 「人種」を巡る問題を「地球世界の課題」として捉え、「ユダヤ人種」を例に「人種」概念の構築性に気づき、再考することを通して、現代の「人種」問題と向き合う態度を養う。

　本単元では、構築主義的思考を中心に扱っているのは第3次(**表42**網掛部分)である。しかし、その前の4時間で、「人種」概念のもつ不明確さに関する学習が展開され、ナチスが政治的意図を持って構築して「ユダヤ人種」イメージのステレオタイプ性について学習されるよう計画されており、第3次の学習の前提として機能している。そして、第3次では、「ユダヤ人種」が、ナチスの政治的意図によって、「優秀なアーリア人種」にとって「淘汰」されるべき「異人種」・よそ者として構築されたこと、政治的プロパガンダや形質的差異の強調によって「ユダヤ人種」が実体化したことを学習する構成になっている。高橋は、この単元の他に、国家の歴史的出来事を記念した建造物の意味を読み解くことで、「記憶のかたち」の政治性に気づき、記念・顕彰行

表42 「創られた『ユダヤ人種』」の単元構成

時	小単元名	学習の目標	学習活動
1・2	第1次〈導入〉「ユダヤ人種」のドイツ社会における受容	ナチズムの時代のドイツ人が「人種」という枠組みを通してユダヤ人を見ていたことを知り、それによってユダヤ人の迫害に対する無関心や正当化が生じたことを理解する。	○第二次世界大戦中のアウシュヴィッツ強制収容所について概観する。○アウシュヴィッツでの体験の記録から、そこに人間と人間以下とを区分する見方が存在したことを理解する。○戦前のドイツ人小学生の新聞投書作文から、ドイツ人のユダヤ人観と「人種」という枠組みの存在に気づく。○元ヒトラー・ユーゲントの女子リーダーの回想から、「人種」の枠組みを通してみることに対する問題意識をもつ。
3・4	第2次「ユダヤ人種」のステレオタイプ像と現実との乖離	ナチスによってどのような「ユダヤ人種」のステレオタイプ像が宣伝されたのかを知り、それに対して戦前のドイツに暮らすユダヤ系市民の姿を、オットー・フランクを例に理解する。	○ナチスが作成した「人種」の漫画教科書の絵から、戦前ドイツで教えられていた「ユダヤ人種」の人種的特徴を調べ、ステレオタイプ像を把握する。○身体的差異を強調したステレオタイプ像を描いた理由から、ナチスの政治的意図に気づく。○アンネ・フランク一家の逮捕時の再現記録から、ナチス秘密警察の責任者がオットーの軍用鞄を見て動揺した理由を考える。○オットーが第一次世界大戦に従軍した記録と回想から、ドイツ人とユダヤ人を区分する明確な境界が存在しなかったことを理解する。
5・6	第3次「ユダヤ人種」概念の構築と実体化	「ユダヤ人種」がナチスによって政治的に創り出されたことを知り、それが19世紀末の社会ダーヴィニズムの隆盛の元に構築された恣意的・排他的「人種」概念に基づくものであったことを理解する。	○意思による「人種」測定の写真（鼻の形の測定等）から、「ユダヤ人種」の生物学的差異は「科学」的に「実証」されたものであったことに気づく。○ニュルンベルグ法の条文の矛盾から、「ユダヤ人種」には生物学的根拠が存在しないことに気づく。○ニュルンベルグ法によって「ユダヤ人種」を実体化させたナチスの政治的意図を話し合う。○人種主義哲学者ヒューストン・チェンバレンの著作から、「ユダヤ人種」が、最初から「優秀なアーリア人種」にとって「淘汰」されるべき「異人種」として構築されたことに気づく。○ヒトラーの『わが闘争』から、恣意的な「人種」概念に基づき、実際に「ユダヤ人種」を「淘汰」し、「人種純化」を実現しようとしたことの意味を話し合う。
7・8	第4次〈発展学習〉「人種」を通してみた世界	「人種」の枠組みを通してみると、どのように世界が見え、またどんな問題が生じるのかについて考察する。	○人類学者アシュレイ・モンターギューが「人種」を「社会的神話」と唱えた意味を考え、ドイツ人が「人種」の枠組みを受け入れたことでどんな問題が生じたか話し合う。○現在、どんな場合で「人種」が用いられ、語られているか調べ、レポートにまとめる。○レポートをもとに発表し、「人種」を通してみた世界像の問題点について話し合う。

為 (Commemoration) による「公的記憶 (Public Memory)」の構築性に気づく単元 (高橋, 2005b 2006a, 2007, 2008) や, 日本の伝統文化の構築性に気づく授業 (高橋, 2006b) の開発・教材化を進めている。

②単元「大陸横断鉄道と中国人移民」

田尻信壹は, 19世紀アメリカにおける中国人移民の取りあつかわれ方 (無視, 排除) を通して, 白人を顕彰することによる国民統合がどのように構築されていったかを学習する単元 (田尻, 2005a: 8-29) を開発し, 同じく19世紀アメリカで人種差別の根拠とされたアフリカ系アメリカ人に対する本質主義的なイメージや認識がどのように構築されたのかを学習する単元 (田尻, 2006b: 106-126) を開発し, 実践している。両単元とも, 高等学校世界史の授業である。田尻実践の特徴は, 図像史料を用いて, 権力者側に都合のよいマイノリティイメージの構築性に気づき, 生徒を含む現在の我々の本質主義的なイメージや認識を脱構築する点である。まず, 単元「大陸横断鉄道と中国人移民」を取り上げる。

【単元の目標】
・アメリカの国民統合の中で中国人移民が「帰化不能外国人」として排斥されたことの問題性を理解し, 移民との共生について肯定的に行動できる態度を育成する。

本実践において, 構築主義的思考を育成する授業は, 第3次 (**表43**網掛部分) である。西部と東部の結合による大陸国家への発展を表彰する代表的な写真資料であるラッセル (Russell, A. J.) 撮影の Golden Spike に, 本来写っているべき中国人移民の姿がないことから, 国家的大事業である大陸横断鉄道の完成を,「白人」を顕彰することによって国家統合の象徴としてきたことを理解する授業である。Golden Spike は, 1972年以降, 日本の高等学校世界史教科書で頻繁に使用され, 現在も世界史Aの教科書で使用されている写真資料である。

田尻は, Golden Spike による「白人」の顕彰を読み解くための史料として, パシフィック鉄道がヒル (Hill, T.) に依頼して描かせた絵画 The Last Spike と, ラッ

表43 「大陸横断鉄道と中国人移民」の単元構成

学習展開	学習目標	学習活動の概要
第1次 Manifest Destiny（明白なる天命）と西部「開拓」	生徒は，西部への領土拡張とヨーロッパ系移民について学習し，西部「開拓」がアメリカ民主主義の樹立と同時に，先住民への抑圧をもたらしたことを理解する。	○19世紀のアメリカは，海外からの多数の移民を受け入れて飛躍的な経済発展を遂げ，民主的共和制を樹立した。本次は，西部「開拓」がアメリカ型民主主義の「揺りかご」の役割を果たしたというアメリカ社会の伝統的な考え方を取り上げる。 【史料】ジョン・ガスト『アメリカの進歩』（図像史料）
第2次 近代性会システムと中国人移民	生徒は，19世紀後半のアメリカ西部への中国人移民の流入と労働について，近代世界システムの視点から学習し，アメリカでの中国人移民の実態を理解する。	○本次では，19世紀の中国人移民のプッシュ要因とプル要因について，移民の送出国（清）受入国（アメリカ）双方の状況を総合的に取り上げながら，学習する。 【史料】リサ・シー『ゴールド・マウンテン ある中国系移民家族の百年』紀伊国屋書店，1999年。
第3次 大陸横断鉄道完成を記録した二つの図像史料を読み解く	生徒は，大陸横断鉄道完成を記録した二つの図像史料をメディア・リテラシーの手法を活用して読み解き，当時のアメリカ社会の中国人移民に対する二つの見方について理解する。	○本次では，1869年の大陸横断鉄道の完成を記録した，A. J. Russell の GOLDEN SPIKE と，T. Hill の The Last Spike を取り上げ，生徒はイメージ・リーディングをしながら，19世紀後半のアメリカ社会の国民統合のあり方を，中国人移民を通して問題解決的に学習する。 【史料】A. J. Russell の GOLDEN SPIKE（写真2枚），T. Hill の The Last Spike（LS）（絵画）
第4次 中国人移民の排斥とアメリカ社会	生徒は，19世紀後半の中国人移民への排斥運動について，当時の排華漫画を用いて学習し，当時のアメリカの国民統合の状況を理解する。	○本次は，中国人排斥運動が激化し，1882年には排華移民法が成立し，中国人移民が「帰化不能外国人」として排斥された状況について理解する。 【史料】胡垣抻・曾露凌・譚雅倫『カミング・マン 19世紀のアメリカの政治風刺漫画の中の中国人』平凡社，1997年。
第5次 移民が直面した差別を考える	生徒は，移民の人種差別や偏見の問題性を理解し，移民と共生について肯定的に行動できる。	○本次は，19世紀後半のアメリカでの中国人移民問題を事例にして，国民統合の基での移民の差別の問題を班単位で話しあい，異質な文化を持つ移民との文化摩擦を克服して，相互理解と共生をはかるための方法について，自分の意見を発表するとともに，後日レポートとして提出する。

終　章　本研究のまとめと今後の展開　225

写真1　"Golden Spike"（Russell, A. J. 撮影）

写真2　"The Last Spike"（Hill, T. 作）

セルが Golden Spike 撮影時に撮っていた別の立体視写真♯539 を用いている。
　The Last Spike には，Golden Spike には写っていない中国人労働者が中央

写真3　Stereoview ♯539 "Chinese at Laying Last Rail UPRR"（Russell, A. J. 撮影）

付近に描かれており，♯539にも中国人労働者が3名写っている。しかし，アメリカの西部「開拓」の象徴として，歴史的快挙を表彰する写真としてはGolden Spikeが使われ，中国人労働者の活躍なしには完成しなかったと言われる大陸横断鉄道を，あたかも「白人」のみで完成させたというイメージを構築したのである。

③単元「大西洋世界とアフリカ系奴隷」

　田尻は，構築主義的思考を育成する実践を，もう一本開発している。森茂の提起する「構築主義的授業づくり」プロジェクトの一環として，単元「大西洋世界とアフリカ系奴隷」を開発・実践している。

【単元の目標】
・18・19世紀のアメリカ南部を中心にしてアフリカ系の西アフリカからアメリカ大陸やカリブ海への移送とそこでの労働や生活，文化を取り上げ，近代世界の原形となった「大西洋世界」の特徴を理解する。

　田尻は，第4次（**表44**網掛部分）で，「反−本質主義」としての構築主義思考を育成する授業を展開している。19世紀アメリカ南部諸州で発行された紙

表44　「大西洋世界とアフリカ系奴隷」の単元構成

第1次 (1時間) イギリス「生活革命」と18・19世紀の世界	○18世紀のイギリスでは，飲茶や喫煙の習慣が下層階級にまで拡大し，紅茶や砂糖が人々の必需品となり，「生活革命」と呼ばれる大変革を引き起こしたこと，砂糖や煙草がアメリカの植民地からもたらされ，「大西洋の三角貿易」を活発化させたことを理解する。
第2次 (2時間) 西アフリカ社会と奴隷貿易	○奴隷にされた人々の西アフリカでの暮らし，奴隷狩り，中間航路(西アフリカとアメリカを結ぶ奴隷貿易)の様子を具体的に学習し，奴隷貿易がアフリカ社会に与えた影響を理解する。 ○アフリカ系が，砂糖や綿花のプランテーション奴隷に導入された理由を考察する。理由として，「未開の民・未統合の部族集団」「従順な性格で支配され易い」という誤解や偏見を抱いているが，実際は，アフリカ系が農耕に関する高い知識と技術をもち，組織労働にも順応できる社会性を有していたことが理由であることを学習し，彼らが優れた農民であったことを理解する。
第3次 (2時間) プランテーションでのアフリカ系奴隷の労働と生活	○西アフリカから連行された奴隷の労働や生活の実態，プランテーションの構造などを学習し，奴隷労働の過酷さや非人間性について理解する。その際，プランテーションの規模と構造，そこで使役された奴隷の数や労働の様子について，以下の点を具体的に学習する。 (1) 奴隷としての過酷な取り扱いに対して，アフリカ系がどのように抵抗したか。 (2) 日常的な抵抗は，サボタージュ，仮病，盗み，器物破損などであった。その結果，アフリカ系は従順だが，怠惰で無責任であるとする見方が，プランターの間に定着した。この見方が今日の私たちのアフリカ系イメージにも多大な影響を与えていることに気づく。 (3) アフリカ系の，プランテーションでの日常生活や余暇，音楽や信仰などの具体的様子。アフリカの生活や文化を保持しながらも，新しい文化や生活を創りあげていくと同時に，アフリカ文化とヨーロッパ文化や土着のアメリカ文化との混在化が進行した。
第4次 (2時間) 19世紀アメリカ合衆国南部諸州の紙幣に描かれたアフリカ系アメリカ人のイメージ	○19世紀アメリカ南部で発行された紙幣には，アフリカ系の労働や生活の様子を描いたものが数多く見られる。そこでの奴隷労働の描写は，19世紀の南部プランター(支配層)のアフリカ系や彼らの労働に対する認識を示している。生徒は以下の諸点を理解する。 (1) 19世紀前半，南部での奴隷制プランテーションのもつ経済的重要性が高まったことを背景に，アフリカ系奴隷が南部の紙幣に登場した。 (2) 南部が世界最大の綿花供給地となり，綿花が主要な輸出商品になると，アフリカ系奴隷は，「富を生み出す財産」として力強さをもって表現された。 (3) 奴隷制反対の政治運動が1850年代後半に激化すると，南部や合衆国の経済発展にとってアフリカ系奴隷が不可欠であり，いかに貢献したかを示す図案の紙幣が数多く見られるようになる。また，その描き方も，美しい女神として表現されたムラート女性，微笑を浮かべる少年奴隷，幸せそうな母子の姿などが意識的に描かれた。
第5次 (1時間) 奴隷解放宣言と人種問題としての「黒人」問題	○南北戦争中にリンカーンが奴隷解放宣言を出し，南部の降伏によって奴隷制は廃止された。アフリカ系は移動と結婚の自由を得たが，経済的自立のための土地を確保することができず，多くのものが旧プランターの従属下にとどまることになったこと，旧プランター勢力が復活し，19世紀末までに人種隔離と「黒人」参政権の剥奪を柱とする「白人」優遇体制(ジムクロウ体制)が確立し，1960年代まで続いたことを学習し，アフリカ系への差別は，奴隷廃止後は人種問題として残っていったことを理解する。
第6次 (課題学習) 日本社会に見られるステレオタイプの弊害	○本次は，日本社会に見られる人種や民族，宗教に対するステレオタイプについて取り上げ，その問題点について生徒に考察させる。 (1) 課題レポートの作成 (2) 課題レポートをもとにしての発表会

写真4　Georgia Savings Bank 発行の5ドル紙幣

写真5　ジョージア州の5ドル紙幣の図案 Slave Profits（Jones, J. 作）[2]

写真6　Central Bank of Alabama 発行の10ドル紙幣

終　章　本研究のまとめと今後の展開　229

写真7　アラバマ州の10ドル紙幣の図案 Slave Carrying Cotton（Jones, J. 作）

幣の図案[3]を構築主義の視点から分析することで，南部でアフリカ系のイメージがどのように構築され，表象されたかを読み解いていく授業である。

　第4次第1時（**表45**）の授業は，2004年12月1日（水）に筑波大学附属高等学校1年3組で行われた。目標は以下の三点である。

- 19世紀アメリカ南部の紙幣に表れたアフリカ系についての問題点を，紙幣の図案を分析して説明できる。
- アフリカ系のイメージが，19世紀のアメリカ社会の経済的，政治的状況を背景に，南部プランターによって構築されたものであることを理解できる。
- 「サンボ・ステレオタイプ」と呼ばれるアフリカ系への差別的なイメージがどのように固定化・定着していったかについて，説明できる。

　第4次第2時では、事前アンケートの結果に表れた生徒のアフリカ系のイメージと、19世紀に構築された「サンボ・ステレオタイプ」が類似していることを生徒に気付かせ、自分たちのアフリカ系の本質主義的イメージが構築された言説に大きく影響を受けていることを認識させている。つまり、田尻の実践は、19世紀のアメリカ南部において構築されたサンボ・ステレオタ

表45 「19世紀アメリカ合衆国南部諸州の紙幣に描かれた
アフリカ系アメリカ人のイメージ」の展開

主な学習活動と学習内容	留意点
第4次／1時 [導入] 時代や文化を映す鏡としての紙幣のデザイン 2004年11月1日から，紙幣のデザインが一新されたことを導入にして，国家と紙幣のデザインの関係について説明する。	●紙幣のデザインが国民統合や国家の理想とすべき社会や人物を表象していることに気づかせる。
[展開] 19世紀のアメリカ南部諸州の紙幣 ○史料の提示 　A 1. Georgia Savings Bank 発行の5ドル紙幣 　B 1. Central Bank of Alabama 発行の10ドル紙幣 ○南北戦争以前のアメリカの「通貨制度」について 　南北戦争までのアメリカでは，通貨発行権が実質的に州に握られていた。戦後，通貨の発行権は州から連邦に移り，通貨制度の一元化が実現した。 ○「19世紀の南部諸州の紙幣」を読む 　生徒は，ワークシートの課題に沿って，19世紀にアメリカ南部諸州でつくられ，流通していた二つの紙幣（史料A1・B1）の図案を分析する。 ○グループ単位で話し合う [事実認識の段階] の問い ○「A 1」Georgia Savings Bank 発行の5ドル紙幣 [I-3]「この女性の人種，外見（服装）・容姿，持ち物について女性の後方風景と対比してみた場合，『変だなぁ』と感じる点について，列挙してみてください。」 ○「B1」Central Bank of Alabama 発行の10ドル紙幣 [II-1]「B2・B3のイラストを見て，この紙幣の風景（周りの畑，遠方の建物や景色など）について，発見できたことをできるだけ多く書いてください。」 [II-2]「この紙幣（B1）には，働いている6人の人物が描かれています。B2・B3のイラストを見て，登場する人物の性別，年齢，人種，外見・容姿，行動について発見できたことをできるだけ多く書いてください。」	T：説明 ●アメリカでは，南北戦争が終わるまで，約1600の銀行が州法による7000種類の異なった紙幣を発行していた。 ●アメリカ通貨制度の変遷を，南北戦争による連邦（北部）主導の国民経済圏の形成というアメリカ史の流れの中に位置づけて理解させる。 T：質問（ワークシート） ●史料パネル：(A 1)・(A 2) ●紙幣には，奴隷制を正当化するために，ムラート（ヨーロッパ系とアフリカ系の混血児）女性をローマ時代の「貨幣の女神」Monetaの姿を借りて表すことによって，背後に搾取と苦役を伴う奴隷労働の「豊かさ」を主張したことに気づかせる。 ●南部紙幣に描かれた，アフリカ系奴隷のさまざまな労働の様子から，南部やアメリカの経済発展にとって，アフリカ系奴隷がいかに貢献したかを宣伝しようとする南部プランターの政治的意図が読みとる。
「事実認識の段階」から「関係認識の段階」へ繋ぐ問い ○「A1」Georgia Savings Bank 発行の5ドル紙幣 [I-4]「この紙幣は1863年頃に発行されました。1863年頃のジョージア州やアメリカ合衆国の状況について調べて，書いてください。」 ○「B1」Central Bank of Alabama 発行の10ドル紙幣 [II-3]「この紙幣（B1）の右下の肖像画の人物は誰ですか。調べてみてください。なぜ，当時のアラバマ州の銀行はこの人物の肖像画を紙幣に入れたのだと思いますか。」 ○2つの紙幣の対比 [III-1]「A・Bの紙幣のイラストに共通する点は何ですか。発見できたことをできるだけ多く書いてください」	●南部の紙幣では，奴隷を，ジョージ・ワシントンや星条旗のような国家的合法性を示すシンボルと併置する形で描いていることに気づく。
「関係認識の段階」の問い [III-2] A・Bの紙幣のイラストからは，アラバマ州，ジョージア州のどのような政治体制や経済状況を読みとることができますか，考察してください。 [III-3] A・Bの紙幣のイラストについて，題名（タイトル）をつけてみてください。題名をつける際には，イラストの内容が他の人に伝わるようにしてください。	

イプの構築過程の学習を通して、自分自身が「本質」としてもってきた自身のアフリカ系のイメージ（＝サンボ・ステレオタイプ）を批判的に読み解いていく学習でもある[4]。

(3) 反‒本質主義としての構築主義的思考

　本節では，多文化歴史教育における反‒本質主義としての構築主義的思考育成の必要性について検討した。歴史学習において構築主義的アプローチを用いる場合，「自明の知識に批判的なスタンスをとる」ことがなによりも必要である。まさにそれが，反‒本質主義的な見方であり，誰が，何の目的で，どのように歴史を構築したのか，を読み解いていく学習である。高橋・田尻の実践から，多文化的歴史学習における構築主義的思考の育成方法について，以下の二点が明らかになった。

　第1は，言説生産の専門家である歴史家（もしくは為政者）による歴史の構築過程を批判的に読み解くプロセスと同時に，学習者自身の裡にある本質主義的な見方を「脱構築」する学習を組み込む必要があることである。高橋・田尻の実践では，必ず，単元の最後で現代社会に潜んでいる問題を構築主義的思考によって見つけ出し，自らの裡にこれまで無自覚に存在していた本質主義認識に気づかせる学習が設定されている。

　第2は，すべての歴史の学習において構築主義的アプローチを用いることが有効なのではなく，一定程度，言説生産の専門家である歴史家（もしくは為政者）によって構築された歴史知識を受容する段階を経て，受容した歴史知識を，批判的に読み解く学習を行うよう単元を構成することが有効であることである。構築主義は，劇薬である。歴史学研究においてもそうであるが，歴史教育においてはその副作用はより大きい。構築主義を厳密に適用すれば，自己の言説も「もっともらしい解釈・説明」の一つとなり，教育的行為が解体されてしまう。教師の権威において一方的な歴史観・歴史認識を子どもに受容することを強いる授業スタイルは否定されるべきであるが，歴史学習においては，ある一定程度の「定説」の理解と共有が不可避であろう。すべての歴史的事象を子どもが歴史学者のように「発見」し，歴史認識を構成する

ことは現実的には不可能だからである。また，構築主義の厳密的な適用のもう一つの問題は，歴史相対主義に陥ってしまい，子どもたちの学習する歴史が，単なる「もっともらしい解釈・説明」の一つであり，自身の歴史認識も相対的に価値がないと考えてしまう危険があるからである。すべての歴史学習を，構築主義に基づいて展開するのではなく，人称が消されて書かれてある教科書の記述や「定説」の自明性を疑い，批判的に読み解く構築主義的思考を育成することが重要であると考える。

【註】
1　高橋は，瑞穂高等学校での実践及び本単元の開発の基礎作業として，この3本の論考を執筆している（高橋，2002; 2003; 2004）。
2　ローマ時代の「貨幣の女神（Moneta）」をムラート（ヨーロッパ系とアフリカ系の混血）女性で表した図案。
3　田尻の授業で使用された紙幣の図案は，写真4-7（Barbatsis, 2002）である。
4　戸田善治は，開かれた歴史認識の育成の授業理論を「構築主義」授業論と「脱構築主義」授業論に分けて整理し，この田尻実践を「脱構築主義」授業論と位置づけている。構築主義において「脱構築」することは必須の要件であり，戸田のいう「脱構築主義」授業論が本来の「構築主義」授業論であり，「構築主義」授業論は「構成主義」授業論ということになろう。まさに戸田のいう「脱構築」が「構築主義的思考」であり，マジョリティである白人という権力が，マイノリティである「黒人」を構築した構築主体であったことを「脱構築」していっているのである。（戸田, 2006: 134-138）

【引用文献】
猪瀬武則（2003）「社会構築主義のパースペクティブ」『社会科教育研究』別冊2002年度
猪瀬武則（2006）「構成主義的高等学校経済教育カリキュラム――バック教育研究所『問題基盤経済学』の場合」『社会科研究』第65号
萩野美穂（2001）「歴史学における構築主義」上野千鶴子編『構築主義とは何か』勁草書房
上野千鶴子（2001）「はじめに」上野千鶴子編『構築主義とは何か』勁草書房
北田暁大（2001）「〈構築されざるもの〉の権利をめぐって――歴史的構築主義と実在

論」上野千鶴子編『構築主義とは何か』勁草書房
久保田賢一 (2000)『構成主義パラダイムと学習環境デザイン』関西大学出版部
佐長健司 (2007)「構成主義社会科教育論の検討」全国社会科教育学会第56回全国研究大会・社会系教科教育学会第19回研究大会自由研究発表資料
千田有紀 (2001)「構築主義の系譜学」上野千鶴子編『構築主義とは何か』勁草書房
総務省 (2006.3)『多文化共生の推進に関する研究会報告書──地域における多文化共生の推進に向けて』
髙橋健司 (2002)「歴史教育におけるエスノセントリズムとの対峙 (2)──ナチスの漫画教科書の教材化を中心に」『朝日大学教職課程センター研究報告』第10号
髙橋健司 (2003)「歴史教育におけるエスノセントリズムとの対峙 (3)──ナチスの人種主義の教材化を通して」『朝日大学教職課程センター研究報告』第11号
髙橋健司 (2004)「歴史教育におけるエスノセントリズムとの対峙 (4)──カルチュラル・スタディーズの視点から」『朝日大学教職課程センター研究報告』第12号
髙橋健司 (2005a)「世界史教育における『人種』概念の再考──構築主義の視点から」『社会科教育研究』No.94
髙橋健司 (2005b)「歴史教育における記憶の取り扱いについて──ヴァンドーム広場の記念柱の教材化を事例に」『朝日大学教職課程センター研究報告』第13号
髙橋健司 (2006a)「歴史教育における記憶の取り扱いについて (2)──日露戦争の表象を巡って」『朝日大学教職課程センター研究報告』第14号
髙橋健司 (2006b)「現代に生きる南蛮文化の教材化──異文化の受容と変容の視点から」佐伯眞人・澁澤文隆・堀井登志喜編著『生徒の心を揺さぶる社会科教材の開発』三晃書房
髙橋健司 (2007)「歴史教育における記憶の取り扱いについて (3)──戦没者の記憶と『追悼のかたち』」『朝日大学教職課程センター研究報告』第15号
髙橋健司 (2008)「歴史教育における記憶の取り扱いについて (4)──『平和のかたち』の再考をもとに」『朝日大学教職課程センター研究報告』第16号
田口紘子 (2007)「ワークショップ学習によるアメリカ初等歴史教育改革──授業記録 "History Workshop" の場合」『社会科研究』第67号
竹沢泰子 (2005)『人種概念の普遍性を問う──西洋的パラダイムを超えて』人文書院
田尻信壹 (2005a)「図像史料を活用した移民史学習の可能性──『大陸横断鉄道と中国人移民』の教材化」『国際理解教育』vol.11
田尻信壹 (2005b)「『19世紀アメリカ合衆国南部諸州の紙幣に描かれたアフリカ系ア

メリカ人のイメージ』の授業化」多文化社会米国理解教育研究会編『多文化社会アメリカを授業する——構築主義的授業づくりの試み—』多文化社会米国理解教育研究会

田中伸 (2006)「構築主義に基づく文化研究学習論——アメリカ文化学習教科書『世界の窓』を事例として」『社会科研究』第64号

寺尾健夫 (2004)「認知構成主義に基づく歴史人物学習の原理——アマーストプロジェクト単元『リンカーンと奴隷解放』を手がかりとして」『社会科研究』第61号

戸田善治 (2006)「社会科における歴史認識の育成」日本社会科教育学会出版プロジェクト編『新時代を拓く社会科の挑戦』第一学習社

豊嶌啓司 (1999)「『構成主義』的アプローチによる『意思決定』型学習指導過程——心理学における『多属性効用理論』及び『自己フォーカス』を援用した中学校公民的分野『家族と社会生活』を事例に」『社会科研究』第51号

中澤静男・田渕五十生 (2004)「構成主義にもとづく学習理論への転換——小学校社会科における授業改革」『教育実践総合センター研究紀要』Vol.13,奈良教育大学教育実践総合センター

中村哲 (2000)「社会科教育におけるインターネット活用の意義と授業実践——構成主義的アプローチに基づく知の構築を意図して」『社会科研究』第52号

原田智仁 (2003)「社会科における多民族学習」,社会認識教育学会編『社会科教育のニュー・パースペクティブ——変革と提案』明治図書

渡部竜也 (2003)「アメリカ社会科における社会問題学習の原理的転換——『事実』を知るための探求から自己の『見解』を構築するための探求へ」『教育方法学研究』第29号

渡部竜也 (2008)「社会問題提起力育成をめざした社会科授業の構想——米国急進派教育論の批判的検討を通して」『社会科研究』第69号

森茂岳雄 (2005)「多文化社会アメリカ理解教育の視点と方法——構築主義的授業づくり」多文化社会米国理解教育研究会編『多文化社会アメリカを授業する——構築主義的授業づくりの試み』多文化社会米国理解教育研究会

Arizona State Board of Education ed., (2000a) *Social Studies Standards by Level : Essentials Grades 4-8.*

Arizona State Board of Education ed., (2000b) *Key to Terms and Codes in the Arizona Academic Standards.*

Banks, J. A., (1994) *Multiethnic Education Theory and Practice*, Third Edition, Allyn and Bacon,

Barbatsis, G. ed., Jones, J. W. paintings, (2002) *Confederate Currency, The Color of Money Images of Slavery in Confederate and Southern States Currency*, The Olive Press.

Berger, P. L. & Luckmann, T., (1966) *The Social Construction of Reality: A Treaties in the Sociology of Knowledge*, Anchor Books.（山口節郎訳 (2003)『現実の社会的構成：知識社会学論考』新曜社

Bonvillian, N., (2001) *Native Nations cultures and Histories of North America*, Prentice Halls.

Burr, V. (1995) *An Introduction to Social Constructionism*, Routledge.（田中一彦訳 (1997)『社会的構築主義への招待――言語分析とは何か』川島書店

Colorado Model History Standards Task Force ed., (1995) *Colorado Model Content Standards History*.

Hoxie, F. E. ed., (1996) *Encyclopedia of North American Indians Native American History, Culture, and Life from Paleo-Indeians to The Present*, Houghton Mifflin.

Hightower-Langston, D., (2003) *The Native American World,* John Wiley & Sons.

New Mexico State Board of Education ed., (2001) *New Mexico Social Studies Content Standards and Benchmark : Introduction and Curriculum Framework.*

Public Law 107-56, (2001) *Uniting and Strengthening America by Providing Appropriate Tools Required to Intercept and Obstruct Terrorism Act.* Oct.

Spector, M. & Kitsuse, J. I., (1997) *Constructing Social problems,* Cummings.

参考文献一覧

I. 英文文献
1. 社会史に関する文献

Bailya, B. (1982) The Challenge of Modern Historiography. *The American Historical Review*. vol.87, no.1.

Bender, T. (1984) The New History Then and Now. *Reviews in American History*. vol.12, no.4.

Bender, T. (1986) Wholes and Parts: The Need for Synthesis in American History. *The Journal of American History*. vol.73. no.1.

Curtin, P. D. (1984) Depth, Span, and Relevance. *The American Historical Review*. vol.89, no.1.

Degler, C. N. (1987) In Pursuit of an American History. *AHR*. vol.92.

Fox-Genovese, E. and Genovese, E. D. (1976) The Political Crisis of Social History. *Journal of Social History*. vol.10, no.2.

Gutman, H. G. (1981) Whatever Happened To History. *The Nation*. no.21.

Hays, S. P. (1983) Politics and Social History: Toward a New Synthesis. *Ordinary People and Everyday Life*. The American Association for State and Local History.

Henretta, J. A. (1979) Social History as Lived and Written. AHA Forum. *The American Historical Review*. vol.84, no.5.

Himmelfarb, G. (1987). *The New History and the Old: Critical Essays and Reappraisals*. Cambridge. Mass. Balknap Press of Harvard University Press.

Himmelfarb, G. (1989) Some Reflection on the New History. AHA Forum: The Old History and the New. *The American Historical Review*. vol.94, no.3.

Levine, L. W. (1989) The Unpredictable Past: Reflection on Recent American Historiography. AHA Forum: The Old History and the New. *The American Historical Review*. vol.94, no.3.

Monkkonen, E. H. (1986) The Dangers of Synthesis. *The American Historical Review*. vol.91, no.5.

Painter, N. I. (1987) Bias and Synthesis in History. in Round Table : Synthesis in American

History. *JAH*. vol.74, No.1

Robb, T. K. and Rotberg, R. I. eds. (1981) The New History The 1980s and Beyond. *Studies in Interdisciplinary History*. Princeton University Press.

Robinson, J. H. (1965) *The New History with a new introduction by Harvey Wish*. The Free Press.

Stearns, P. N. (1972) The Impact of The Industrial Revolution: Protest and Alienation England Cliffs. NJ: Prentice-Hall.

Stearns, P. N. (1975) *European Society in Upheaval; Social History Since 1750*. NY. Macmillan.

Stearns, P. N. (1976) *Old Age in European Society: The Case of France*. NY. Holmes & Meier.

Stearns, P. N. (1976) Coming of Age. *Journal of Social History*. vol.10, no.2.

Stearns, P. N. (1980) Toward a Wider Vision: Trends in Social History. in M. Kamman. ed. *The Past Before Us: Contemporary Historical Writing in the Unite States*. Ithaca: Cornell University Press.

Stearns, P. N. (1980) *Paths to Authority: The Middle Class and The Industrial Labor Force in France 1920-48*. Urabana: University of Illinois Press.

Stearns, P. N. (1980) *Arbeiterleben: Industriarbeit und Alltag in Europa 1890- 1914*. Frankfurt: Campus Verlag.

Stearns, P. N. (1980) Modernization and Social History: Some Suggestions. And A Muted Cheer. *Journal of Social History*. vol.14, no.2.

Stearns, P. N. (1981). Applied History and Social History. *Journal of Social History*. vol.14, no.4.

Stearns, P. N. (1983) The New Social History: An Overview. in J. B. Gardner and G. R. Adams ed. *Ordinary People and Everyday Life*. The American Association for State and Local History.

Stearns, P. N. (1983) Social and Political History. *Journal of Social History*. vol.16, no.3.

Stearns, P. N. (1984) *The Other Side of Western Civilization*. vol.II. 3rd ed. NY. Harcourt Brace Javanovich.

Stearns, P. N. (1984) The Idea of Postindustrial Society: Some Problems. *Journal of Social History*. Sum.

Stearns, P. N. (1985) Social History and History: A Progress Report. *Journal of Social History*. Win.

Stearns, P. N. (1990) Girls, Boys, and Emotions: Redefinitions and Historical Change. *The Journal of American History*. vol.80, no.1.

Stearns, P. N. (1990) *Be A Man! Males in Modern Society*. 2nd Edition. Holmes & Merier.

Stearns, P.N. ed. (1990) *Encyclopedia of Social History*. Garland Publishing. Inc.

Stearns, P. N. (1993). *Meaning over Memory. Recasting the Teaching of Culture and History*. The University of North Carolina Press.

Stearns, P. N. (1994) *American Cool, Constructing a Twentieth-Century Emotional Style*. New York University Press.

Scott, J. W. (1989) History in Crisis? The Others' Side the history. in AHA Forum: The Old History and the New. *The American Historical Review*. vol.94, no.3.

Shapiro, G. (1976) Prospects for a Scientific Social History. *Journal of Social History*. vol.10, no.2.

Toews, J. E. (1989) Perspectives on "The Old History and the New": in A Comment. AHA Forum: The Old History and the New. *The American Historical Review*. vol.94, no.3.

Vann, R. T. (1976) The Rhetoric of Social History. *Journal of Social History*. vol.10, no.2.

Veysey, L. (1979) Intellectual History and The New Social History. in J. Higham. and P. K. Conkin eds. *New Directions in American Intellectual History*.

Holf-Wilson, J. (1985) The Plight on Mom and Pop Operation. *OAH Newsletter*. No. 13

2. 社会史教育に関する文献

Alexander, M. and M. Childress. eds. (1982) Document of the Month. Three Photographs of Children at Work, Crica 1908. *Social Education*. vol.46, No.2. Feb.

Valle-Condell, L. and Gordon, K. (1986) Teaching with Millington's Diary. *Social Education*. vol.50, no.4.

Banner, Jr. J. M. (1988) Mixing the New history with the Old. *Basic Education*. vol.33, no.1.

Chapman, A. (1983) Women's History. *The Social Studies*. vol.74, no.1.

Cole, P. (1982). Revitalizing the Study of Labor. *Social Education*. vol.46, no.2.

Downey, M.T. ed. (1982) *Teaching American History: New Directions*. DC. NCSS.

Downey, M. T. (1983) Beyond the Era of the New Social Studies: Putting the Present in Perspective. *The Social Studies*. vol.74, no.1.

Dyson, P. U. (1982) An Approach to the Integration of Social History into Courses in American and European History. *Social Education*. vol.46, no3.

Edwards, C. and Metcaf, F. (1983) Prefath-Teaching History: A Survey of Current Development. *The Social Studies*. vol.74, no.1.

Fink, L. (1982) Industrial America's Rank and File: Recent trends in American Labor

History. *Social Education.* vol.46, no.2

Furtek, J. (1982) Resources for Teaching Social History. *Social Education.* vol.46, no.3.

Furtek, J. (1983) Social History "A New history" for the 1980s. *The Social Studies.* Jan.Feb.

Gordon, B. M. (1974) Food and History: Teaching Social History Through the Study of Cuisine Patterns. *The Social Studies.* vol.65, no.5.

Hatcher, B. A. (1990) Who's in the Kitchen with Dinah? History! *The Social Studies.* vol.81, no.3.

Hogeboom, W. L. (1983) Labor Studies in American History Curriculum. *The Social Studies.* vol.66, no.3.

Jorgensen-Esmail, K. and Sarah, R. (1986) Intergenerational Interviews. *Social Education.* vol.50, no.4.

Koenig, D. (1972) Social History-Making the Roman Scene. *The Social Studies.* vol.63, no.4.

Metcaf, F. D. (1982) The Transformation of the Working Place: Its Impact on the Shoemakers. A Lesson for Students. *Social Education.* vol.46, no.2.

O'connell, P. N. and Lavin, P. A. (1986) A Living History Museum. *Social Education.* vol.50, no.4.

Rosenzweig, L. W. (1982) Translating Social History for the Classroom. in M. T. Downey ed. *Teaching American History: New Directions.* DC. NCSS.

Rosenzweig, L. W. (1982) Overview: Toward Developmental Perspectives. in L.W. Rosenzweig. ed. *Developmental Perspectives on the Social Studies.* NCSS. Bulletin. no.66.

Rosenzweig, L. W. (1982) Christian Laville. Teaching and Learning History: Developmental Dimensions. in L. W. Rosenzweig. ed. *Developmental Perspectives on the Social Studies.* NCSS. Bulletin. no.66.

Rosenzweig, L. W. (1982) Law-Related Education and Legal Development. in L.W. Rosenzweig. ed. *Developmental Perspectives on the Social Studies.* NCSS. Bulletin no.66.

Rosenzweig, L. W. (1982) Urban Life and World History: Can Social History Bridge the Gap? *Social Education.* vol.46, no.5.

Rosenzweig, L. W. (1982) Teaching Social History: Introduction. *Social Education.* vol.46, no.3.

Rosenzweig, L. W. (1984) Perspectives on History Education in England. *History Teacher.* vol.17, no.2.

Rosenzweig, L. W. and Weinland, T. P. (1986) New Directions for the History Curriculum: A Challenge for the 1980s. *History Teacher.* vol.19, no.2.

Marty, M. (1983) What Do You Teach When You Teach History? *The Social Studies*. vol.74, no.1.

Pleasant, D. L. and Haskell, D. A. (1982) Using Social History Courses. *Social Education*. vol.46, no.3.

Rothblatt, S. (1988) The Past and The Future. *Social Studies Review*. vol.28, no.1.

Stearns, P. N. (1980) Justifying Social History in The Schools. *Paper presented at Annual Meeting of American History Association.*

Stearns, P. N. and Rosenzweig. L. W. eds. (1982) *Project on Social History Curriculum*. Carnegie-Mellon University. Press.
  vol.1 Introduction and Teachers Guide
  vol.2 Work and Leisure in History.
  vol.3 The Family in History.
  vol.4 Childhood and Youth in History.
  vol.5 Health and Medicine in History.
  vol.6 Crime and Law Enforcement in History.

Stearns, P. N. (1982) Social History and the Teaching of History. in Matthew T. D. ed. *Teaching American History: New Directions*. DC. NCSS.

Stearns, P. N. (1982) Teaching Social History: Introduction. *Social Education*. vol.46, no.5.

Stearns, P. N. (1984) Educational Equality Project: New Standards in the Social Studies. *Social Studies*.

Stearns, P. N. (1985) New Wines in Historical Bottles. *Social Education*.

Stearns, P. N. and Rosenzweig. L. W. eds. (1985) *Themes in Modern Social History, Teacher's Guide*. Carnegie-Mellon University Press.

Stearns, P. N. and Rosenzweig. L. W. eds. (1985) Themes in Modern Social History. Carnegie-Mellon University Press.

Stearns, P. N. (1988) Social History in the American History Course: Whats, Whys, and Hows. in Bernard R. G. ed. *History in the Schools: What Shall We Teach?* : Macmillan Publishing Company.

Stearns, P. N. (1989) Teaching Social History: An Update. *Viewpoints*.

Sweeney, J. C., Monteverde, F. E. and Garret, A. W. (1993) Social History. the Census, and the Blues: a High School Application. *The Social Studies*. May.Jun.

Tetrault, M. K. T. (1987) Rethinking Women, Gender, and The Social Studies. *Social Education*. vol.51, no.3.

Vaughn, S. (1983) History: Is It Relevant? *The Social Studies*. vol.74, no.2.

Whelan, J. and Robinson, J. H. (1991) The New History, and The 1916 Social Studies Report. *History Teacher*. vol.24, no.2.

Woyach, R. B. (1989) *World History in the Secondary School Curriculum*. ERIC Digest.

3. 多文化教育・多文化的歴史教育に関する研究

Ankeney, A, Del Rio, R., Gnash, G. B. And Vigilante D. eds. (1996) *Bring History Alive! A Sourcebook for Teaching United State History*. UCLA Book Zoon.

Arizona State Board of Education ed. (2000) *Social Studies Standards by Level : Essentials Grades 4-8*.

Arizona State Board of Education ed. (2000) *Key to Terms and Codes in the Arizona Academic Standards*.

Banks, J. A. (1969) Content Analysis of the Black Americans in Textbook. Social Education. Vol.33, no.8.

Banks, J. A. (1994) *Multiethnic Education Theory and Practice*. Third Edition. Allyn and Bacon.

Center for Civic Education ed. (1994) National Standards for Civics and Government.

Colorado Model History Standards Task Force ed. (1995) *Colorado Model Content Standards History*.

Frederic E. Hoxie ed. (1996) *Encyclopedia of North American Indians Native American History. Culture, and Life from Paleo-Indeians to The Present*. Houghton Mifflin.

Garcia, J. and J. Goebel. (1985) A Comparative Study of the Portrayal of Black Americans in Selected U. S. History Textbooks.The Negro Education Review.Vol.3-4.

Geography Education Standards Project ed. (1994) Geography for Life-National Geography Standards.

Grant, C.A. and G. Ladson-Billings. eds. (1997) Dictionary of Multicultural Education. The Oryx Press. (中島智子・太田晴雄・倉石一郎監訳 (2002)『多文化教育事典』明石書店)

Hightower-Langston, D., (2003) *The Native American World*. John Wiley & Sons.

Jackson, K. T. (1991). A Dissent Comment. in *One Nation, Many Peoples: A Declaration of Cultural Independence*. The State education Department.

Japanese American Citizens League National Education Committee. (1994) *CURRICULUM AND RESOURCE GUIDE; The Japanese American Experience : A Lesson in American History*.

Klopfer, G. (1987). A Multicultural Approach to High School History Teaching. *The Social Studies*. vol.78, No.6

Kramer, L., Reid, D. and W.L. Barney. (1994). *Learning History in America, Schools, Cultures, and Politics*. University of Minnesota Press.

Nancy Bonvillian. (2001) *Native Nations cultures and Histories of North America*. Prentice Hall.

National Center for History in the Schools ed. (1994) National Standards for History for Grades K-4. Expanding Children's World in Time and Space, Expanded Edition.

National Center for History in the Schools ed. (1994). *National Standards for United States History. Exploring The American Experience*. Grades 5-12 Expanded Edition.

National Center for History in the Schools ed. (1996) National Standards for History. Basic Edition.

New York State Education Department. (1987) *Social Studies Tentative Syllabus 7/8 ; United States History and New York State History*.

National Japanese American Historical Society. (1992) Teacher's Guide ; The Bill of Rights and the Japanese American World War. Grades4-12.

Newsweek. 12.2.1997.

New York City Public Schools. (1990) *Grade 7 United States and New York State History : A Multicultural Perspective*. vol.I. Board of Education of the City of New York.

New Mexico State Board of Education ed. (2001) *New Mexico Social Studies Content Standards and Benchmark: Introduction and Curriculum Framework*.

Public Law 103-227, (1994) *Goals 2000 : Educated American Act*. March.

Ravich, D. and C.E. Finn, Jr. (1988) *What Do Our 17-Year-Olds Know? A Reports on the First National Assessment of History and Literature*. Harper & Row. Publishers.

Ravich, D. (1988) *The Great School Wars; A History of the New York City Public Schools with a new Introduction by the Author*, Basic Books Inc.

Ravich, D. (1991), History and the Perils op Pride, *Perspectives; American Historical Association Newsletter*, vol.29, No.3.

Ravich, D. and Schlesinger, Jr. A. et al. (1990) New York State : Statement of the Committee of Scholars in Defense of History. *Perspectives; American Historical Association Newsletter*. vol.28, No.7.

Ravich, D. and M. A. Vinovskis ed. (1995) *Learning from the Past, what history teaches us about school reform*. The Johns Hopkins University Press.

Ravich, D. (2000) *Left Back, A Century of Battle Over School Reform*. A Touchstone Book. (末

藤美津子・宮本健市郎・佐藤隆之訳 (2008)『学校改革抗争の100年——20世紀アメリカ教育史』東信堂)

Schlesinger, Jr. A. M. (1991) Report of The Social Studies Syllabus Review Committee: A Dissenting Opinion. in *One Nation, Many People: A Declaration of Cultural Independence. The Report of the New York State*. Social Studies Review and Development Committee. New York State Education Department.

Schlesinger, Jr. A. M. (1992) *The Disuniting of America: Reflection on a Multicultural Society*. Norton edition. (都留重人監訳 (1992)『アメリカの分裂——多文化社会についての所見』岩波書店)

National School Boards Association. (1991) *Survey of Public Education in Urban School Districts*.

New York State Education Department, (1987) *Social Studies Program K-6*.

New York State Education Department, (1987) *Social Studies Tentative Syllabus 7-11*.

Sobol T. (1991) *Understanding Diversity*. The State Education Department.

Takaki, R. (1993) *A Different Mirror: A History of Multicultural America*. First Paperback Edition. Little Brown & Company. (富田虎男監訳 (1995)『多文化社会アメリカの歴史——別の鏡に写して』明石書店)

The Council on Interracial Books for Children. (1977) Stereotypes, Distortions and Omissions in U.S. History Textbooks.New York. Council on Interracial Books of Children.

The University of The State of New York. (1991) *A Compact for Learning.: Improving Public Elementary, Middle, and Secondary Education Results in the 1990'*. The New York State Education Department.

The Task Force on Minorities : Equity and Excellence. (1989) *A Curriculum of Inclusion*. The State Education Department.

The New York State Social Studies Review and Development Committee. (1991). *One Nation, Many Peoples: A Declaration of Cultural Independence*. The State education Department.

New York State Education Department. (1995) *Curriculum, Instruction, and Assessment Preliminary Draft Framework for Social Studies*.

The University of The State of New York. Regents of The University. (1996) *Learning Standards for Social Studies. Revised Edition*.

The University of The State of New York. Regents of The University. (1996) *Social Studies*

Resource Guide. The State Education Department.

Weatherford, J. M. (1988) *Indian Givers*. Ballantine Books.（小池佑二訳 (1996)『アメリカ先住民の貢献』パピルス）

II. 邦文文献

1. 社会史に関する文献

阿部謹也 (1985)『歴史と叙述——社会史への道』人文書院

阿部謹也 (1987)『中世賤民の宇宙——ヨーロッパ原点への旅』筑摩書房

阿部謹也 (1988)『自分の中に歴史を読む』筑摩書房

阿部謹也 (1989)『社会史とは何か』筑摩書房

有賀夏紀 (1981)「新しい家族史——史学史的検討」『アメリカ研究』No.15

角山栄・速水融編 (1979)『講座西洋経済史Ⅴ　経済史学の発達』同文館

ゲオルグ・G・イッガース著　中村幹雄・末川清・鈴木利章・谷口健治訳 (1986)『ヨーロッパ歴史学の新潮流』晃洋書房

竹岡敬温 (1991)『「アナール」学派と社会史——「新しい歴史」へ向かって』同文館

中内敏夫 (1981)「史的人口動態史の成立と社会史」『思想』No.687

中内敏夫 (1992)『改訂増補　新しい教育史——制度史から社会史への試み』新評論

二宮宏之 (1994)『歴史学再考——生活世界から権力秩序へ』日本エディタースクール出版部

福井憲彦 (1984)『「新しい歴史学」とは何か』日本エディタースクール出版部

福井憲彦 (1984)『シリーズ　プラグを抜く　歴史のメトドロジー』新評論

本田創造編 (1989)『アメリカ社会史の世界』三省堂

増田四郎 (1981)『社会史への道』日本エディタースクール出版部

マルク・フェロー著，井上幸治監訳，大野一道・山辺雅彦訳 (1987)『監視下の歴史——歴史学と歴史意識』新評論

宮澤康人編 (1988)『社会史のなかの子ども——アリエス以後の〈家族と学校の近代〉』新曜社

安場保吉 (1970)「『新しい経済史』について」『アメリカ研究』No.4

竹沢泰子 (1994)『日系アメリカ人のエスニシティ——強制収容と補償運動による変遷』東京大学出版会

2. 社会史教育に関する文献

梅津正美 (1985)「社会史に基づく歴史内容構成——Project on Social History Curriculum の場合」『社会科研究』第33号

梅津正美 (1990)「社会史に基づく『世界史』の内容構成——中世ヨーロッパにおける社会構造と民衆意識」『社会科研究』第38号

梅津正美 (2006)『歴史教育内容改革研究——社会史教授の論理と展開』風間書店

大江一道 (1985)「社会史と歴史教育の課題」『歴史地理教育』第380号
立川孝一 (1991)「心性史研究の現況」安田元久監修『歴史教育と歴史学』山川出版
千葉県高等学校教育研究会歴史部会 (1992)「新しい世界史の授業——地域・民衆からみた歴史像」山川出版
千葉県高等学校教育研究会歴史部会 (1992)「新しい日本史の授業——地域・民衆からみた歴史像」山川出版
二谷貞夫 (1989)「人類の課題と世界史」梶哲夫先生・横山十四男先生退官記念出版会編『社会科教育40年——課題と展望』明治図書
服部一秀 (1989)「『社会史』に基づく歴史教育理論——フランツ・J・E・ベッカーの場合」『社会科研究』第37号
原田智仁 (1991)「社会史研究に基づく歴史授業構成（Ⅰ）——阿部謹也氏の伝説研究の方法を手がかりに」兵庫教育大学学校教育研究センター『学校教育学研究』第3巻
原田智仁 (1992)「社会史研究に基づく歴史授業構成（Ⅱ）——近藤和彦の popular politics の研究を手がかりに」『兵庫教育大学研究紀要』第12巻, 第2分冊
福田アジオ (1982)「人間・生活・文化と歴史教育」加藤章・佐藤照雄・波多野和夫編『講座歴史教育3——歴史教育の理論』弘文堂
星村平和 (1982)「歴史教育における内容の革新」『社会科研究』第30号
星村平和 (1985)「戦後における歴史研究の変遷と歴史教育——西洋史学の場合を中心にして」全国社会科教育学会『社会科教育論叢』第35集
福井憲彦 (1991)「社会史研究の現況」安田元久監修『歴史教育と歴史学』山川出版
森茂岳雄 (1985)「民俗学・文化人類学と歴史教育」山口康助『これからの歴史教育』東洋館出版社

3. アメリカ史に関する文献

有賀貞・大下尚一編 (1979)『新版概説アメリカ史——ニューワールドの夢と現実』有斐閣選書
トーマス・L・ウェッバー著, 西川進監訳, 竹中興慈訳 (1988)『奴隷文化の誕生——もうひとつのアメリカ社会史』新評論
猿谷要 (1971)『アメリカ黒人解放史』サイマル出版会
ジョン・ホープ・フランクリン著, 本田創造監訳 (1993)『人種と歴史——黒人歴史家のみたアメリカ社会』岩波書店
本田創造 (1964)『アメリカ黒人の歴史』岩波新書

本田創造 (1991)『アメリカ黒人の歴史 新版』岩波新書
石朋次 (1991)『世界人権問題叢書2 多民族社会アメリカ』明石書店
W・E・ウォッシュバーン著 富田虎男訳 (1977)『アメリカ・インディアン――その文化と歴史』南雲堂
清水知久 (1992)『増補米国先住民の歴史――インディアンと呼ばれた人びとの苦難・抵抗・希望』
富田虎男 (1986)『アメリカ・インディアンの歴史 [改訂]』雄山閣
野村達朗 (1992)『「民族」で読むアメリカ』講談社現代新書
有賀貞 (1987)『アメリカ史概論』東京大学出版会
遠藤康生他 (1993)『常識のアメリカ・歴史のアメリカ――歴史の新たな胎動』木鐸社
清水知久・高橋章・富田虎男著 (1993)『アメリカ史研究入門』山川出版
本間長世・有賀貞編 (1980)『アメリカ研究入門 第2版』東京大学出版会
本間長世著 (1991)『アメリカ史像の探究』東京大学出版会
本間長世・亀井俊太郎・荒川健三郎編 (1990)『現代アメリカ像の再構築――政治と文化の現代史』東京大学出版会
森田尚人 (1986)「付論 アメリカ革新主義期の政治と教育――研究史的考察」森田尚人『デューイ教育思想の形成』新曜社

4. 多文化教育・多文化的歴史教育に関する文献

大森正・森茂岳雄 (1984)「アメリカの社会科カリキュラムにおける文化多元主義の展開」『社会科教育研究』No.51
岡本智周 (2001)『国民史の変貌――日米歴史教科書のグローバル時代のナショナリズム』日本評論社
川崎誠司 (2011)『多文化教育とハワイの異文化理解学習――「公正さ」はどう認識されたか』ナカニシヤ出版
小林哲也・江淵一公編 (1985)『多文化教育の比較教育――教育における文化的同化主義と多様性』九州大学出版会
田中圭治郎 (1990)「文化多元主義と教育」田中圭治郎・奥川義尚・小林勝・川村覚昭編『国際化社会の教育』昭和堂
冨所隆治 (1998)『〈社会科教育全書38〉アメリカの歴史教科書――全米基準の価値体系とは何か』明治図書
冨所隆治 (2000)『多文化主義と共生――新しい歴史教育の道標』渓水社

辻内鏡人 (1994)「多文化主義の思想的文脈——現代アメリカの政治文化」『思想』No.843

原田智仁 (2003)「社会科における多民族学習」，社会認識教育学会編『社会科教育のニュー・パースペクティブ——変革と提案』明治図書

福山文子 (2009)「第二言語話者の境界化回避に果たす移民学習の役割」『Public Education Study』創刊号

森茂岳雄 (1980)「社会科教育における人類学的認識の意義——アメリカの人類学カリキュラムの分析を通して」(筑波大学大学院博士課程教育学研究科　前期課程論文)

森茂岳雄 (1981)「アメリカにおける文化多元主義と社会科教育」『教育学研究集録』第5集

森茂岳雄編 (1993)『社会科における多文化教育の比較研究』(平成4年度科学研究補助金，一般研究C，研究成果報告書)

森茂岳雄・中山京子 (1998)「多文化社会アメリカにおける国民統合と日系人学習——日系人学習の授業案の分析」『東京学芸大学紀要　第3部門　社会科学』第49集

森茂岳雄編著 (1999)『多文化社会アメリカにおける国民統合と日系人学習』明石書店

森茂岳雄 (1999)「アメリカの歴史教育における国民統合と多文化主義」油井大三郎・遠藤泰生編『多文化主義のアメリカ——揺らぐナショナル・アイデンティティ』東京大学出版会

森茂岳雄 (1996)「ニューヨーク州の社会科カリキュラム改訂をめぐる多文化主義論争——A. シュレジンガー，Jr. の批判意見の検討を中心に」『社会科教育研究』No.76

森茂岳雄 (2002)「多文化共生時代の社会科教育——「移民」学習の可能性」『社会科教育研究 (別冊)：2001年度研究年報』No.51

森茂岳雄・中山京子編著 (2008)『日系移民学習の理論と実践——グローバル教育と多文化教育をつなぐ』明石書店

森茂岳雄 (2009)「多文化教育のカリキュラム開発と文化人類学——学校における多文化共生の実践にむけて」『文化人類学』第74巻第1号別冊

森田真樹 (1995)「米国におけるナショナル・スタンダードをめぐる論争——『合衆国史ナショナル・スタンダード』を中心として」中国四国教育学会編『教育学研究紀要』第42巻，第一部

森田真樹 (1997)「多文化社会米国における歴史カリキュラム開発——合衆国史ナショナル・スタンダードをめぐる論争を手がかりに」『カリキュラム研究』第6号

III. 構築主義・構築主義歴史教育に関する文献

猪瀬武則 (2003)「社会構築主義のパースペクティブ」『社会科教育研究』別冊2002年度

猪瀬武則 (2006)「構成主義的高等学校経済教育カリキュラム――バック教育研究所『問題基盤経済学』の場合」『社会科研究』第65号

荻野美穂 (2001)「歴史学における構築主義」上野千鶴子編『構築主義とは何か』勁草書房

上野千鶴子 (2001)「はじめに」上野千鶴子編『構築主義とは何か』勁草書房

北田暁大 (2001)「〈構築されざるもの〉の権利をめぐって――歴史的構築主義と実在論」上野千鶴子編『構築主義とは何か』勁草書房

久保田賢一 (2000)『構成主義パラダイムと学習環境デザイン』関西大学出版部

佐長健司 (2007)「構成主義社会科教育論の検討」全国社会科教育学会第56回全国研究大会・社会系教科教育学会第19回研究大会自由研究発表資料

千田有紀 (2001)「構築主義の系譜学」上野千鶴子編『構築主義とは何か』勁草書房

総務省 (2006.3)『多文化共生の推進に関する研究会報告書――地域における多文化共生の推進に向けて』

高橋健司 (2002)「歴史教育におけるエスノセントリズムとの対峙 (2)――ナチスの漫画教科書の教材化を中心に」『朝日大学教職課程センター研究報告』第10号

高橋健司 (2003)「歴史教育におけるエスノセントリズムとの対峙 (3)――ナチスの人種主義の教材化を通して」『朝日大学教職課程センター研究報告』第11号

高橋健司 (2004)「歴史教育におけるエスノセントリズムとの対峙 (4)――カルチェラル・スタディーズの視点から」『朝日大学教職課程センター研究報告』第12号

高橋健司 (2005)「世界史教育における『人種』概念の再考――構築主義の視点から」『社会科教育研究』No.94

高橋健司 (2005)「歴史教育における記憶の取り扱いについて――ヴァンドーム広場の記念柱の教材化を事例に」『朝日大学教職課程センター研究報告』第13号

高橋健司 (2006)「歴史教育における記憶の取り扱いについて (2)――日露戦争の表象を巡って」『朝日大学教職課程センター研究報告』第14号

高橋健司 (2007)「歴史教育における記憶の取り扱いについて (3)――戦没者の記憶と『追悼のかたち』」『朝日大学教職課程センター研究報告』第15号

高橋健司 (2008)「歴史教育における記憶の取り扱いについて (4)――『平和のかたち』の再考をもとに」『朝日大学教職課程センター研究報告』第16号

田口紘子 (2007)「ワークショップ学習によるアメリカ初等歴史教育改革――授業記

録 "History Workshop" の場合」『社会科研究』第67号

田口紘子 (2011)『現代アメリカ初等歴史学習論研究——客観主義から構築主義への変革』風間書房

竹沢泰子 (2005)『人種概念の普遍性を問う——西洋的パラダイムを超えて』人文書院。

田尻信壹 (2005)「図像史料を活用した移民史学習の可能性——『大陸横断鉄道と中国人移民』の教材化」『国際理解教育』Vol.11

田尻信壹 (2005)「『19世紀アメリカ合衆国南部諸州の紙幣に描かれたアフリカ系アメリカ人のイメージ』の授業化」多文化社会米国理解教育研究会編『多文化社会アメリカを授業する——構築主義的授業づくりの試み』多文化社会米国理解教育研究会

田中伸 (2006)「構築主義に基づく文化研究学習論——アメリカ文化学習教科書『世界の窓』を事例として」『社会科研究』第64号

田中伸 (2011)『現代アメリカ社会科の展開と構造——社会認識教育論から文化認識教育論へ』風間書房

寺尾健夫 (2004)「認知構成主義に基づく歴史人物学習の原理——アマーストプロジェクト単元『リンカーンと奴隷解放』を手がかりとして」『社会科研究』第61号

戸田善治 (2006)「社会科における歴史認識の育成」日本社会科教育学会出版プロジェクト編『新時代を拓く社会科の挑戦』第一学習社

豊嶌啓司 (1999)「『構成主義』的アプローチによる『意思決定』型学習指導過程——心理学における『多属性効用理論』及び『自己フォーカス』を援用した中学校公民的分野『家族と社会生活』を事例に」『社会科研究』第51号

中澤静男・田渕五十生 (2004)「構成主義にもとづく学習理論への転換——小学校社会科における授業改革」『教育実践総合センター研究紀要』Vol.13, 奈良教育大学教育実践総合センター

中村哲 (2000)「社会科教育におけるインターネット活用の意義と授業実践——構成主義的アプローチに基づく知の構築を意図して」『社会科研究』第52号

渡部竜也 (2003)「アメリカ社会科における社会問題学習論の原理的転換——『事実』を知るための探求から自己の『見解』を構築するための探求へ」『教育方法学研究』第29号

渡部竜也 (2008)「社会問題提起力育成をめざした社会科授業の構想——米国急進派教育論の批判的検討を通して」『社会科研究』第69号

森茂岳雄 (2005)「多文化社会アメリカ理解教育の視点と方法——構築主義的授業づ

くり」多文化社会米国理解教育研究会編『多文化社会アメリカを授業する──構築主義的授業づくりの試み』多文化社会米国理解教育研究会

Berger, P. L. & Luckmann, T., (1966) *The Social Construction of Reality: A Treaties in the Sociology of Knowledge*, Anchor Books.（山口節郎訳（2003）『現実の社会的構成：知識社会学論考』新曜社

Burr,V. (1995) *An Introduction to Social Constructionism*, Routledge.（田中一彦訳（1997）『社会的構築主義への招待──言語分析とは何か』川島書店

Doolittle, P. and Hicks, D. (2003) Constructivism as a Theoretical Foundation for the Use of Technology in Social Studies, *Theory and Research in Social Education*, Vol.31, No.1.

Scheurman, G. (1998) From Behaviorist to Constructivist Teaching, *Social Studies*, No.62 (1)

Spector, M. & Kitsuse, J. I., (1997) *Constructing Social problems*, Cummings.

あとがき

　本書は，筑波大学大学院人間総合科学研究科に提出した学位論文「アメリカにおける多文化的歴史カリキュラムに関する研究――『新しい社会史』論を手がかりとして」(2010年5月)に一部修正を加え，2011 (平成23) 年度日本学術振興会科学研究費補助金 (研究成果公開促進費) の交付を受けて公刊するものである。

　筆者が本格的に研究を始めてほぼ20年が経とうとしている。筑波大学大学院博士課程教育学研究科に入学し，社会科教育学研究室において初めて研究に真正面から直面することになったが，自らの至らなさに愕然としたことを今でも鮮烈に覚えている。先生方や諸先輩の指導と励ましに応えられず，前期課程の2年間で中間評価論文 (修士論文) を書き上げることを断念した時には，密かに「3年目で納得のいく論文が書けなかったときは，大学院を辞める」ことを決意した。あの腹を括った瞬間が，研究に真剣に向き合い始めた時であり，現在の筆者の出発点である。それまでどうしても掴みきれずにいた多文化教育と「新しい社会史」の繋がりが見え始めたのも，その頃であった。後期課程に入り，ニューヨーク州をフィールドとして研究を展開したが，進行中のカリキュラム改革を対象としたため，変化し続ける改革の軌跡を追い続ける必要があった。その変化のダイナミズムを追究する困難さと知的な刺激は，現在の筆者の研究の原動力となっている。

　このささやかな本書をまとめるには，実に多くの方々のご指導とご支援を賜った。

　東洋大学文学部教育学科在学時は，志摩陽伍先生 (東洋大学名誉教授) と大森正先生にご指導いただいた。指導教員であった志摩先生には，研究にかける

情熱をご指導いただいた。大学院の研究室の大先輩でもある大森先生には，筆者の社会科教育学への興味を引き出していただいた。大森先生の授業を受けていなければ，社会科教育学の大学院に進学してはいなかったであろう。

筑波大学大学院在籍時は，篠原昭雄先生，谷川彰英先生，江口勇治先生に大変お世話になった。江口先生は，研究における思考の切り口と鋭さの必要性をご指導いただいた。同時にアメリカ社会科を研究する際の基本的視座を教えていただいた。谷川先生には，多大なるご指導を賜った。谷川先生の書生として先生のお仕事のお手伝いをさせていただいた中で，研究者としてのあり方，特に教育学者として理論と実践をどのように結びつけて研究していくかなど，先生の研究活動そのものを通して教えていただいた。また，学位論文の提出に際して非常に丁寧にご指導いただいた。

大学院の先輩方にも恵まれた。特に，唐木清志先生（筑波大学大学院准教授）と川﨑誠治先生（東京学芸大学准教授）には大変お世話になった。大学院在籍時より，お二人にはさまざまな面でご指導いただいた。筆者も含め三人ともそれぞれテーマを異にしながらも，共に1980年代以降のアメリカ社会科を研究しており，常に筆者の二歩三歩先を歩んで道筋を示してくれている貴重な先達である。

奉職先の埼玉大学教育学部では，幸運にも尊敬すべき上司に恵まれた。大学院の研究室の大先輩に当たる大友秀明先生には，現在も大変お世話になっている。自由な研究・教育環境を享受できているのは，大友先生がそのような体制を構築して下さったからである。また，2008-2009年の1年間，筑波大学への長期研修の際には，快く送り出していただいた。あの1年間で学位論文をまとめることができた。感謝申し上げたい。

誰よりもお世話になったのは森茂岳雄先生（中央大学教授）である。森茂先生には，公私にわたり一方ならぬ厚情を賜った。多文化教育の思想と理論，実践について懇切丁寧に教えていただいた。また，多文化教育に留まらず，社会科教育研究や国際理解教育など広範な領域について深くご指導いただいた。筆者の研究のすべてにおいてご指導いただいたといっても過言ではない。多文化教育を始め幅広く研究をする道場でもある多文化教育研究会を

1992年(筆者が筑波大学大学院に入学した年)に森茂先生が立ち上げられ，その研究会で鍛えていただいた。不十分ながら学位論文をまとめることができたのも，森茂先生のご指導があったからこそである。心より感謝申し上げたい。

 学位論文の審査を担当して下さった，筑波大学の井田仁康・田中統治・甲斐雄一郎・浜田博文の各教授と唐木清志先生にも感謝申し上げる次第である。特に主査をご担当いただいた井田先生には，大変ご迷惑をおかけした。また，2008-2009年の長期研修を受け入れていただき，その間に学位論文をまとめることができた。

 論文作成の実務的な面では，坪田益美氏(東北学院大学講師)と宮崎沙織氏(筑波大学特任助教)には大変迷惑をかけた。特に坪田氏には多大な助力をいただいた。二人の力添えがなければ，学位論文を執筆することはできなかった。心から感謝申し上げたい。

 私事で恐縮であるが，家族に感謝したい。筆者の将来を何よりも楽しみしながらも1997年6月に逝去した母に，癌との長い闘病生活の中，命を削りながら育ててくれたことへの感謝を込めて本書を贈りたい。そして，今なお健在で筆者を見守り続けてくれている父に感謝したい。また，筆者の研究生活を支えてくれている妻・美都と長女・美音，長男・武明に心から感謝したい。

 最後になったが，本書の公刊を快く引き受けて下さった東信堂の下田勝司社長に心から感謝申し上げたい。

　　　2011年11月11日

　　　　　　　　　　　　　　　　　　　　　　　　桐谷　正信

事項索引

【数字・欧字】

3F（Fashion, Food, Festival） 214
1994年版スタンダード 154, 155, 157-160, 162, 164
1996年版スタンダード 155-158, 164
2000年の目標：アメリカ教育法（Goals 2000: Educated American Act） 154
A Curriculum of Inclusion 147, 149, 182, 244
American Historical Association: AHA 96
Golden Spike 223, 225
Journal of Social History 27, 38
One Nation, Many Peoples: A Declaration of Cultural Independence 149, 151, 180-182
Project on Social History Curriculum: POSH iv, v, 15, 17, 20, 27, 41, 64, 94, 241
Reviews in American History: RAH 96, 143
Social Education 13, 22, 23
The American Historical Review: AHR 96, 142, 143
The Journal of American History: JAH 96, 142-144
Themes in Modern Social History 90, 94
The Organization of America Historians: OAH 96
Understanding Diversity 151, 152, 181
WASP（White Anglo Saxon Protestant） iii, 3

【ア行】

新しい歴史学 98-104, 106, 108, 140, 141
アイデンティティ 5-7, 19, 29, 87, 149, 155, 172, 178, 198, 208, 209, 215
アイヌ民族 i, 7, 199
アジア系アメリカ人 127, 147, 148, 213
新しい社会史（New Social History） i-v, 9, 11-20, 25-38, 52-54, 71, 76, 81, 88-92, 95-119, 121, 125-135, 145, 158, 159, 164, 183-188, 190, 192, 195-204
新しい総合 111, 113, 115, 116, 122, 158, 159, 184, 186
アナール学派 iii, 8, 11, 12, 25, 26, 70, 92, 112, 141, 201
アナサジ（Anasazi）族 208
アフリカ系アメリカ人 3, 83, 110, 118, 125, 127, 147, 148, 163, 202, 203, 213, 223, 227, 230, 233
アフリカ中心主義 148
アメリカ化（Americanize） 3, 70, 86, 87, 114, 132, 139, 140
アメリカ市民 iii, 3
アメリカ先住民 iii, 28, 90, 91, 115, 122-125, 127, 147, 148, 160-162, 178, 196, 204-215
アメリカ的精神（American mind） 100

アメリカの分裂　23, 125, 144, 177, 181
アメリカン・ドリーム　171, 190
アリゾナ州　v, 204-210, 212, 214, 215
アルゴンキン族　119, 178
アングロ・サクソン　3, 9, 20, 87, 90, 147, 171
移民　iii, 9, 28, 70, 81-87, 117, 122, 151, 171, 185, 214, 223
移民史　99, 140, 233, 252
医療　30, 31, 43, 51, 52, 56, 57, 59, 61, 93, 158, 184
イロクォイ族　119, 124, 125, 177, 178, 180
エスニック・アイデンティティ　132
エスニック集団　9, 174, 208
エリス島　129

【カ行】

外国人登録者数　i, 6, 20
学業達成 (Achievement)　5
下層階級集団　iii, 28, 185
家族　31, 43, 52-54, 57, 65-77, 79, 120, 121, 124, 161, 164, 184, 196
家族史　76, 77, 92, 93, 140, 207
合衆国憲法　4, 19, 119, 125, 132, 159, 166, 168, 171-173, 175, 177-180, 190, 191, 197
合衆国史　i, iii-v, 3, 6, 10, 18, 89-92, 95, 96, 125-129, 145-147, 154-159, 164-170, 172-178, 190, 207, 210-212, 214, 215
合衆国史ナショナル・スタンダード　v, 12, 146, 152, 154, 155, 180, 183, 189, 190, 195, 197, 198, 204
カリキュラム改革 (Curriculum Reform)　i, 5, 6, 12, 13, 16, 18, 95, 183, 197
危機に立つ国家 (*A National at Risk*)　153
記念・顕彰行為 (Commemoration)　221
強制収容　129, 130, 132-140, 142, 222
居留区　205, 214, 215
グローバル化　i, 6, 7
グローバル社会　i
経済史　33, 34, 36, 79, 140, 246
定量的アプローチ (quantitative approach)　32-34
健康　31, 43, 45, 48, 51-57, 59, 61, 93, 184
現在理解のための歴史　30, 70, 130, 132
原始工業化 (proto-industrialization)　45
言説　13, 215, 216, 218, 220, 221, 229, 231
権利章典　4, 19, 129-134, 171-173, 175, 178, 190, 191, 197
工業化　17, 35, 37, 43-53, 55-57, 60-62, 66, 67, 71-78, 81-84, 86, 92, 119
貢献　28, 114, 120-123, 126, 145, 147, 169, 170, 173-175, 182, 186, 188, 191, 198, 205
貢献アプローチ　5, 12, 205, 209, 210, 212, 214
工場労働者集団　iii, 28, 185
構成主義 (constructivism)　216-219, 232-234
構築主義 (constructionism)　iv, 215-221, 223, 226, 229, 231-235
構築主義的アプローチ　231
構築主義的思考　220, 221, 223, 226, 231, 232
公的文化 (public culture)　99, 100,

事項索引　261

高度工業化社会（Advanced Industrial Society）　43, 44, 46, 47, 51, 52, 66, 78
公民権運動（The Civil Right Movement）　iii, 3, 8, 9, 13, 26-28, 41, 60, 62, 109, 114
公民・政治ナショナル・スタンダード　154
国際理解教育　ii, v, 233, 252, 256
黒人　iii, 28, 37, 54, 67, 70, 81-84, 86-90, 94, 98, 105, 109, 110, 112, 117, 118, 185, 186, 192, 220, 227, 232
黒人史　60, 99, 111, 140
国民国家（Nation-State）　8, 96, 99, 109, 117, 128, 129, 158
国民統合　9, 142, 169, 170, 172, 173, 223, 224, 230
子育て（child-rearing）　31, 55, 60, 77-79, 81, 85, 159
国家的総合（national synthesis）　99, 100
子ども　4, 53-57, 66, 67, 77-79, 81-86, 114, 165, 189, 200
古物研究者（antiquarian）　26
コロラド州　v, 204, 205, 212-215

【サ行】

在日外国人　6
在日韓国・朝鮮人　i, 7, 199
差別　ii, 3, 10, 20, 37, 77, 81, 84, 86-88, 109, 112, 115, 126, 136-138, 140, 185, 186, 189, 191, 192, 199, 223, 224, 227, 229
産業革命　36, 37, 44, 45, 47-49, 52, 60-62, 66, 74, 159, 160
サンボ・ステレオタイプ　229, 231
死　31, 37, 45, 48, 50, 53-57, 60, 63, 78, 120, 184, 211
ジェンダー　4, 162
市カリキュラム・ガイド　127, 128
実用主義（pragmatism）　26
市民的資質（citizenship）　iii, 3, 119, 166, 179
社会科学習スタンダード（Learning Standards for Social Studies）　165
社会活動アプローチ（The Social Action Approach）　5
社会科フレームワーク（草案）（Preliminary Draft Framework for Social Studies）　165
社会構成主義（social constructivism）　218
社会史アプローチ（social history approach）　112, 115, 116, 118, 120-122, 124-127, 159, 161, 164
社会生活　32, 60, 71, 100, 137, 158, 159, 164, 234
社会的マイノリティ　4, 8, 13, 18, 28, 29, 42, 65, 66, 81, 86, 89, 109, 114, 121, 125, 185, 196, 202
社会的流動性　31, 184
重層的差別　77, 81, 112
集団間教育（Intergroup education）　5
初期工業化社会（Early Industrial Society）　43-50, 53, 57, 62, 66, 71, 72, 74-76, 78
植民地　21, 47, 54, 60-62, 67, 119, 155, 156, 159-164, 177, 178, 208, 209, 211, 227
女性　4, 28, 31, 52-54, 66, 67, 71, 76, 98, 110, 121, 124, 158, 161, 164, 185, 200

女性史　　　37, 61, 99, 110, 111, 113, 140
新移民　　　　　　　　70, 84, 85, 87
人種のるつぼ (melting pod)　　　3
人種・民族的マイノリティ　iii, 18, 28,
　　42, 65, 71, 89, 121, 185, 196, 201, 202
心性 (mentality)　　　17, 30, 32-34,
　　　　　　　41, 66, 67, 71, 77, 87, 89,
　　　　134, 135, 137, 138, 183, 185, 195
心性史　　　　　　　　　　　　　31
進歩主義歴史家 (progressive historian)
　　　　　　　　　　　　　　　　26
図像史料　　69, 74, 223, 224, 233, 252
スタンダード運動　　　v, 165, 172,
　　　　　　　　　　　　202, 204, 206
ズニ族 (Shiwi)　　　　　　　　205
すべてのアメリカ人の歴史 (the history
　　of All Americans)　　8, 97, 114,
　　　　　　　　　　　　115, 118, 126
性行動　　　　　　　　　　　31, 184
政治参加 (Political Participation)
　　　　　　　115, 116, 120-122, 167, 184
政治史　　　　8, 25, 63, 91, 95-98,
　　　　　　　100-107, 109-113, 115, 117,
　　　　　　　121-123, 139-143, 145, 157-
　　　　159, 184, 185, 187, 196, 198, 199
政治思想史　　　　　　　　　　104
政治的要因　　18, 95, 97, 110-113, 115,
　　　　　　　121, 122, 141, 184, 186, 190, 197
成熟工業化社会 (Mature Industrial
　　Society)　　43, 44, 46, 47, 49-51,
　　　　　　　　53, 66, 67, 78, 81-84, 86
性的集団　　　　　　　　　iii, 28, 185
性的役割　　　　　　　124, 161, 162, 164
青年　　　ii, 14, 18, 43, 52, 55, 57, 59,
　　　　　　　60, 65, 77, 78, 82, 83, 86,
　　　　　　　89, 93, 112, 120, 185, 186, 196
世界史ナショナル・スタンダード
　　　　　　　　　　　　　154-156
前工業化社会 (Preindustrial Society)
　　　43-48, 50, 53, 56, 57, 61, 62, 66, 72, 78
先住性 (indigenous)　204-206, 214, 215
全体史 (total history)　　vii, 17, 25,
　　　　27, 28, 31, 33-35, 106, 121, 195
全米学校における歴史教育セン
　　ター (National Center for History in
　　the Schools: NCHS)　　　　154
全米社会科評議会 (National Council for
　　the Social Studies: NCSS)　　13, 42
全米人文科学研究助成基金 (The
　　National Endowment for Humanities)
　　　　　　　　　　　　　　　　42
全米知事評議会 (National Governors'
　　Association)　　　　　　　153
全米日系アメリカ人歴史協会 (National
　　Japanese American Historical Society:
　　NJAHS)　　　　　　　　　129
相違性　　　　　　　101, 123, 124, 162
総合的歴史叙述　　97, 98, 102, 106-108
相互作用　　101, 102, 156, 160, 169,
　　　　　　　170, 172, 174, 205, 206,
　　　　　　　208, 209, 211-214, 217

【夕行】

大統領命令9066号　　　30, 131, 135
大陸横断鉄道　　223, 224, 226, 233, 252
卓越性 (Excellence)　　146, 153, 165
多文化教育 (Multicultural Education)
　　　　　4, 5, 7-10, 16, 113-117, 125,
　　　　　126, 151, 171, 177, 178, 183,
　　　　　192, 197, 201, 203, 205, 215, 216

多文化共生　　　　　　　　ii, 7, 233
多文化主義（Multiculturalism）　4, 20,
　　22, 29, 88, 94, 113, 114, 116-118,
　　125, 126, 128, 139, 145-150, 155,
　　157, 169, 177, 178, 180, 186, 201, 202
多文化主義論争
　　　　　v, 22, 128, 145, 155, 180, 201, 249
多文化的シティズンシップ（Multi-
　　cultural Citizenship）　　　　　ii
多文化的歴史カリキュラム　65, 95,
　　　　　　　　　　96, 115, 117, 125,
　　　　　　183-189, 192, 195-198, 201-204
多文化的歴史教育　　6, 8, 65, 113,
　　　　　　　　114, 125-128, 145, 161,
　　　　　　　　186, 201-206, 213, 215
多民族社会　　　　　　　ii, 6, 7, 93
多様性　7, 9, 16, 96, 97, 100-103, 111,
　　114, 116, 117, 120, 126-129, 145-
　　152, 160, 163, 166, 168-174, 176-178,
　　189-193, 195, 200, 203, 204, 206, 215
多様性の中の統一（E Pluribus unum）
　　　　　19, 112, 127, 128, 145, 178, 197
多様性の豊穣（the richness of diversity）
　　　　　　　　　　　　　　　127
単一民族学習（single ethnic studies）
　　　　　　　　　　　4, 10, 142, 214
単一民族神話　　　　　　　ii, 7, 21
チェロキー族　　　　　　　211, 214
地理ナショナル・スタンダード　154
低所得労働者　　　　　　　　4, 89
底辺からの歴史　　　　　17, 18, 25,
　　　　　　　27, 28, 42, 65, 71, 77, 81,
　　　　　　　88, 89, 95, 109, 195, 196
伝統文化アプローチ　　　205, 209,
　　　　　　　　　　　　　212, 214

統一性　　　　　　7, 9, 16, 103, 128,
　　145-153, 164, 166, 168-174,
　　176-178, 189-193, 195, 200
同化（assimilation）　　3, 5, 9, 20, 22,
　　82, 84-87, 94, 149, 150, 186, 215
独立宣言　　　　　　　4, 19, 168,
　　171-173, 178, 190, 191, 197
奴隷　　　　28, 54, 61, 67, 83, 86, 88, 94,
　　158, 160, 162, 163, 171, 185,
　　190, 203, 226, 227, 230, 234

【ナ行】

ナショナル・アイデンティティ
　　　　　　　　9, 112, 126, 150,
　　151, 155, 169, 171, 190, 191
ナショナル・カリキュラム　152
ナショナル・スタンダード　152-157,
　　165, 180, 183, 189, 190,
　　195, 197, 198, 206, 207
ナバホ（Nabajo）族　205, 211, 212, 214
涙の旅路　　　　　　　　　214
日常的行為　　　　　26, 28, 30-34,
　　52-54, 65-68, 70, 71, 77, 86,
　　89, 95, 97, 121, 132, 135, 138,
　　183-185, 187, 188, 195, 196, 198, 199
日常物質文化　　33, 37, 71, 74, 79, 92
日系アメリカ人市民協会（Japanese
　　American Citizens League: JACL）　129
日系人学習　　129, 130, 139, 140, 142
日系人史学習　　18, 19, 96, 128-130,
　　137-140, 142, 145, 183, 195-198
ニューカマー　　　　　　6, 7, 208, 214
ニューメキシコ州　　　　v, 204, 205,
　　　　　　　　　　209-212, 214, 215
ニューヨーク市教育委員会　127

ニューヨーク州　　　　16, 95, 114-128,
　　　　145-147, 151, 152,
　　　　164-166, 168, 169, 171-180,
　　　　184, 189, 190, 195-197, 203, 214
ニューヨーク州合衆国史カリキュラム
　　　　92, 96, 115, 116, 145,
　　　　152, 183, 184, 187, 190, 198, 203
ニューヨーク州合衆国史スタンダード
　　　　19, 145, 164, 167, 197, 205
ニューヨーク州教育委員会　　116, 165
ニューヨーク州社会科改訂・開発委員会 (The New York State Social Studies Review and Development Committee)　　　　149
認知的構成主義 (cognitive constructivism)　　　　218
年齢集団　　　　4, 28, 37, 185
農業社会 (agricultural society)　　47, 49
農場労働者集団　　　　iii, 28, 185
農民　　　　28, 54, 60, 61, 67, 185, 199, 211, 227

【ハ行】

白人エスニック (White Ethnic)　　84, 89
「発言権のない」人々の歴史 (the history of the inarticulate)　27, 81, 109
犯罪　　　　31, 43, 49, 52, 57, 59, 62, 63, 93, 105, 120, 184
反-実在主義　　　　217, 219, 220
反-本質主義　　　　216, 217, 219-221, 226, 231
病気　　　　31, 48, 56, 61
平等 (equality)　　　4, 91, 139, 150, 153, 161, 191
プエブロ・インディアン　　　205, 211
プエブロ反乱 (Pueblo Revolt)　　211, 212
プエルトリコ系／ラテン系アメリカ人
　　　　147, 148
付加アプローチ (The Additive Approach)　　　　5, 12, 187
普通の人々 (ordinary people)　　17, 25-27, 31-33, 66, 71, 76, 88, 89, 91, 92, 104, 113, 183, 185, 195, 199, 218
ブラッドレー委員会　　　　153, 179
文化人類学　　　　10, 91, 101, 221
文化的遺産 (cultural heritage)
　　　　123, 124, 146
文化的教養 (Cultural Literacy)　　　9
文化的多様性　　　　117, 127, 128, 160, 168
文化的ヘゲモニー　　　　110
ペーパー・アンド・ペースト・アプローチ (Paper and Paste Approach)
　　　　58, 63, 81, 93
変換アプローチ (The Transformation Approach)　　5, 6, 12, 13, 16, 183
偏見　　　　3, 108, 109, 117, 136-138, 224, 227
ホーデノソーニー政治体制
　　　　125, 177, 178
補償運動　　　　132, 139, 140, 142
ポスト工業化社会 (post-industrial society)　　　　46, 51, 119
ポストモダニズム　　　　103
ホピ (Hopi) 族　　　　205
ホホカム (Hohokam) 族　　　208
本質主義　　　　216, 217, 219-221, 223, 226, 229, 231

【マ行】

マイノリティ　4, 5, 7-10, 27-29, 34, 42, 65, 66, 70, 77, 81, 85, 86, 88-91, 103, 110, 112-115, 121, 122, 125, 126, 138-140, 145-150, 185-192, 195-199, 205, 223
マイノリティ作業部会——公正と卓越性（Task Force on Minority: Equity and Excellence）　146
マジョリティ　5, 7, 8, 115, 126, 147, 151, 185-190, 192, 198-200, 205, 206, 209, 212, 215, 216, 232
マニュファクチュア・テクノロジー　48, 49
民主主義思想（democratic thought）　19, 96, 101, 129, 139, 173, 178, 180, 197
民族復興運動（ethnic revival）　3
ムラート　227, 230, 232
メルティングポッド　3
モゴヨン（Mogollon）　208
物語り　10, 192, 201, 214, 216

【ヤ行】

ユダヤ人種　221, 222
幼少期　18, 43, 52, 55, 57, 59, 60, 65, 77-82, 84, 85, 89, 93, 120, 158, 196
ヨーロッパ植民者　91, 93, 211
余暇　30, 31, 43, 46, 49, 51-53, 57, 120, 121, 184, 189, 227
抑圧アプローチ　205, 206, 209, 212, 214

【ラ行】

歴史教科書　14, 29, 136, 142, 181, 192
歴史人口学　33, 37
歴史的経験　10, 53, 77, 79, 89-91, 110, 114, 122, 126, 140, 157, 185-190, 192, 196, 204
歴史の断片化　98, 99, 101, 102, 106, 107, 110
歴史の歪曲　151, 152
歴史を守る学者の会（The Committee of Scholars in Defense of History）　148, 152, 153
連邦議会　155, 157, 190
老人　ii, iii, 8, 37, 47
労働　28, 31, 43, 52, 53, 57, 67, 72-76, 120, 124, 184, 189, 226
労働史　99, 140
ロング・ウォーク（Long Walk）　211, 212

人名索引

【ア行】

アネッタ・ジョベンゴ（Giovengo, A.） 42
アラン・ブルーム（Bloom, A.） 145
有賀夏紀　　　37, 38, 76, 93, 97, 142
ヴィヴィアン・バー（Burr, V.） 216
ヴィゴツキー（Vygotsky, L.） 218
ウェッバー（Webber, T. L.） 88, 94
梅津正美　　　　　　　11, 20, 21
エリック・ハーシュ（Hirsh, E. D.） 145
エリック・モンコーネン（Monkkonen, E. H.） 97
遠藤泰生　　　　　　02, 142, 249
荻野美穂　　　　　　　　　219

【カ行】

ガートルード・ヒメルファーブ
　（Himmelfarb, G.） 97, 103
カーヤ・デュダス（Dudas, K.） 42
カール・デグラー（Degler, C. N.） 97
北田暁大　　　　　220, 232, 251
ケイト・マロイ（Malloy, K.） 42
ゲイリー・ナッシュ（Nash, G. B.）
 15, 154
ケネス・コーンズ（Koons, K.） 42
ケネス・ジャクソン（Jackson, K. T.）
 150

【サ行】

ジェームズ・ハーベイ・ロビンソン
　（Robinson, J. H.） 26
ジェームズ・バンクス（Banks, J. A.） 4
シャーロット・クラブツリー（Crabtree, C.） 154
シャローン・トラシロ（Trusillo, S.） 42
ジョージ・ブッシュ（Bush, J. H. W.）
 139, 153
ジョン・キッセ（Kitsuse, J. I.） 218

【タ行】

ダイアン・ラヴィッチ（Ravich, D.）
 15, 126, 148, 151, 153, 154, 179, 190
高橋健司　　　　　　　　　233
田尻信壹　　　　　　　223, 233
チェスター・フィン（Finn, Jr. C. E.）
 153
チャールズ・ビアード（Beard, C.） 26
トーマス・ソボル（Sobol, T.） 146
トーマス・ベンダー（Bender, T.） 96
トーマス・ルックマン（Luckmann, T.）
 218

【ナ行】

ネル・ペインター（Painter, N. I.） 97

【ハ行】

バーナード・ウロザス（Ulozas, B.） 42
ハーバート・ガットマン（Gutman. H.）
 99

服部一秀	11, 21, 247		
原田智仁	11, 21, 234		**【マ行】**
バラック・オバマ（Obama, Jr. B. H.）		マルコム・スペクター（Spector, M. B.）	218
	202	宮薗衛	7
ピアジェ（Piaget, J.）	218	森茂岳雄	ii, v, 12, 21, 22, 142, 180, 234
ピーター・スターンズ（Stearns, P. N.）		森田尚人	28, 38, 193
	14, 25	森田真樹	12, 21, 22, 180
ピーター・バーガー（Berger, P.L.）	218		
ヒラリー・クリントン（Clinton, H. R.）			**【ラ行】**
	202	ラッセル（Russell, A. J.）	223
ビル・クリントン（Clinton, W. J. B.）	154	リンダ・ローゼンツバイク（Rosenzweig, L. W.）	42
フランクリン（Franklin, J. H.）			
	54, 67, 87, 94	ル・ゴフ（Jacques Le Guff）	37, 74, 92
フレデリック・ジャクソン・ターナー（Turner, F. J.）	26	ロイス・ジョベンゴ（Giovengo, L.）	42
		ロナルド・タカキ（Tkaki, R.）	167
ポール・ギャニョン（Gyanon, P. A.）	153	ロナルド・レーガン（Reagan, R. W.）	
星村平和	10, 21, 247		139
本田創造	38, 90, 94, 142, 193		
本間長世	38, 103, 142		

著者紹介

桐谷　正信（きりたに　まさのぶ）
1967年　神奈川県横浜市生まれ，その後転々とする。
1991年　東洋大学文学部教育学科卒業
1998年　筑波大学大学院博士課程教育学研究科単位取得退学
埼玉大学講師を経て，現在，埼玉大学教育学部准教授　東京学芸大学大学院連合学校教育学研究科准教授（兼）
2010年　博士（教育学）
専門は，社会科教育学，多文化教育，アメリカ歴史教育。

〈主な著書〉
・「社会科におけるマイノリティ学習」（日本社会科教育学会出版プロジェクト編『新時代を拓く社会科の挑戦』第一学習社, 2006年）
・「社会科学力としての『わかる』力―歴史学習における『構築主義的思考』」（森田武退官記念会編『近世・近代日本社会の展開と社会諸科学の現在』新泉社, 2007年）
・「歴史認識と国際理解教育」（日本国際理解教育学会編著『グローバル時代の国際理解教育―実践と理論をつなぐ』明石書店, 2010年）
・『新社会科教育の世界―歴史・理論・実践』（森茂岳雄・大友秀明・桐谷正信編著, 梓出版社, 2011年）
・「多文化教育から問いなおすナショナル・シティズンシップ」（日本国際理解教育学会編『国際理解教育』Vol.17, 明石書店, 2011年）

アメリカにおける多文化的歴史カリキュラム

2012年2月29日　初　版第1刷発行　〔検印省略〕
定価はカバーに表示してあります。

著者Ⓒ桐谷正信／発行者　下田勝司　　印刷・製本／中央精版印刷

東京都文京区向丘1-20-6　郵便振替 00110-6-37828
〒 113-0023　TEL (03)3818-5521　FAX (03)3818-5514
発行所　株式会社　東信堂
Published by TOSHINDO PUBLISHING CO., LTD.
1-20-6, Mukougaoka, Bunkyo-ku, Tokyo, 113-0023, Japan
E-mail : tk203444@fsinet.or.jp　http://www.toshindo-pub.com

ISBN978-4-7989-0103-9 C3037

東信堂

転換期を読み解く——時評・書評集	潮木守一	二六〇〇円
大学再生への具体像	潮木守一	二五〇〇円
フンボルト理念の終焉？——現代大学の新次元	潮木守一	二五〇〇円
いくさの響きを聞きながら——横須賀そしてベルリン	潮木守一	二四〇〇円
大学教育の思想——学士課程教育のデザイン	絹川正吉	二八〇〇円
国立大学法人の形成	大﨑仁	二六〇〇円
国立大学・法人化の行方——自立と格差のはざまで	天野郁夫	三六〇〇円
転換期日本の大学改革——アメリカと日本	江原武一	三六〇〇円
大学の責務	D.ケネディ著／阿曽沼明裕・井上比呂子訳	三八〇〇円
大学の財政と経営	立川明・坂本辰朗	三二〇〇円
私立大学マネジメント	㈳私立大学連盟編	四七〇〇円
私立大学の経営と拡大・再編——一九八〇年代後半以降の動態	両角亜希子	四二〇〇円
ドラッカーの警鐘を超えて——経営学と企業改革から学んだこと	坂本和一	二五〇〇円
大学のイノベーション——マネジメント・学習支援・連携	坂本和一	二六〇〇円
大学行政政策論	市川太一	二五〇〇円
30年後を展望する中規模大学		
改めて「大学制度とは何か」を問う	舘昭	二三〇〇円
原点に立ち返っての大学改革	舘昭	一〇〇〇円
戦後日本産業界の大学教育要求——経済団体の教育言説と現代の教養論	飯吉弘子	五四〇〇円
アメリカ大学管理運営職の養成	高野篤子	三二〇〇円
アメリカ連邦政府による大学生経済支援政策	犬塚典子	三八〇〇円
アメリカにおける多文化的歴史カリキュラム	桐谷正信	三六〇〇円
現代アメリカの教育アセスメント行政の展開——マサチューセッツ州（MCASテスト）を中心に	北野秋男編	四八〇〇円
現代アメリカにおける学力形成論の展開——スタンダードに基づくカリキュラムの設計	石井英真	四二〇〇円
アメリカの現代教育改革——スタンダードとアカウンタビリティの光と影	松尾知明	二七〇〇円
大学教育とジェンダー——ジェンダーはアメリカの大学をどう変革したか	ホーン川嶋瑤子	三六〇〇円

〒113-0023 東京都文京区向丘1-20-6　TEL 03-3818-5521　FAX 03-3818-5514　振替 00110-6-37828
Email tk203444@fsinet.or.jp　URL・http://www.toshindo-pub.com/

※定価：表示価格（本体）＋税

東信堂

子ども・若者の自己形成空間——教育人間学の視線から	高橋勝編著	二七〇〇円
教育文化人間論——知の逍遥/論の越境	小西正雄	二四〇〇円
グローバルな学びへ——協同と刷新の教育	田中智志編著	二〇〇〇円
教育の共生体へ——ボディ・エデュケーショナルの思想圏	田中智志編	三五〇〇円
人格形成概念の誕生——近代アメリカの教育概念史	田中智志	三六〇〇円
社会性概念の構築——アメリカ進歩主義教育の概念史	田中智志	三八〇〇円
教育の自治・分権と学校法制	結城忠	四六〇〇円
教育による社会的正義の実現——20世紀アメリカ教育史	D・ラヴィッチ著 末藤美津子訳	五六〇〇円
学校改革抗争の100年——アメリカの挑戦	末藤・宮本・佐藤訳	六四〇〇円
国際社会への日本教育の新次元	関根秀和編	一二〇〇円
—今、知らねばならないこと		
ヨーロッパ近代教育の葛藤——地球社会の求める教育システムへ	太田美幸	三二〇〇円
多元的宗教教育の成立過程——立教学院のディレンマ	前田一男編	五八〇〇円
ミッション・スクールと戦争	老川慶喜編	三八〇〇円
アメリカ教育と成瀬仁蔵の「帰一」の教育	大森秀子	三六〇〇円
協同と表現のワークショップ——学びのための環境のデザイン 編集代表	茂木一司	二四〇〇円
自由ヴァルドルフ学校の演劇教育		
演劇教育の理論と実践の研究	広瀬綾子	三八〇〇円
オフィシャル・ノレッジ批判——保守復権の時代における民主主義教育	M・W・アップル著 野崎・井口・小暮・池田監訳	三八〇〇円
教育の平等と正義	K・ハウ著 大桃敏行・中村雅子・後藤武俊訳	三二〇〇円
拡大する社会格差に挑む教育	西村和雄・大森不二雄・倉元直樹・木村拓也編	二四〇〇円
混迷する評価の時代——教育評価を根底から問う	西村和雄・大森不二雄・倉元直樹・木村拓也編	二四〇〇円
教育における評価とモラル	西村・倉元・小暮・池田監訳	二四〇〇円
〈シリーズ 日本の教育を問いなおす〉		
地上の迷宮と心の楽園〈現代日本の教育社会構造〉【コメニウスセレクション】	J・コメニウス 藤田輝夫訳	三六〇〇円
〈第1巻〉教育社会史——日本とイタリアと	小林甫	七八〇〇円

〒113-0023 東京都文京区向丘1-20-6
TEL 03-3818-5521　FAX03-3818-5514　振替 00110-6-37828
Email tk203444@fsinet.or.jp　URL:http://www.toshindo-pub.com/
※定価：表示価格（本体）＋税

東信堂

比較教育学——越境のレッスン	馬越 徹	三六〇〇円
比較教育学——伝統・挑戦・新しいパラダイムを求めて	M・ブレイ編著／馬越徹・大塚豊監訳	三八〇〇円
世界の外国人学校	末藤美津子・大塚豊・藤田誠一編著	三八〇〇円
ヨーロッパの学校における市民的社会性教育の発展——フランス・ドイツ・イギリス	武藤孝典・新井浅浩編著	三八〇〇円
世界のシティズンシップ教育——グローバル時代の国民／市民形成	嶺井明子編著	二八〇〇円
市民性教育の研究——日本とタイの比較	平田利文編著	四二〇〇円
多様社会カナダの「国語」教育（カナダの教育3）	関口礼子編著	三八〇〇円
国際教育開発の再検討——途上国の基礎教育 普及に向けて	浪田克之介編著	二四〇〇円
中国教育の文化的基盤	顧明遠／大塚豊監訳	二九〇〇円
中国大学入試研究——変貌する国家の人材選抜	小川佳万・南部広孝監訳	三六〇〇円
中国高等教育独学試験制度の展開	大塚豊監訳	三二〇〇円
大学財政——世界の経験と中国の選択	南部広孝編訳	三四〇〇円
中国の民営高等教育機関——社会ニーズとの対応	成瀬龍夫監訳	四六〇〇円
「改革・開放」下中国教育の動態	鮑威	五四〇〇円
中国の職業教育拡大政策——背景・実現過程・帰結	阿部洋編著	五〇四八円
中国の後期中等教育の拡大と経済発展パターン——江蘇省と広東省の比較	劉文君	三八〇〇円
中国高等教育の拡大と教育機会の変容	呉琦来	三八二七円
バングラデシュ農村の初等教育制度受容	王傑	三九〇〇円
オーストラリア学校経営改革の研究——自律的学校経営とアカウンタビリティ	日下部達哉	三六〇〇円
オーストラリアの言語教育政策——多文化主義における「多様性と」「統一性」の揺らぎと共存	佐藤博志	三八〇〇円
マレーシア青年期女性の進路形成	青木麻衣子	三八〇〇円
「郷土」としての台湾——郷土教育の展開にみるアイデンティティの変容	鴨川明子	四七〇〇円
戦後台湾教育とナショナル・アイデンティティ	林初梅	四六〇〇円
	山崎直也	四〇〇〇円

〒113-0023 東京都文京区向丘1-20-6
TEL 03-3818-5521 FAX03-3818-5514 振替 00110-6-37828
Email tk203444@fsinet.or.jp URL:http://www.toshindo-pub.com/

※定価：表示価格（本体）＋税